AF242235

PRÉCIS

HISTORIQUE ET CRITIQUE

DE LA

CAMPAGNE D'ITALIE

EN 1859

PRÉCIS

HISTORIQUE ET CRITIQUE

DE LA

CAMPAGNE D'ITALIE

EN 1859

PAR

L. VANDEVELDE

OFFICIER D'ORDONNANCE DE S. M. LE ROI DES BELGES

AVEC CARTES ET PLANS

PARIS

CH. TANERA, ÉDITEUR

LIBRAIRIE POUR L'ART MILITAIRE, LES SCIENCES ET LES ARTS

Quai des Augustins, 27

1860

CONSIDÉRATIONS POLITIQUES.

Les téméraires entreprises du roi Charles-Albert, en 1848 et 1849, malgré leurs funestes résultats pour le roi chevalier, avaient fortement ébranlé la puissance de l'Autriche en Italie. Déjà en 1848, après les premiers succès obtenus par les armées du roi Charles-Albert, le chef du cabinet anglais, lord Palmerston, adressa à l'ambassadeur d'Angleterre à Vienne une dépêche dans laquelle il fit ressortir « que l'Autriche n'avait plus les moindres chances de pouvoir conserver d'une manière utile et permanente la haute Italie, et qu'il serait plus sage de la part de son gouvernement, plus utile à la force de l'empire, d'affranchir ces populations de sa domination, qu'elles considéreraient toujours comme un joug, que de vouloir les maintenir dans les conditions qui les avaient régies jusqu'alors. »

L'Autriche, effrayée du soulèvement général, en 1848, craignant que toutes les provinces italiennes ne lui échappassent, « proposa l'indépendance pour la Lombardie et un gouvernement séparé pour la Vénétie, sous la réserve de sa suzeraineté. » Cette proposition prouve que l'Autriche s'apercevait déjà alors que son pouvoir pesait lourdement sur les populations italiennes. Les victoires de Custozzo et de Novare n'auraient dû rien changer à cette proposition; du moment que l'Autriche avait reconnu la nécessité de modifier son pouvoir en Italie, elle aurait dû maintenir, après ses succès, ce qu'elle avait proposé pendant ses revers, et ne pas oublier si vite que les armées les plus puissantes se brisent parfois contre le sentiment national d'un peuple numériquement faible, qui acquiert toujours la sympathie universelle, dès qu'il se montre courageux.

Il était à prévoir que le fils de Charles-Albert saisirait la première occasion de venger les désastres de son père. La résistance prolongée de Sébastopol lui en donna l'occasion en 1855; ses soldats allaient combattre en Crimée, à côté de ceux de la France et de l'Angleterre, et cet acte de virilité valut au roi Victor-Emmanuel d'envoyer, en 1856, des plénipotentiaires siéger au congrès de Paris, à côté des représentants des grandes puissances de l'Europe. M. de Cavour, qui représentait la Sardaigne dans le congrès de Paris, protesta dans cette assemblée « contre l'extension de l'influence autrichienne en Italie, en dehors des stipulations des traités de 1815, et annonça que si l'on n'y portait remède, il pouvait en résulter des dangers graves pour la paix et la tranquillité du monde. » Le président du congrès, le comte Walewski, prenant ces protestations en haute considération, appela sur l'état intérieur de l'Italie la sollicitude des plénipotentiaires réunis, et lord Clarendon appuya énergiquement cette proposition.

Les sympathies que les deux grandes puissances de l'Occident manifestèrent dans le congrès de Paris en faveur des Italiens éveillèrent leur sentiment national un peu endormi, et laissèrent clairement entrevoir les conséquences qui devaient nécessairement en résulter.

Sous un tel patronage, le Piémont pouvait impunément se préparer à la guerre; la loi sur les fortifications d'Alexandrie fut votée avec enthousiasme, les relations avec l'Autriche rompues sans crainte; les espérances de l'Italie proclamées dans le parlement sarde; et le comte de Cavour saisit toutes les occasions pour répéter le cri de détresse qu'il avait poussé dans le Congrès de Paris. D'un autre côté, l'équilibre des anciennes alliances était complétement rompu : la question de l'unification allemande avait fait naître une rivalité haineuse entre les deux grandes puissances de cette contrée; la guerre d'Orient avait animé la Russie contre l'Autriche; et le congrès de Paris, en éloignant l'Angleterre de l'Autriche et de la Russie, avait rapproché cette dernière de la France et de la Sardaigne.

La France, qui n'est jamais rassasiée de gloire, trouva l'occasion belle pour cueillir de nouveaux lauriers : les forces de l'Angleterre étaient encore en grande partie paralysées par la révolution mal éteinte dans l'Inde; la Russie et la Prusse se tenaient complétement à l'écart ; et l'Autriche, isolée et menacée de soulèvements intérieurs (qui paralysaient une partie de ses forces), se trouvait seule exposée aux coups de la France et du Piémont réunis. Aussi, dès 1858, l'empereur Napoléon imprima une grande activité aux travaux de ses arsenaux, fit grand bruit de son nouvel engin de guerre, le canon rayé, et activa tous les travaux des lignes de chemins de fer qui, de près ou de loin, pouvaient avoir une certaine influence sur les grandes combinaisons de la guerre qu'il préméditait et qu'il voulait diriger en personne.

La politique européenne—ou la question italienne, comme d'autres l'appellent, — en était arrivée à ce point ; et pourtant, les doctrinaires et la masse des journalistes se refusaient encore à croire que la guerre fût imminente. Le commerce seul avait perdu confiance ; et bien que les fonds publics se maintinssent à un certain taux, l'industrie souffrait, parce que les grandes commandes d'objets manufacturés ne se faisaient qu'au jour le jour depuis longtemps déjà, comme cela se pratique encore aujourd'hui. . . . . .

La réception du jour de l'an aux Tuileries fit tomber le voile : « Je regrette, dit alors Napoléon au baron de Hubner, représentant de l'Autriche à Paris, que nos relations avec votre gouvernement ne soient plus aussi bonnes que par le passé, mais je vous prie de dire à l'empereur que mes sentiments personnels pour lui ne sont pas changés. » Ces mots étaient à peine prononcés, que l'électricité les avait répandus par toute l'Europe ; et l'effet en fut si terrible, qu'en France on jugea prudent de leur administrer immédiatement un correctif : « Depuis quelques jours, disait le *Moniteur universel,* l'opinion publique est agitée par des bruits alarmants auxquels il est du devoir du gouvernement de mettre un terme, en déclarant que rien dans nos relations diplomatiques n'autorise les craintes que ces bruits tendent à faire naître. » Ce correctif n'avait pas encore fait le tour de l'Europe, n'avait pas encore eu le temps de calmer les esprits, que déjà, le 10 janvier, jour de l'ouverture des chambres législatives piémontaises, le discours du roi de Sardaigne vint renouveler les inquiétudes que le *Moniteur* avait cherché à apaiser. « L'horizon au milieu duquel se lève la nouvelle année n'est pas parfaitement serein, disait le roi. Néanmoins, vous vous consacrerez avec l'empressement accoutumé à vos travaux parlementaires. Forts de l'expérience du passé, marchons résolûment au-devant des événements de l'avenir ; cet avenir sera prospère, notre politique reposant sur la justice, sur l'amour de la liberté et de la patrie. Notre pays, petit par son territoire, a grandi en crédit dans les conseils de l'Europe, parce qu'il est grand par les idées qu'il représente, par les sympathies qu'il inspire. Une telle situation n'est pas exempte de dangers. Car si nous respectons les traités, d'autre part nous ne sommes pas insensibles aux cris de douleur qui, de tant de parties de l'Italie, s'élèvent vers nous. Forts par la concorde, confiants dans notre bon droit, attendons avec prudence et fermeté les décrets de la divine providence. »

Au discours du roi succéda la circulaire du comte de Cavour aux agents diplomatiques de S. M. sarde près les cours étrangères, dans laquelle il rappelait les sympathies qui s'étaient manifestées dans le congrès de Paris en faveur de l'Italie. « L'Italie espérait alors, disait le président du conseil dans sa circulaire, et les esprits parurent se calmer ; mais les espérances que cette manifestation d'intérêt de la part des puissances occidentales avait fait naitre se sont peu à peu dissipées. L'état de l'Italie ne s'est pas modifié, l'influence prépondérante que l'Autriche y exerce en dehors des limites que les traités lui ont assignées, et qui constitue une menace constante pour la Sardaigne, a plutôt augmenté que diminué.

» D'autres États de la Péninsule ont persisté dans un système de gouvernement dont le résultat ne pouvait être que le mécontentement des populations et une provocation au désordre.

» Bien que les dangers, dont la Sardaigne était menacée par suite d'un tel état de choses fussent devenus plus graves et plus imminents, la conduite du gouvernement du roi a toujours été réglée par un esprit de convenance et de réserve que tous les hommes de bonne foi ne sauraient refuser de reconnaître.

» Si le gouvernement de Sa Majesté repoussa hautement les prétentions de l'Autriche, qui exigeait des modifications aux institutions du pays, il n'a pas pris une attitude hostile à son égard, lorsque le cabinet de Vienne a cru devoir saisir un prétexte jugé futile par presque tous les hommes d'État de l'Europe, pour rompre avec éclat ses relations diplomatiques avec la Sardaigne... Mais, cas plus grave, ajouta le ministre, c'est que l'Autriche est en train de concentrer sur nos frontières des forces considérables. »

Après la circulaire du comte de Cavour, vint la dépêche confidentielle du comte Buol, adressée aux représentants de l'Autriche près les cours fédérales. « Le gouvernement sarde, dit cette dépêche, proteste contre l'influence prépondérante que l'Autriche exerce, selon lui, en dehors des limites que les traités lui ont assignées, et qui constitue une menace constante contre la Sardaigne.

» Examinons cette étrange accusation.

» Il est dans la nature des choses que de grands corps politiques soient toujours appelés à exercer une certaine influence sur les États qui les avoisinent. Ce qui importe à l'intérêt général, c'est que cette influence ne soit jamais usurpée, et ne soit pas exploitée au détriment d'un autre État.

» L'Autriche a été plus d'une fois dans le cas de tendre une main secourable à des gouvernements italiens renversés par la révolution. Ces secours n'ont jamais été imposés à personne; loin de là, ils n'ont été accordés qu'aux sollicitations des pouvoirs légitimes, avec un entier désintéressement, dans des vues d'ordre, de paix et de tranquillité publique. Nos troupes se sont retirées dès que l'autorité légitime s'est trouvée raffermie au point de pouvoir se passer de leur assistance.

» Qu'y a-t-il de plus inoffensif, de plus inattaquable au point de vue du droit des gens, de plus conforme à l'intérêt universel du maintien de l'ordre et de la paix, que des traités d'alliance conclus entre États indépendants, exclusivement dans l'intérêt d'une légitime défense, et imposant aux parties contractantes des obligations réciproques qui ne portent pas la moindre atteinte aux droits des tierces puissances? Mais si ces traités ne sont d'aucune façon en désaccord avec les principes du droit public, nous comprenons qu'ils sont de nature à gêner l'action et les vues ambitieuses d'un gouvernement qui, non content d'être parfaitement le maître chez lui, se pose en organe privilégié des prétendues douleurs de l'Italie et s'attribue la mission, hautement désavouée par les autres souverains italiens, de porter, au nom de toute la Péninsule, le droit de faire appel à des secours étrangers ; le comte de Cavour, tout en l'accordant dans l'intérêt du désordre, le conteste aux gouvernements légitimes qui, cependant, ont la mission de veiller sur l'ordre public, et de garantir la sûreté de leurs sujets paisibles. Et ces étranges principes, le cabinet de Turin les proclame, au moment où il laisse s'accréditer l'opinion qu'il peut compter, dans la poursuite de ses projets agressifs, sur l'appui d'une grande puissance limitrophe. »

Si le langage du roi et du comte de Cavour était plus en harmonie avec l'esprit du siècle — LE RESPECT DU AUX NATIONALITÉS DES PEUPLES, — que ne l'était le langage diplomatique du comte Buol, on doit reconnaître cependant que toute l'argumentation de la dépêche du ministre autrichien s'étayait sur le droit des traités. Les deux parties plaidèrent ainsi leur cause devant l'Europe, cherchant à se faire des partisans, des alliés, si c'était possible.

Tandis que l'Autriche déclarait qu'une violation du

droit européen, menaçant une puissance allemande, même dans ses territoires extra-allemands, verrait tous les confédérés se réunir autour de la puissance menacée, pour maintenir la paix par la force morale d'une telle démonstration, le Piémont continua résolûment à pousser vers la guerre : des corps de volontaires de toutes les parties de l'Italie se formèrent à Turin et à Gênes, sous la direction de chefs qui s'étaient fait connaître pendant les guerres de 1848 et 1849.

Pendant ces graves débats, la France, agissant avec un grand semblant de modération, resta derrière le rideau jusqu'à la dernière heure, et feignit de se faire considérer plutôt comme médiatrice que comme partie intéressée. Le 7 février, l'empereur, en ouvrant la session législative, disait :

« Depuis quelque temps, l'état de l'Italie et sa situation anormale, où l'ordre ne peut être maintenu que par des troupes étrangères, inquiètent justement la diplomatie.

» Ce n'est pas, néanmoins, un motif suffisant de croire à la guerre. Que les uns appellent de tous leurs vœux, sans raisons légitimes, que les autres, dans leurs craintes exagérées, se plaisent à montrer à la France les périls d'une nouvelle coalition, je resterai inébranlable dans la voie du droit, de la justice, de l'honneur national, et mon gouvernement ne se laissera ni entraîner ni intimider, parce que ma politique ne sera jamais ni provocatrice ni pusillanime.

» Loin de nous donc ces fausses alarmes, ces défiances injustes, ces défaillances intéressées ! La paix, je l'espère, ne sera point troublée... »

L'empereur, dans son discours, était aussi des plus gracieux pour la souveraine de la Grande-Bretagne ; une lettre des plus flatteuses fut écrite par Napoléon III à un Anglais de distinction, la question du canal de Suez fut abandonnée pour un instant, le *Moniteur* tança vertement les défaillances intéressées, et enfin des gages tout pacifiques furent donnés par la France à l'Angleterre et à l'Allemagne. On fit entrevoir à la Prusse qu'elle avait tout intérêt à abandonner l'Autriche ; on parla d'armements extraordinaires, de la formation d'une armée du Rhin ; et on alla même jusqu'à faire supposer l'*existence* d'un traité d'alliance entre la France et la Russie. L'Allemagne, mal secondée par le gouvernement de la Grande-Bretagne, dont le cabinet n'offrait aucune solidité, se voyant déjà placée entre l'enclume et le marteau, hésita, tergiversa, et, comme toujours, se divisa quand elle aurait dû se grouper en un seul faisceau.

Dès lors les puissances médiatrices comprirent que le moment d'intervenir était venu, si on voulait éviter une guerre qui pouvait dégénérer en une conflagration générale. L'Angleterre, sympathique à l'unification de l'Italie, mais repoussant énergiquement toute idée qui tendait vers la guerre, se mit en devoir de proposer une médiation. Cette proposition eut pour résultat la mission de lord Cowley à Vienne. L'ambassadeur de Londres à Paris, avant son départ pour Vienne, eut de fréquentes entrevues avec le comte Walewski, qui paraissait très-disposé à entrer dans des arrangements, dès qu'on lui offrirait pour l'Italie des conditions acceptables.

La mission de lord Cowley présentait d'autant plus de difficultés que l'Angleterre, pas plus que la France, n'eut la franchise de formuler catégoriquement les points sur lesquels devaient porter les négociations. Lord Cowley partit pour Vienne sans instructions officielles de son gouvernement ; il avait pour mission de sonder les intentions de l'Autriche sur les propositions que voici :

1° Évacuation des États romains par les troupes autrichiennes et françaises ;

2° Renonciation aux traités signés par l'Autriche à la suite de 1815, avec les princes italiens, et à l'occupation des villes de la Toscane, du duché de Modène qui ne sont pas désignées dans les traités de 1815 comme devant recevoir des garnisons ;

3° Engagement pris par l'Autriche de ne pas intervenir, dans quelque cas que ce soit, même sur l'appel de ces princes dans leurs États ;

4° Engagement pris par les puissances européennes de préparer les réformes sollicitées par les peuples italiens.

L'Autriche demanda « si les puissances arrivaient à s'entendre sur les concessions demandées, si ces concessions lui assureraient dans l'avenir la tranquille possession de ses États d'Italie en dehors des bouleversements qui pourraient survenir. »

Interpellé sur cette question, le comte de Cavour répondit : « La domination autrichienne inspire une répugnance invincible à l'immense majorité des Italiens qui y sont soumis ; les seuls sentiments qu'ils ressentent pour ceux qui les gouvernent sont l'antipathie et la haine. La véritable cause de mécontenttement des Lombards, c'est d'être gouvernés, dominés par l'étranger, par un peuple avec lequel ils n'ont aucune analogie, ni de race, ni de mœurs, ni de goûts, ni de langage. »

Ces propositions, repoussées par le cabinet de Turin, il n'y a pas à en douter, eussent été, en fin de compte, admises par la partie adverse, et une fois acceptées officiellement par l'Autriche sous le patronage de la Prusse et de l'Angleterre, elles eussent mis la France et le Piémont dans une bien fâcheuse situation.

Mais pendant que lord Cowley était en train de négocier à Vienne, la France et la Russie se concertèrent, et s'appuyant sur le vœu émis dans le congrès de Paris « que les États entre lesquels s'élèverait un dissentiment sérieux accepteraient la médiation d'une puissance amie avant d'en appeler aux armes, » la Russie proposa la réunion des cinq grandes puissances pour terminer pacifiquement la question italienne. Comme l'avait prévu la France, la proposition de la Russie, acceptée par les puissances médiatrices, arrêta court les négociations entamées par l'Angleterre et remit tout en question.

La proposition, telle qu'elle avait été formulée par la Russie, n'admettait pas le Piémont à siéger au congrès. Le cabinet de Turin protesta, considérant comme un droit d'autant plus incontestable d'assister à des débats qui la concernaient directement, que la Sardaigne avait déjà été représentée au congrès de Paris de 1856, congrès sur lequel on s'appuyait pour en convoquer un nouveau.

Le cabinet de Vienne accepta conditionnellement :

il demanda le désarmement de la Sardaigne et le renvoi des volontaires italiens. Ces protestations d'une part, ces exigences de l'autre; l'agitation croissante de l'Allemagne, les démonstrations patriotiques du Piémont, le mariage du prince Napoléon avec la princesse Clotilde, l'inspection d'Alexandrie par le général Niel, tous ces faits n'étaient pas de nature à préparer les esprits à une médiation conciliatrice. Quelques-uns de ces points, soulevés et débattus avec autant d'animosité que de confusion, traînèrent les choses en longueur et tournèrent au profit de la France et du Piémont, qui n'étaient pas prêts à entrer en campagne, et contre les intérêts de l'Autriche qui, avec des finances déjà obérées, ayant des masses de troupes considérables sous les armes, pouvait prendre l'offensive sur le Tessin contre les forces sardes isolées.

L'Autriche, bien convaincue qu'elle ne pouvait échapper à la guerre, et que le Piémont serait soutenu par la France, s'impatienta et résolut de prendre l'initiative de la guerre, afin, sans doute, de profiter des immenses avantages qu'elle aurait pu tirer de la mise en action immédiate de ses masses concentrées en arrière du Tessin, contre les forces encore isolées du Piémont.

Le manque de tact de la diplomatie autrichienne, d'abord, et l'irrésolution du général qui commandait en Lombardie, ensuite, firent avorter cette première tentative, et cette malencontreuse entrée en campagne eut une funeste influence sur toutes les opérations ultérieures des armées autrichiennes.

Le 19 avril donc, le comte Buol signa à Vienne un

ultimatum, vraie déclaration de guerre au Piémont, qui fut connu par toute l'Europe, deux jours avant d'être remis au cabinet de Turin. Première faute, puisque le jour même où *l'ultimatum* fut remis au comte de Cavour à Turin, le 22 avril, le *Moniteur universel* confirmait ainsi la nouvelle de la déclaration de guerre : « L'Autriche n'a pas adhéré à la proposition faite par l'Angleterre et acceptée par la France, la Russie et la Prusse. — En outre il paraîtrait que le cabinet de Vienne a résolu d'adresser une communication directe au cabinet de Turin, pour obtenir le désarmement de la Sardaigne. — En présence de ces faits, l'empereur a ordonné la concentration de plusieurs divisions sur la frontière du Piémont. »

Le même jour, le comte de Cavour, tout en demandant l'appui de la France, informa officiellement le cabinet de Paris qu'il venait de recevoir des mains du baron de Kellersberg, envoyé par le gouvernement autrichien, la note que voici :

« Le gouvernement impérial, Votre Excellence le sait, s'est empressé d'accéder à la proposition du cabinet de Saint-Pétersbourg de réunir un congrès des cinq puissances, pour chercher à aplanir les complications survenues en Italie.

» Convaincus, toutefois, de l'impossibilité d'entamer, avec des chances de succès, des délibérations pacifiques, en présence du bruit des armes et des préparatifs de guerre poursuivis dans un pays limitrophe, nous avons demandé la mise sur pied de paix de l'armée sarde, et le licenciement des corps francs ou

volontaires italiens, préalablement à la réunion du
congrès,

» Le gouvernement de S. M. Britannique trouva
cette condition si juste et si conforme aux exigences
de la situation, qu'il n'hésita pas à se l'approprier, en
se déclarant prêt à insister, conjointement avec la
France, sur le désarmement immédiat de la Sardaigne,
et à lui offrir, en retour, contre toute attaque de notre
part, une garantie collective à laquelle, cela s'entend,
l'Autriche avait fait honneur.

» Le cabinet de Turin paraît n'avoir répondu que
par un refus catégorique à l'invitation de mettre son
armée sur pied de paix, et d'accepter la garantie collective qui lui était offerte.

» Ce refus nous inspire des regrets d'autant plus
profonds, que si le gouvernement sarde avait consenti
au témoignage de sentiments pacifiques qui lui était
demandé, nous l'aurions accueilli comme un premier
symptôme de son intention de concourir, de son côté,
à l'amélioration des rapports malheureusement si ten-
dus entre les deux pays depuis quelques années. En
ce cas, il nous aurait été permis de fournir, par la
dislocation des troupes impériales stationnées dans le
royaume Lombardo-Vénitien, une preuve de plus
qu'elles n'y ont pas été rassemblées dans un but agres-
sif contre la Sardaigne.

» Notre espoir ayant été déçu jusqu'ici, l'empereur,
mon auguste maître, a daigné m'ordonner de tenter
directement un effort suprême, pour faire revenir le
gouvernement de S. M. Sarde sur la décision à laquelle il paraît s'être arrêté.

» Tel est, monsieur le comte, le but de cette lettre.

J'ai l'honneur de prier Votre Excellence de vouloir bien prendre son contenu en sa plus sérieuse considération et de me faire savoir si le gouvernement royal consent, oui ou non, à mettre sans délai son armée sur pied de paix, et à licencier les volontaires italiens.

» Le porteur de la présente, auquel vous voudrez bien, monsieur le comte, faire remettre votre réponse, a l'ordre de se tenir, à cet effet, à votre disposition pendant trois jours.

» Si, à l'expiration de ce terme, il ne recevait pas de réponse, ou que celle-ci ne fût pas complétement satisfaisante, la responsabilité des graves conséquences qu'entraînerait ce refus retomberait tout entière sur le gouvernement de S. M. Sarde. Après avoir épuisé en vain tous les moyens conciliants pour procurer à ses peuples la garantie de paix sur laquelle l'empereur est en droit d'insister, Sa Majesté devra, à son grand regret, recourir à la force des armes pour l'obtenir.

» Dans l'espoir que la réponse que je sollicite de Votre Excellence sera conforme à nos vœux tendant au maintien de la paix, je saisis, etc.

» Vienne, 19 avril 1859.

» Buol. »

Le 23, le président du cabinet sarde présenta à la chambre des députés un projet de loi donnant au roi tous les pouvoirs exécutifs et législatifs, en cas de guerre avec l'Autriche. Le 24, ce projet fut adopté sans discussion, et le 26, le comte de Cavour répondit en ces termes au comte Buol :

« Turin, 26 avril.

» Monsieur le comte,

» Le baron de Kellersberg m'a remis, le 23 courant, à cinq heures et demie du soir, la lettre que Votre Excellence m'a fait l'honneur de m'adresser, le 19 de ce mois, pour me mander, au nom du gouvernement impérial, de répondre, par un oui ou par un non, à l'invitation qui nous est faite de réduire l'armée sur le pied de paix, et de licencier les corps formés de volontaires italiens, en ajoutant que, si, au bout de trois jours, Votre Excellence ne recevait pas de réponse, ou si la réponse qui lui était faite n'était pas complétement satisfaisante, Sa Majesté l'empereur d'Autriche était décidée à avoir recours aux armes, pour nous imposer par la force les mesures qui forment l'objet de sa communication.

» La question du désarmement de la Sardaigne, qui constitue le fond de la demande que Votre Excellence m'adresse, a été l'objet de nombreuses négociations entre les grandes puissances et le gouvernement de Sa Majesté. Ces négociations ont abouti à une proposition formulée par l'Angleterre, à laquelle ont adhéré la France, la Prusse et la Russie.

» La Sardaigne l'a acceptée sans réserve ni arrière-pensée. Comme Votre Excellence ne peut ignorer ni la proposition de l'Angleterre, ni la réponse de la

1.

Sardaigne, je ne saurais rien ajouter pour lui faire connaître les intentions du gouvernement du roi à l'égard des difficultés qui s'opposaient à la réunion du congrès.

» La conduite de la Sardaigne, dans cette circonstance, a été appréciée par l'Europe. Quelles que puissent être les conséquences qu'elle amène, le roi, mon auguste maître, est convaincu que la responsabilité en retombera sur ceux qui ont armé les premiers, qui ont refusé les propositions formulées par une grande puissance et reconnues justes et raisonnables par les autres, et qui maintenant y substituent une sommation menaçante.

» Je saisis cette occasion, etc.

» C. Cavour. »

Cette lettre fut remise, le même jour, à six heures du soir, au baron de Kellersberg, qui se rendit en toute hâte à Vienne.

Les Piémontais s'attendaient à voir les hostilités s'ouvrir dans la nuit même du 26 au 27. Il n'en fut rien. Les Autrichiens perdirent encore trois jours ; ce ne fut que le 29 avril, dans l'après-midi, qu'ils franchirent le Tessin.

Du 19, jour que la déclaration de guerre fut signée à Vienne, au 29, jour de l'ouverture des hostilités sur le Tessin, il se passa donc dix jours. Cette perte de temps était d'autant plus à regretter pour les Autrichiens, que leur armée était prête à entrer en campagne, tandis que celle des alliés ne l'était pas.

Cette première faute commise par l'Autriche eut

une funeste influence sur les premières opérations de l'armée du comte Giulay et favorisa la concentration des armées des alliés en Piémont.

N. B. Nous devons prévenir nos lecteurs que les deux premières livraisons de ce Précis, *la Notice sur le théâtre de la guerre* et les *Considérations sur l'ouverture de la campagne,* ont été écrites avant et pendant les premières opérations des armées.

NOTICE

SUR LE

THÉATRE DE LA GUERRE EN ITALIE.

Le théâtre de la guerre proprement dit, les plaines du Piémont et du royaume Lombardo-Vénitien, le bassin du Pô, enveloppé de hautes montagnes, affecte à peu près la forme d'une ellipse de 80 lieues de longueur sur 60 de largeur. Le fleuve, qui coule vers le milieu de ce bassin, reçoit sur ses deux rives un grand nombre d'affluents dont plusieurs très-considérables, qui sont pour les armées des deux parties autant d'obstacles transversaux.

De la France, on peut pénétrer dans ce bassin par six voies différentes : par la grande route du Mont-Cenis ; par les passages du mont Genèvre et des cols d'Argentière et de Tende ; par la route de la Corniche, qui côtoie le golfe de Gênes et qui débouche ensuite par les cols de l'Appenin dans les plaines du Piémont ;

1

et enfin par mer, en débarquant à Gênes et en traversant ensuite le col de la Bocchetta, qui débouche près de Novi dans la plaine d'Alexandrie.

Lyon, point central du réseau des chemins de fer des Alpes, est à 40 lieues de Saint-Jean de Maurienne, où cesse la voie ferrée, à 30 de Grenoble et à 80 de Toulon. De Saint-Jean à Suse, à travers le Mont-Cenis, il y a quatre marches pénibles. Vers la fin d'avril, souvent cette route est obstruée par les avalanches qui descendent des pics. De Grenoble à Suse par Briançon, à travers le mont Genèvre, il y a six marches plus pénibles encore que par le Mont-Cenis. — La traversée des monts par les Alpes maritimes et les Appenins sur Coni, offre moins de difficultés, mais elle exige plus de temps que par les autres points. De Toulon à Gênes, par mer, on peut faire la traversée en dix-huit heures, mais par cette voie il faut tenir compte de la perte du temps qu'exigent l'embarquement et le débarquement des troupes. Gênes, Coni et Suse sont reliées au réseau central des chemins de fer piémontais, réseau qui jusqu'ici n'a pas un seul embranchement communiquant avec les chemins de fer lombardo-vénitiens.

L'Autriche, pour transporter ses troupes dans le bassin du Pô, a un chemin de fer de Vienne à Milan, en passant par Gratz, Laybach, Trieste, Venise, Vérone et Brescia, et bien qu'il y ait dans cette voie une petite interruption, entre Trieste et Udine, un train de troupes parcourt cette ligne, de 250 lieues, en 75 heures environ.

Il existe en outre plusieurs bonnes routes ordinaires, remontant d'abord le bassin du Danube par les hautes vallées de la Drave, de la Muhr et de l'Ens, pour descendre ensuite par les sources de la Piave, de la Brenta et de la Fisach, dans la vallée de l'Adige, qui est le front stratégique le plus important du théâtre de la guerre en Italie.

Toutes ces routes, qui permettent de conduire rapidement une armée au milieu des plaines de l'Italie, n'ont pas encore paru suffisantes à l'état-major autrichien ; il a jugé nécessaire d'en ouvrir une à travers les montagnes du Tyrol, communiquant d'un côté avec celles des vallées de l'Inn, de la Salza et de la Drave, et débouchant, de l'autre côté, par la vallée supérieure de l'Adige dans celle de l'Adda, sur le duché de Milan, qui forme la partie la plus avancée de ses possessions. Des travaux coûteux, d'une difficulté excessive, n'ont pas arrêté le gouvernement autrichien dans la construction de cette route, qui, aux yeux de bien des officiers, passe pour avoir une haute importance stratégique. Cette route, qui a pris le nom du col qu'elle traverse, le STELVIO, est, par son élévation, sans rivale au monde ; elle quitte la vallée supérieure de l'Adige à Prad, pour descendre l'Adda, après avoir traversé les Alpes à une hauteur de 2,800 mètres au-dessus du niveau de la mer, c'est-à-dire, à plus de 200 mètres au-dessus de la limite des neiges éternelles. Ses pentes s'élèvent souvent au dixième ; le tracé adopté a exigé de nombreux ponts et plusieurs souterrains ; la route se dessine parfois en courbes d'une pente si roide et d'un rayon si court qu'elle donne le vertige, et beaucoup de voyageurs refusent de la descendre en voiture. Les difficultés excessives qu'il a fallu vaincre sont du reste une garantie de sécurité pour la défense du territoire, car il sera toujours aisé de couper cette route et d'en interdire l'accès à une armée envahissante.

Depuis une vingtaine d'années que la route du Stelvio est achevée, l'expérience a démontré qu'un passage aussi élevé est très-souvent interrompu par les intempéries des saisons.

Pour obvier à cet inconvénient, l'état-major autrichien, qui attache une très-grande importance à conserver, dans cette direction, une communication toujours sûre, a fait ouvrir, un peu plus au sud, une autre route à travers le mont Tonale, par la vallée de la Nos (petit affluent de l'Adige) et par celle de l'Oglio, pour rejoindre la route magistrale de la Lombardie à Bergame, moitié chemin de Milan à Brescia. Moins élevé que le Stelvio, le mont Tonale a néanmoins 1,980 mèt. de hauteur. On peut juger, par cette persistance à ouvrir des voies directes sur Milan, de l'importance que l'Autriche attache à parvenir à cette ville sans être obligée de traverser des pays insurgés. La route du mont Tonale, commencée en 1850, est à peine terminée.

Les chemins de fer, dont la création est postérieure à celle de la plupart des routes dont nous venons de parler, ont également été tracés dans un but stratégique. On s'est attaché à relier d'abord avec Vienne le front défensif de l'Adige, dont Vérone est le pivot. Puis de ce pivot on a étendu des rameaux vers Milan et vers Botzen, pour rejoindre bientôt par Brixem le chemin de fer d'Inspruck. Bientôt des embranchements relieront aussi à ces artères principales les États secondaires de l'Italie. Le Piémont, toutefois, en

a été exclu, et n'a pu obtenir de rattacher son système à celui de la Lombardie. Voulant à tout prix
faire cesser l'isolement dans lequel se trouve le petit
réseau de Turin, Novare, Alexandrie et Gênes, le Piémont s'est vu forcé de tenter le percement du Mont-
Cenis, œuvre gigantesque dont on doit souhaiter le
succès pour l'honneur du génie de l'homme.

Certes, les chemins de fer pourront jouer un très-
grand rôle dans les grandes combinaisons de la
guerre, mais cependant on ne doit pas perdre de vue
que les railways situés sur le théâtre de la guerre
même n'auront très-souvent qu'une faible importance
militaire. Si, par exemple, le 24 avril, le jour de
l'expiration du fameux ultimatum, alors que la petite
armée piémontaise se trouvait seule en présence des
masses autrichiennes, si, disons-nous, à cette date,
le général Giulay eût pris une offensive vigoureuse,
il est plus que probable que le réseau des chemins
de fer piémontais eût été complétement désorganisé
avant l'arrivée des Français ; et, ce qui eût été pis encore, c'est que les Piémontais, battus et refoulés dans
les nombreuses forteresses qu'ils ont à garder, ne se
fussent probablement nulle part trouvés en masse assez
compacte pour protéger l'arrivée de leurs alliés.
Alors, les têtes des colonnes françaises, en débouchant
des Alpes, donnant en plein dans les masses autrichiennes, eussent probablement été, à leur tour, mal-
menées. Mais si les chemins de fer placés sur le théâtre
de la guerre même ne peuvent guère servir aux
manœuvres tactiques ; par contre, les grandes artères
qui s'étendent en arrière du front d'opération vers le
centre des ressources de l'armée qui opère sur ce

front (comme le railway de Vérone à Vienne par rapport aux Autrichiens), auront toujours une importance décisive. Si, par exemple, les alliés parvenaient à repousser promptement les Autrichiens jusque sur l'Adige, là s'arrêteraient, pour longtemps du moins, leurs succès, et certes la voie ferrée qui relie ce fleuve au centre de l'empire contribuerait puissamment à prolonger la résistance de cette ligne. Et cet avantage serait d'autant plus favorable à l'armée autrichienne, que l'armée française ne pourrait se servir de la vapeur pour transporter ses troupes et son matériel de guerre de Gênes à Vérone. Il est vrai qu'à l'aide de sa marine, la France pourrait jeter un gros corps de débarquement sur un point quelconque des côtes de l'Adriatique; mais une diversion de l'espèce ne pourrait se faire qu'en y employant de puissants moyens et avec l'autorisation avouée ou tacite de l'Angleterre.

Les chemins de fer sont donc des voies stratégiques et non des lignes tactiques. Cette question a été développée dans nos *Études sur la défense des États*, publiées en 1858.

Le théâtre de la guerre, compris entre Turin et Vérone, comme nous l'avons déjà dit, est coupé longitudinalement par le Pô et transversalement par un grand nombre de ses affluents qui, descendant des montagnes et traversant des lacs, ont tous un caractère torrentiel, et produisent des inondations périodiques, occasionnées par la fonte des neiges qui s'opère ordinairement vers la fin d'avril ou au commencement de mai, quand les premières chaleurs se font sentir, et aussi vers le milieu de l'été, pendant les fortes chaleurs.

Ces rivières transversales, pendant les périodes des grandes eaux, qui, du reste, ne durent que quelques jours, offrent, des obstacles réels pour une armée obligée de les franchir en présence de l'ennemi; mais une fois qu'elles sont rentrées dans leurs lits, elles ne présentent bientôt plus que des ravins rocailleux, guéables presque partout, enfin de bien médiocres lignes de défense. L'expérience a même démontré que tous ceux qui ont voulu se servir de ces transversales pour arrêter un ennemi bien décidé à prendre l'offensive, s'en sont généralement mal trouvés.

De tous les cours d'eau qui descendent des Alpes vers le Pô ou vers l'Adriatique, un seul, l'Adige, a une importance militaire réelle Vérone, qui est le point de cette rivière vers lequel viennent déboucher toutes les grandes vallées des Alpes Noriques, Carniques et Juliennes, en est le point stratégique décisif. C'est sur ce point que les Autrichiens ont établi un camp retranché pouvant servir à la fois de base d'opération dans le cas d'une guerre en Lombardie, et de place de refuge et de pivot de manœuvres pour défendre et garder les débouchés du Tyrol.

Le parti que (en 1796) le général Bonaparte a su tirer des restes des fortifications de Vérone, et les nombreux combats qui se sont livrés entre le Mincio et l'Adige, ont attiré l'attention des officiers autrichiens sur le quadrilatère compris entre les deux rivières que nous venons de citer, le lac de Garda et le Pô, et c'est dans ce quadrilatère qu'ils ont érigé le grand système défensif qui paraît devoir marquer le terme de la marche de toute armée qui voudrait envahir la Lombardie. C'est là qu'ils ont accumulé toutes leurs ressources, tous les moyens que l'art a pu suggérer ; c'est sur ce terrain, si bien préparé, si longuement étudié par eux, que, probablement, ils chercheront à arrêter l'ennemi s'il obtenait un grand succès au début de la campagne.

Le Mincio, depuis le lac de Garda jusqu'aux marais de Mantoue, n'a que dix lieues de cours, or c'est entre ces deux obstacles qu'est limité le front d'opération des armées envahissantes. Le Mincio est la plus courte de toutes les rivières transversales qu'on franchit en parcourant la haute Italie ; elle est, par conséquent, la plus facile à surveiller et la moins difficile à défendre. Elle est guéable sur plusieurs points à l'étiage ; mais, comme tous les cours d'eau qui sortent des hautes montagnes, la pluie ou la fonte des neiges la grossissent vite, et occasionneraient souvent des mécomptes à ceux qui se fieraient aux gués pour la traverser. Ses deux rives ont alternativement la prépondérance l'une sur l'autre ; on la traverse sur plusieurs ponts en pierre et elle offre plusieurs points favorables à un passage de vive force. Des places fortes, Peschiera et Mantoue, protégent les deux extrémités de cette ligne.

L'Adige, dont le cours est beaucoup plus long et dont le volume d'eau est considérable, ne peut être franchi que dans un espace d'une quinzaine de lieues qui sépare Vérone de Legnago : au-dessus, ce fleuve est serré de près entre des hauteurs que

ne traverse aucune route; au-dessous, il forme des
marécages qui se réunissent avec ceux des bouches
du Pô. L'Adige n'est jamais guéable; il porte des
bateaux en amont comme en aval de Vérone, point
où sa largeur est de 80 à 100 mètres. Ce fleuve
opposerait donc de grandes difficultés au passage
d'une armée, et il est considéré, avec raison, comme
la meilleure ligne de défense de l'Italie. Du côté
de Vérone, le terrain est coupé de vignes et de
jardins; vers Mantoue et Legnago, il est rempli
de rizières et sillonné de canaux d'irrigation; la
route de Vérone à Legnago a été tracée entre un de
ces canaux et le cours du fleuve, disposition qui
favorise la communication entre les deux villes.

On comprend aisément dans quelle sécurité serait
une armée ainsi placée entre deux rivières et quatre
places fortes, ne redoutant d'être tournée ni au nord,
à cause des montagnes, ni au sud, où sont des marais
s'étendant jusqu'à la mer. L'armée qui défendrait
cet échiquier pourrait se porter en peu de temps
sur les points menacés, n'accepter le combat que
lorsque l'occasion lui semblerait favorable, et, dans
les circonstances contraires ou après un échec, se
retirer sous la protection de ses camps retranchés.
C'est sur ce théâtre de guerre qu'en 1848 se sont
arrêtés les succès du roi Charles-Albert. Après la
prise de Peschiera, il dépassa, pour son malheur, un
moment le Mincio pour aller se placer sur les hauteurs de Rivoli; mais, sentant bientôt le danger d'une
situation aussi isolée, il voulut revenir sur ses pas :
ce fut pendant ce mouvement de retraite qu'il perdit
une partie de son armée.

Les quatre forteresses Peschiera, Mantoue, Vérone
et Legnago, qui forment les quatre angles du quadrilatère que nous venons de décrire, n'ont pas toutes
la même importance, quoique toutes aient reçu des
améliorations depuis 1830, et quelques-unes même
très-récemment. « Peschiera est une petite ville située
» dans une île que forme le Mincio à sa sortie du lac
» de Garda. A l'époque des guerres de la République,
» sa fortification ne consistait qu'en un pentagone bas-
» tionné. Il n'y a été fait que peu de travaux pendant
» la domination des Français. A gauche du Mincio, un
» mamelon, qui domine la rive gauche de la rivière
» appelée la Mandella, a reçu trois lunettes disposées
» comme un ouvrage à cornes dont les courtines man-
» quaient. Un large fossé naturel, précédé d'un
» glacis à contre-pente, les protége d'une manière
» d'autant plus avantageuse, que les ouvrages élevés à
» la hâte ne paraissent pas occuper le terrain de la
» manière la plus favorable. Sur la rive droite du
» Mincio, un ouvrage assez vaste, le Salvi, couvre les
» abords immédiats de la rivière. Depuis 1848, les
» Autrichiens ont reporté très-loin de l'île les limites
» de la défense; huit lunettes, analogues à celles de
» la Mandella pour la forme et très-judicieusement
» placées, couronnent une légère ondulation du ter-
» rain. Elles se composent d'un réduit voûté, à l'é-
» preuve de la bombe, pouvant au besoin porter de
» l'artillerie sur sa terrasse, et entouré d'un parapet
» en terre précédé d'un mur crénelé d'après le sys-
» tème Carnot. L'ensemble des ouvrages qui entou-
» rent le camp de Peschiera, et que l'on trouve ac-
» colés à toutes les grandes forteresses construites par

» les Autrichiens , peut recevoir une forte division
» mobile; mais, à cause de leur disposition, les lunettes
» se soutiennent mal entre elles ; la prise d'une seule
» entraînerait rapidement la perte des autres, car les
» réduits à l'épreuve de la bombe qui en ferment la
» gorge n'ont pas de murs à l'épreuve du canon, et,
» par suite de leur isolement, chacune d'elles a besoin
» d'un chef énergique et capable. L'avantage de ce
» camp retranché, outre le degré de force qu'il ajoute
» à la ville de Peschiera, est de menacer le flanc d'une
» armée qui tenterait le passage du Mincio à Goïto ou
» à Valeggio. La flottille du lac de Garda, qui trouve
» à Peschiera un abri et des magasins de charbon ,
» pourrait aussi faire des descentes inopinées sur les
» bords du lac et gêner les attaques en les prenant à
» revers. Des écluses ont été établies afin de pouvoir
» à volonté élever le niveau du lac et détruire par des
» chasses, dont l'effet se ferait sentir jusqu'au lac de
» Mantoue, les ponts de bateaux ou de chevalets que
» l'on aurait jetés sur le Mincio entre ces deux lacs.

» Mantoue est, comme Peschiera, dans une île du
» Mincio; mais cette île est vaste; sa superficie est de
» près de 50 hectares, et elle est accolée à une autre
» de pareille étendue qui sert de champ de Mars, le
» Thé, où campait l'armée de Wurmser en 1796.
» Les deux îles se trouvent au milieu du lac formé
» par un élargissement de la rivière, elles sont distantes
» de 800 mètres à peu près de chacune des rives.
» Mantoue est donc inabordable, et pourtant, si l'on
» parvenait à dessécher complétement le lac, il ne
» resterait qu'une fortification sans valeur. Cette
» opération a été tentée le siècle dernier ; il en est

» résulté un marécage infect jugé plus infranchis-
» sable que le lac lui-même. On pénètre dans la ville
» par des chaussées étroites, au nombre de deux sur
» la rive gauche, et de trois sur la rive droite. Quatre
» forts défendent ces passages : la citadelle et Saint-
» Georges à l'est, la Pradella et le Pietole à l'ouest.
» Les trois chaussées de Saint-Georges, la Pradella et
» le Pietole forment digue et soutiennent l'inondation.
» Cette disposition des lieux explique la longue résis-
» tance que cette forteresse a soutenue; mais elle fait
» comprendre aussi comment des armées nombreuses
» ont pu y être bloquées par de simples divisions.
» Malgré ces défauts et l'insalubrité du lieu, qui a
» résisté à toutes les tentatives d'assainissement, Man-
» toue a conservé la réputation d'être la clef de
» l'Italie (1). L'empereur Napoléon avait fait amé-
» liorer les forts existants et construire celui de
» Pietole. Les Autrichiens n'y ont ajouté que peu de
» chose; il est probable cependant que, vu l'impor-
» tance et le petit développement de ces forts, on en
» aura protégé les abords par un système de mines.
   » Mantoue a paru trop malsain et surtout trop éloi-
» gné des débouchés des montagnes du Tyrol, par
» lesquels l'armée qui défend l'Italie attend ses ren-
» forts et ses ravitaillements : c'est Vérone, située à
» l'endroit même où l'Adige sort des gorges des monta-
» gnes pour entrer dans la plaine, qui a été choisie pour
» servir de quartier-général à l'armée et de dépôt cen-

---

(1) Cette réputation est usurpée, c'est Vérone qui est le point principal
de cette contrée.

» tral pour les munitions de toute sorte. Des travaux
» considérables y ont été faits, et, malgré l'emploi éco-
» nomique de la main-d'œuvre militaire, la dépense
» était évaluée, en 1848, à 18 millions ; elle doit être
» d'au moins 25 millions aujourd'hui. Cette masse
» d'argent, dont la localité à presque exclusivement
» profité, et les dépenses que font une forte garni-
» son et un état-major nombreux, ont modifié les
» dispositions des habitants ; ils sont, en effet, plus
» bienveillants pour l'Autriche à Vérone que dans
» aucune autre ville, et se mêlent plus volontiers aux
» militaires. Partout, sur les murs et dans les bou-
» tiques, on voit des annonces en allemand en aussi
» grand nombre qu'en italien, et les dialectes étrangers
» s'y mêlent à la langue nationale. Aussi une insur-
» rection n'y est-elle guère probable, et c'est par un
» excès de précaution que l'on y a construit des casernes
» fermées et défendues contre la population. Vérone est,
» d'ailleurs, une ville importante ; elle compte 55 mille
» habitants, et conserve de beaux restes de la puis-
» sance des seigneurs de la Scala, qui la possédaient
» autrefois. On y voit de magnifiques antiquités
» romaines, attestant que, de tout temps, cette ville a
» été une position militaire importante. Une enceinte,
» due aux anciens ingénieurs italiens, a servi de
» base aux travaux récents, qui d'ailleurs ont tout
» à fait transformé la place ; sur la rive droite de
» l'Adige surtout on a élevé, tout le long de l'an-
» cienne muraille, huit bastions disposés d'après le
» système de Carnot, avec des contre-escarpes non
» revêtues, pour faciliter les sorties. Un fort très-rap-
» proché de la ville, celui de Saint-Procule, couvre

» l'entrée de la rivière dans la ville ; le fort de Hess, un
» peu plus éloigné, en protége la sortie. De nom-
» breux établissements militaires existent à Vérone ;
» mais, comme l'espace intérieur n'était pas suffisant
» pour contenir toutes les troupes qu'on pouvait
» avoir à y rassembler dans un moment donné, on y
» a joint un camp retranché. Sur la rive droite, une
» vaste zone de terrain d'alluvion, abandonnée par
» l'Adige dans le cours des siècles, a été entourée de
» fortes redoutes espacées entre elles de 600 mètres
» environ. Presque toutes ces redoutes ont la forme
» d'un trapèze, dont la grande base est tournée vers
» l'intérieur, et chacune possède une caserne voûtée
» à l'épreuve de la bombe. Ce terrain d'alluvion, en-
» veloppé de redoutes, le camp retranché proprement
» dit, a 3 kilomètres de long sur 2 de large, et il est
» adossé à la place, qui lui sert de réduit. Sur la rive
» gauche du fleuve, à l'opposé des lignes d'invasion,
» la place a reçu moins de développement. De ce côté,
» on a conservé la vieille enceinte, dont la forme du
» terrain a déterminé le tracé. C'est l'ancienne mu-
» raille due à l'empereur Gallien, réparée et pourvue
» de tours par l'illustre architecte et ingénieur San-
» Michele, à laquelle on vient d'adapter des bastions.
» Cette muraille a le développement de six fronts ordi-
» naires. Le vieux château Saint-Félix, dépourvu de
» flanquement et tracé en forme de queue d'aronde,
» domine tous les ouvrages de la rive gauche. Il oc-
» cupe la croupe élevée d'un contre-fort, dont les ra-
» meaux s'étendent le long de la ville, et sur les
» aspérités duquel on a élevé une série de tours et
» de fortins.

« Legnago, relié par une espèce de chemin couvert
» au grand camp de Vérone, possède une double tête
» de pont sur l'Adige et donne à celui qui la possède
» l'avantage de déboucher sur les deux rives du fleuve.
» Cette place n'a d'ailleurs d'importance militaire que
» comme poste accessoire de Vérone. »

Vérone, avec ses dépendances, Mantoue, Legnago
et Peschiera, inspirent aux Autrichiens une grande confiance. Leur armée, battue ou inférieure en nombre,
pourrait s'y retirer pour y attendre ses renforts, et y
défier les attaques d'un ennemi supérieur en nombre.
Si, au contraire, leur armée veut prendre l'offensive, Vérone peut servir de base pour opérer dans la
vallée du Pô.

Une position militaire de cette importance doit
nécessairement avoir plutôt pour but de servir de
centre d'action à toutes les forces destinées à agir en
Italie, que d'assurer la conservation d'un point déterminé. Ainsi donc, si, comme tout porte à le croire, les
alliés sont obligés d'attaquer cette position, ce ne sera
ni à l'aide d'un siége en règle, ni à la suite de quelques
escarmouches qu'ils parviendront à s'en rendre maîtres.

Vérone doit nécessairement opposer une longue résistance; la prise de cette place fera traîner
la guerre en longueur, car ce ne sera qu'après avoir
livré une série de batailles et de combats sanglants,
après avoir émoussé les forces matérielles et morales
des belligérants, que l'une des deux parties pourra
céder le terrain. Vérone, avec ses dépendances, est un
Sévastopol sur une large échelle; et la position de
l'Adige n'est guère moins difficile à tourner que ne
l'était celle de la Tchernaïa. On pourrait, il est vrai,

tourner la position de Vérone en remontant dans la vallée de l'Adige par la rive gauche du lac de Garda et en descendant ensuite par la vallée de la Drave, ou de la Muhr sur Vienne, comme à Sévastopol on pouvait tourner la position en traversant les gorges du Tchatyr-Dagh, pour descendre ensuite par le Salghir sur Simferopol et Baktchisarai; mais en Italie, comme en Crimée, de semblables expéditions offrent toujours de graves dangers, et pour les entreprendre avec chance de succès, il faut non-seulement avoir une bonne armée, mais il faut encore qu'elle soit guidée par un grand capitaine. — Il n'est pas donné à tous les généraux de conduire des armées à travers le Saint-Bernard pour aboutir à un Marengo.

Le quadrilatère que nous avons décrit n'est pas la seule position militaire que l'Autriche ait fortifiée en Italie. Les traités de 1815 l'autorisaient à mettre des garnisons à Plaisance et dans la citadelle de Ferrare, et des traités passés avec les duchés de Modène et de Toscane lui ont permis d'occuper Bressello, Livourne et plusieurs autres villes. Maîtresse de tous ces points, l'Autriche a donc pu élever des fortifications sur les deux rives du Pô, et c'est ce qu'elle a fait : sur la rive droite du fleuve, Plaisance, qui n'était enveloppée que d'une vieille muraille flanquée de petites tours, n'aurait offert qu'une bien faible résistance, mais pour mettre le pont, qui fait son importance militaire, à l'abri des surprises, l'Autriche a imposé au duché de Parme la construction, tout autour de la place, de redoutes capables de soutenir des attaques sérieuses. L'ensemble de ces travauxconstitue un camp retranché, où un corps mobile pourrait braver les efforts d'un ennemi supérieur en nombre. Sur la même rive, Bressello et la citadelle de Ferrare sont deux toutes petites places sans importance réelle. Sur cette rive, le camp retranché de Plaisance est donc la seule position militaire importante; elle fait face à Tortone, Alexandrie, Gênes et Spezzia, d'où, selon toutes les probabilités, partiront les grandes attaques des alliés. Sur la rive gauche du fleuve, depuis le commencement de l'année, l'armée autrichienne a été massée dans l'angle que forme le Pô avec le Tessin, et dont Pavie occupe le sommet. La nature des approvisionnements qu'on a rassemblés à Pavie, et les travaux de défense qu'on y a élevés, ont fait supposer d'abord que les Autrichiens en avaient fait leur base pour envahir le Piémont. Aujourd'hui (10 mai) ces suppositions ne sont plus admissibles; et, en effet, si l'armée autrichienne n'a pu prendre l'offensive en présence des Piémontais seuls, peut-on admettre qu'elle le fera maintenant que 100 mille Français menacent sa gauche!!! Le 20 avril, Pavie, le Tessin et le lac Majeur offraient aux Autrichiens une bonne base pour opérer offensivement en Piémont ; le 10 mai cette base est devenue un mauvais front pour défendre la Lombardie. Giulay pourrait bien subir sur ce cours d'eau un échec semblable à celui qu'y subit Beaulieu en 1796, et cela est d'autant plus probable, qu'en toutes choses Napoléon III imite volontiers Napoléon Ier. Au delà du Tessin, les Autrichiens ont encore la forteresse de Pizzighetone, à cheval sur l'Adda, ligne trop étendue et trop faible pour y opposer une défense sérieuse. Brescia et Bergame ont aussi quelque valeur défensive, mais ces places ne sauraient arrêter une armée victorieuse.

Si les alliés prennent l'offensive par la droite du Pô, et s'ils parviennent à enlever le camp retranché de Plaisance, ce qui du reste n'est pas chose facile, toutes les défenses élevées sur le Tessin tombent sans qu'il soit nécessaire d'y brûler une amorce, et alors il est plus que probable que les Autrichiens ne tiendront ni à Milan, ni sur l'Adda, ni sur l'Oglio, qu'ils se retireront immédiatement derrière le Mincio dans leur camp de Vérone, d'où on ne les expulsera que difficilement, il faut le supposer du moins.

Les masses considérables que les Autrichiens paraissent avoir réunies en Lombardie permettraient peut-être bien d'opérer une manœuvre plus hardie que celle de se replier vers l'Adige. Si, par exemple, l'armée de Pavie, au lieu de se replier sur Vérone, abandonnant cette position à l'armée de l'Adige, se repliait par les routes de Stelvio et de Tonale sur le Tyrol allemand, elle placerait ses adversaires dans un cruel embarras; car ces derniers seraient obligés, ou de poursuivre les Autrichiens sur le territoire allemand, ce qui offrirait de graves dangers politiques, ou de marcher sur Vérone, ce qui offrirait de grands dangers au point de vue militaire.—Au premier abord, cette opération de diviser ses masses en deux parties, en laissant son adversaire au centre des deux armées, paraît être une fausse manœuvre. En effet, diviser ses masses quand on n'a qu'une armée de 40 à 50 mille hommes à mettre en ligne, est toujours fort dangereux; mais quand on a plusieurs armées d'au delà de 100 mille hommes chacune à opposer à l'ennemi, ce danger diminue considérablement, et, parfois, la prudence exige qu'on opère sur deux zones à la fois.

Quoi qu'il en soit, probablement, Plaisance sera le premier objectif de la guerre et Vérone le second, car aujourd'hui il n'y a point le moindre doute à émettre sur la question de savoir quel sera le belligérant qui va prendre l'offensive.

La Trebbia d'abord, le Pô et le Mincio ensuite, séront, selon toutes les probabilités, les cours d'eau sur lesquels vont se passer les grands drames militaires de la première campagne, tandis que le Tessin, l'Adda, et l'Oglio ne joueront qu'un rôle secondaire.

N. B. Pour suivre les opérations de la guerre, comme pour les diriger, on a besoin de deux espèces de cartes : de cartes générales et de cartes particulières. Les cartes générales devant servir aux grandes opérations doivent embrasser tout l'échiquier stratégique et être dégagées de détails; leur tracé doit être clair et simple, et n'avoir point trop de développement, afin que l'œil puisse saisir dans son ensemble tout le théâtre de la guerre. Les cartes particulières destinées à renseigner les manœuvres qui doivent décider des combats et des batailles, ne sauraient être trop complètes. Le croquis joint à cette brochure satisfait à la première de ces conditions; quant aux cartes détaillées, nous nous efforcerons de les faire paraître à mesure que les opérations l'exigeront. — Sous peu, nous donnerons une carte détaillée du quadrilatère compris entre Vérone, Peschiera, Legnago et Mantoue.

CONSIDÉRATIONS

SUR

L'OUVERTURE DE LA CAMPAGNE.

Du jour où Napoléon III, en présence du corps diplomatique, eut adressé au baron de Hübner la fameuse apostrophe, l'Autriche s'était préparée à la guerre avec une fiévreuse activité ; aussi, vers le 15 avril, son armée était-elle prête à entrer en campagne, tandis que celle de ses adversaires était encore disséminée dans les garnisons de la France et du Piémont. — Voici comment s'exprime sur ce point l'empereur des Français, dans son ordre du jour daté de Milan, du 8 juin :

« Il y a un mois, confiant dans les efforts de la di-
« plomatie, j'espérais encore la paix, lorsque tout à
« coup l'invasion du Piémont par les troupes autri-
« chiennes nous appela aux armes. Nous n'étions pas
« prêts : les hommes, les chevaux, le matériel, les ap-

« provisionnements manquaient, et nous devions,
« pour secourir nos alliés, déboucher à la hâte par
« petites fractions au delà des Alpes, devant un en-
« nemi redoutable, préparé de longue main.

« Le danger était grand ; l'énergie de la nation et
« votre courage ont suppléé à tout. . . . . »

Si donc, à l'expiration du délai de trois jours accordé par l'*ultimatum* autrichien au gouvernement
piémontais, le feld-maréchal Giulay avait pris une
offensive vigoureuse, il eût pu surprendre les alliés
pendant leur mouvement de concentration et obtenir
un résultat décisif au début de la campagne. En effet,
le 22 avril, les forces françaises se trouvaient encore
disséminées entre Marseille, Lyon et Paris, et la petite
armée piémontaise se trouvait, seule, en présence des
six corps de Giulay, dont l'effectif s'élevait à plus de
220 mille hommes. Les Autrichiens avaient, en outre,
deux corps sous le comte Wimpfen, à Trieste et dans
l'Illyrie, et deux autres corps, transportés en chemin de fer à travers la Bavière, se dirigeaient par
Inspruck, en toute hâte, vers le théâtre des opérations.

A cette date, le feld-maréchal Giulay pouvait donc,
sans faire de grands efforts, franchir le Tessin et le
Pô avec cinq corps d'armée, c'est-à-dire avec au moins
160 mille hommes, ayant ses communications gardées
par 160 autres mille hommes.

Avec une telle supériorité numérique, il pouvait,
sans aucun doute — toute l'Europe l'a dit comme
nous — culbuter les 50 ou 60 mille Piémontais qu'il
avait devant lui ; franchir en six jours les quatre marches qui le séparaient de Turin et occuper les défilés

de la Boccheta et de Suse, avant qu'un seul Français en eût débouché.

Le débordement des rivières, les défenses élevées sur la Dorea-Baltea et les places d'Alexandrie, de Valence et de Casale s'opposèrent, dit-on, à l'exécution de ce plan.

Voyons si cette assertion est fondée, si ces obstacles pouvaient réellement arrêter une armée trois fois plus nombreuse que l'armée sarde qui les occupait.

Le roi Victor-Emmanuel, avec une armée de 60 mille hommes, avait à défendre un front de plus de trente lieues, couvert, il est vrai, par la Scrivia, le Pô et la Dorea-Baltea, et renforcé par les forteresses de Tortone, d'Alexandrie, de Valence, de Casale et d'Ivrée ; mais, en évaluant, en moyenne, à 6 mille hommes la garnison nécessaire à chacune de ces cinq forteresses, le roi ne conservait que 30 mille hommes en campagne pour défendre la Scrivia, une partie du cours du Pô et la Dorea-Baltea.

Nous avons vu que Giulay pouvait, tout en laissant de fortes réserves en Lombardie, disposer de 160 mille hommes pour attaquer ce front. Si donc, vers le 25 avril (1), il avait résolûment débouché avec 40 mille hommes par Vigevano et Novare, pour attaquer de front la Dorea-Baltea, pendant que 120 mille hommes eussent débouché par Stradella sur Tortone,

---

(1) C'est le 25, pensons-nous, qu'expira le délai accordé par l'*ultimatum* pour les armées autrichiennes, *ultimatum* qui exigeait impérieusement le désarmement du Piémont et le renvoi des volontaires de Garibaldi.

pour déborder les Sardes par leur droite, il pouvait aisément laisser 40 mille hommes pour observer le défilé de la Boccheta et les places de Tortone et d'Alexandrie, et arriver longtemps avant les Français, avec une armée de 80 mille hommes, à Turin. L'occupation de cette capitale eût fait tomber la défense de la Dorea-Baltea, prise à revers, et Giulay, à qui serait venu se joindre le corps qui avait débouché par Novare, se serait de nouveau trouvé à la tête d'une armée de 120 mille hommes, occupant l'axe de l'éventail que forment les débouchés des Alpes et le nœud des chemins de fer piémontais, c'est-à-dire la clef stratégique de la contrée.

Dans cette marche, Giulay n'aurait en rien exposé sa ligne de retraite, puisque le seul point par où un détachement français pût déboucher était observé par une armée de 40 mille hommes, et que les Sardes n'eussent été nulle part en force, pas même à Alexandrie, pour jeter un corps en campagne.

Quant aux obstacles que l'armée autrichienne pouvait trouver sur son chemin, aucun n'offrait une barrière assez imposante pour arrêter une invasion aussi formidable. Ce n'est certes ni Casale, ni Alexandrie, défendues même par des garnisons de 10 ou 15 mille hommes, qui eussent pu arrêter une invasion de 120 mille Autrichiens; et la Scrivia, la Bormida et le Tanaro, qui, pendant la plus grande partie de l'année, sont des ravins à peine sillonnés de quelques filets d'eau et de gros ruisseaux pendant les périodes de pluies, eussent pu, moins encore que les forteresses, retarder la marche offensive d'une aussi puissante armée, commendée par un général résolu.

Giulay avait d'autant plus d'intérêt à prendre l'offensive, qu'il était à prévoir que les populations italiennes ne se soulèveraient pas tant que la guerre se ferait en Piémont, tandis qu'il savait très-bien que la révolution éclaterait autour de lui dès que l'ennemi franchirait la frontière de la Lombardie. Il était donc du plus haut intérêt pour le feld-maréchal de choisir le moment opportun pour entrer en campagne, et de mettre à son début toutes ses ressources en œuvre pour frapper à coup sûr l'armée sarde, afin de prendre pied à Turin avant l'arrivée des Français devant cette capitale.

Personne ne le contestera, une telle entrée en campagne aurait mis, pour longtemps du moins, toutes les chances de succès du côté des Autrichiens ; mais les armées, comme les individus, ont leur caractère particulier, et l'histoire nous apprend qu'il n'est pas dans l'esprit des armées autrichiennes d'ouvrir la campagne par des faits d'armes brillants, par une offensive vigoureuse. La plupart de ses généraux ont toujours préféré une guerre lente et méthodique — qui, il est vrai, use parfois un adversaire par la multitude même de ses succès — à une guerre audacieuse et prompte comme la font les Français. Les généraux allemands ne comprennent pas ces mouvements hardis, ces espèces de courses au clocher qui sont le propre des armées françaises. Eugène de Savoie, Marlborough, Souwaroff et Blucher (1) sont peut-être les

---

(1) L'archiduc Charles conduisait mieux la guerre que Blucher, mais il se laissait intimider devant les mouvements hardis des Français. Ratisbonne et Wagram sont là pour l'attester.

seuls adversaires de la France qui se soient bien rendu compte du système de guerre qu'il convenait d'opposer à la *furia francese*. Blucher surtout opposait la fougue à la fougue, et souvent, plus hardi que son adversaire, il marcha à l'ennemi sans avant-garde et le culbuta avant qu'il eût eu le temps de se reconnaitre. Ce sont les marches audacieuses du *maréchal Vorewaerts* qui décidèrent du sort des deux plus grandes journées de notre époque, Leipzig et Waterloo.

La guerre défensive a de graves inconvénients ; cependant, on ne saurait le contester, elle a aussi ses avantages. Un de ces avantages, c'est que le défenseur, en se repliant, se rapproche toujours de sa base, du foyer de sa puissance, de sorte qu'à mesure qu'il recule, il devient plus fort, tandis que son adversaire, en s'éloignant de ce foyer et en laissant des détachements en arrière pour garder ses communications, s'affaiblit constamment. Mais cet avantage que nous reconnaissons à la défensive ne compense guère les inconvénients inhérents à ce mode de guerre ; et, en effet, l'initiative de l'attaque appartenant à l'offensive, le défenseur, pour éviter les surprises, se croit obligé de se garder partout, et, par suite, il est entraîné à disséminer ses forces. Si dans la guerre défensive les généraux, au lieu de faire une multitude de détachements, avaient le courage de supporter parfois un petit mal, ils éviteraient souvent de grands désastres, et l'offensive n'aurait pas sur la défensive cette prépondérance qu'elle a toujours eue jusqu'ici. Il est vrai de dire aussi que les dispositifs permanents de défense de tous les États de l'Europe, sans exception aucune, sont combinés de manière à faire battre, presque à coup sûr, tous ceux qui tenteraient de s'en servir pour s'opposer aux invasions (1); et cette défectuosité offre d'autant plus de danger que presque tous les militaires persistent à choisir des cours d'eau échelonnés de forteresses pour front de défense, bien que ces fronts, par leur trop grande étendue, aient toujours été fatals à ceux qui s'en sont servis. Un exemple frappant, le passage du Tessin par les Français, est venu confirmer une fois de plus cette opinion.

Si, pour défendre la Lombardie, les Autrichiens, au lieu d'étendre leur front derrière le Tessin et le Pô, s'étaient conformés au précepte que nous avons posé dans notre *Étude sur la défense des États*, c'est-à-dire si, au lieu d'élever inutilement des travaux de défense sur le lac Majeur, à Pavie, Stradella et Plaisance, puis d'étendre leur armée sur un front de 40 lieues, ils avaient accumulé tous ces travaux autour de Milan et concentré leur armée vers ce point, le jour de la bataille, Giulay, au lieu d'arriver avec la moitié de ses forces sur le terrain du combat, comme cela s'est passé à Magenta, se serait présenté avec ses masses réunies, et un revers même ne l'eût pas obligé d'abandonner immédiatement la Lombardie.

Basé sur Milan avec ses 6 corps, dans une position où il pouvait accepter ou refuser la bataille, même après un succès, il eût mis les alliés dans une fâcheuse alternative : d'abord leur armée n'eût pas été

---

(1) Nous avons développé cette question dans notre *Étude sur la défense des États,* publiée il y a un an.

assez puissante pour bloquer une semblable position, et, quant à l'attaque, ils doivent se souvenir encore des sacrifices qu'ils ont dû faire et du temps qu'ils ont employé pour prendre Sévastopol. Eussent-ils tourné cette position? Dans quel but? pour attaquer la ligne du Mincio? Mais, là aussi, ils eussent rencontré une armée retranchée dans une position formidable. Et puis on ne dépasse pas impunément une armée de 200 mille hommes concentrée pour le combat et bien assise sur sa base. — Dans une semblable position, le général le plus inepte aurait des chances de succès, tandis que derrière un front étendu, le long du cours d'un fleuve même, un général, aussi habile qu'il puisse être, a toutes les chances contre lui.

Bien souvent les états-majors apprécient mal les positions, plus souvent encore les cours d'eau sont cause du mauvais choix qu'ils font des points à défendre et ce sont encore les cours d'eau qui font préférer les fronts étendus aux positions concentrées.

Il est plus que probable que l'état-major autrichien n'a pas même songé à la défense de Milan ; son esprit n'a été préoccupé que de la nécessité de retrancher les points de passage du Tessin et du Pô compris entre le lac Majeur et Plaisance.

Cette ligne de retranchements, de 40 lieues de front, couverte par des rivières larges et profondes, leur a paru sans doute bien mieux couvrir la contrée à défendre que ne l'aurait pu faire l'érection d'un camp retranché à Milan. Si cependant ils s'étaient donné la peine d'examiner avec attention ces positions, s'ils les avaient comparées entre elles, s'ils en avaient recherché les avantages et les inconvénients, ils auraient reconnu, comme nous l'avons répété mille fois, qu'un front étendu, défendu même par une armée formidable, est toujours *faible* sur presque tous les points, surtout quand ce front est destiné à résister aux attaques fougueuses et téméraires d'une armée française; tandis qu'une position concentrique, où l'on peut à volonté acccepter ou refuser la bataille, arrête court les attaques les plus audacieuses et oblige l'ennemi à opérer lentement, avec prudence et méthode.

Nous convenons volontiers, cependant, que, si les généraux autrichiens sont tombés dans les errements d'autrefois, quant au choix de leur position défensive sur le Tessin et sur le Pô, ils font sagement aujourd'hui d'abandonner toutes les forteresses situées en avant de leur front et de ramener les garnisons vers la position concentrique de Vérone.

Ils se sont aperçus, un peu tard, que les forteresses frontières et celles qui sont placées en avant du front d'opération sont plus nuisibles qu'utiles pour soutenir une guerre *défensive*. Admis avant la guerre, ce principe (1) eût épargné de grandes dépenses au trésor, de grands sacrifices d'hommes, et évité la perte de beaucoup de matériel et de munitions.

En abandonnant toutes les forteresses situées en

---

(1) Nous avons été les premiers et les seuls, pensons-nous, qui jusqu'ici aient admis en principe que, dans la *défense* d'une contrée, les forteresses frontières et celles qui se trouvent en avant du front d'opération de l'armée chargée de défendre cette contrée, sont plus nuisibles qu'utiles (voir notre *Étude sur la défense des États*, p. 42). — L'état-major autrichien pourra revendiquer d'avoir le premier mis ce précepte en pratique.

dehors de son échiquier défensif; en ramenant sa formidable armée tout entière vers cet échiquier, l'état-major autrichien se donnera, du moins, toutes les chances favorables pour tenir tête à l'ouragan qui le menace.

Ce que l'on doit proclamer bien haut, c'est que l'armée autrichienne est digne de ses adversaires et que, pour la vaincre, on doit compter avec elle, la journée de Magenta l'a surabondamment prouvé.

La position vers laquelle les Autrichiens se retirent est formidable (1), et la force numérique de leur armée augmente à mesure qu'ils reculent. Les alliés auront donc fort à faire pour vaincre une telle armée dans une telle position; car, quoiqu'en disent les correspondances particulières et privées, les pertes essuyées laissent, à peu de chose près, les armées belligérantes dans les mêmes rapports où elles se trouvaient à l'ouverture de la campagne. Jusqu'ici, aucun des corps autrichiens n'a été fortement entamé et le moral des troupes doit être peu affecté, puisque l'armée se retire avec ordre, sans précipitation, ramenant avec elle les garnisons de toutes ses places, et, somme toute, en laissant derrière elle très-peu de bagages et de matériel de campagne.

C'est, du reste, essentiellement sur la position de l'Adige que les généraux autrichiens ont toujours compté pour arrêter la fougue française, et si, comme

---

(1) Nous avons donné la description de cette position, p. 10 et suivantes de notre première livraison sur la guerre en Italie. A l'aide de cette description et des cartes jointes à la première et à la deuxième livraison, on pourra se rendre compte de la valeur défensive du fameux quadrilatère.

tout le fait supposer, ils défendent cette position avec talent, nous ne savons trop comment les alliés s'y prendront pour en déloger les Autrichiens. Nous l'avons déjà dit, l'attaque en règle n'est guère possible; on ne saurait ouvrir un siége en présence d'une armée de plus de 300 mille hommes (1). Si l'on tente de tourner la position par le haut, on tombe en plein dans les montagnes du Tyrol, et, pour la dépasser, on doit doubler le lac de Garda et sacrifier ses lignes de communication; si l'on essaye de la tourner par le bas, on tombe dans les affreux marais du Pô, de l'Adige et de la Brenta. Ces marais sont insalubres, sillonnés, dans toutes les directions, de cours d'eau et de canaux; les seules voies de communication sont des chaussées et des digues, ce qui présente de graves dangers pour une armée qui voudrait franchir ces marais.

Un autre danger, plus menaçant encore pour l'armée qui voudrait opérer de Ferrare par le littoral sur Venise, ce serait l'inondation que les Autrichiens pourraient tendre sur les rives du Pô. A partir de l'embouchure du Mincio, les alluvions des siècles ont

---

(1) Les Autrichiens auront, les pertes défalquées, plus de 300 mille hommes dans le quadrilatère compris entre le Mincio, l'Adige, le lac de Garda et le Pô : ce chiffre est formé par les quatre corps de Giulay, les quatre corps de Wimpfen et les deux corps venus en chemin de fer de la Bohême et de la Hongrie. Ils ont, en outre, à Trieste et sur le littoral, trois corps sous les ordres de l'archiduc Albert, formant la réserve de l'armée de Vérone. Les Français ont en Italie six corps, ceux de Baraguay-d'Hilliers, de Mac-Mahon, de Canrobert, de Niel, du prince Napoléon et la garde impériale, c'est-à-dire en tout, avec la cavalerie, vingt-deux divisions ou environ 200 mille hommes. L'armée sarde est composée de cinq divisions d'infanterie et une de cavalerie, soit une cinquantaine de mille hommes.

exhaussé le lit du fleuve au point que la crête des
digues qu'on a été obligé de construire pour contenir
ses eaux, s'élève au-dessus des toits des plus hautes
maisons (1) ; or, si, pendant que l'armée envahissante
opère à travers le parallélogramme qui sépare le bas
Adige du Pô (2), les Autrichiens perçaient les digues
du fleuve, il est très-probable que les troupes qui se
trouveraient dans ce parallélogramme seraient non-
seulement fortement compromises, mais encore grandement exposées à être noyées : de toute manière,
une armée ainsi coupée de sa base et privée d'une
grande partie de son matériel et de ses magasins,
engloutis sous les eaux, serait gravement compromise, sinon perdue.

Il ne semble donc pas que le quadrilatère puisse être
tourné ou enlevé par une attaque en règle.

Voyons maintenant si les Français, avec leur puissante marine, ne pourraient pas opérer une diversion
en faveur des attaques dirigées par leurs armées de
terre contre ce fameux quadrilatère. A moins que les
Autrichiens ne se laissent surprendre à Venise, ce qui
n'est pas à supposer, il est fort difficile de trouver un
point sur les côtes de l'Adriatique où l'on puisse jeter
à terre un corps de troupes suffisant pour produire
une diversion sérieuse. A part Venise, qui, du reste,

---

(1) A hauteur de Ferrare, elles ont plus de vingt mètres d'élévation.
(2) Voir le croquis pour l'intelligence des opérations stratégiques.

est plus facile à défendre qu'à attaquer (1), la côte sur tous les points, est d'un difficile accès ; nulle part on ne trouve assez d'eau pour approcher de la terre avec de gros navires; aucune plage assez large pour

---

(1) Venise est située au milieu des lagunes (*V.* le croquis), à 4 mille mètres de la terre ferme et à 5 mille de la mer. La lagune consiste en une baie de bas-fonds et de lacs salés dans laquelle entre un peu d'eau douce. La ville est reliée à la terre ferme par une digue sur laquelle est établie le chemin de fer. Cette digue, à l'entrée des lagunes, est défendue par le fort Malghera et par une série de batteries qui se succèdent entre Malghera et Venise. Du côté de la mer, Venise est séparée de l'Adriatique par une bande de terrain, espèce de digue à laquelle on donne le nom de littoral, et dont la plus grande largeur est de 900 mètres environ. Le littoral n'est interrompu que par les étroits passages des trois ports de Ghioggia, de Malamocca et du Lido. Le premier de ces ports a 15 pieds d'eau, le second 17 et le troisième 8 seulement, et ces trois passages sont défendus par une multitude de batteries et un grand nombre de canonnières.

L'ennemi ne saurait donc entrer dans ces ports qu'avec des bâtiments d'un faible tirant d'eau, et en s'exposant au feu convergent des batteries du littoral et des canonnières embossées dans les ports. A Venise, une semblable attaque n'est donc guère à craindre ; mais ce qui est à redouter, c'est un débarquement sur le littoral, qui a plus de 50 kilomètres d'étendue. Les lignes étendues, si bien fortifiés qu'elles puissent être, sont toujours difficiles à défendre.

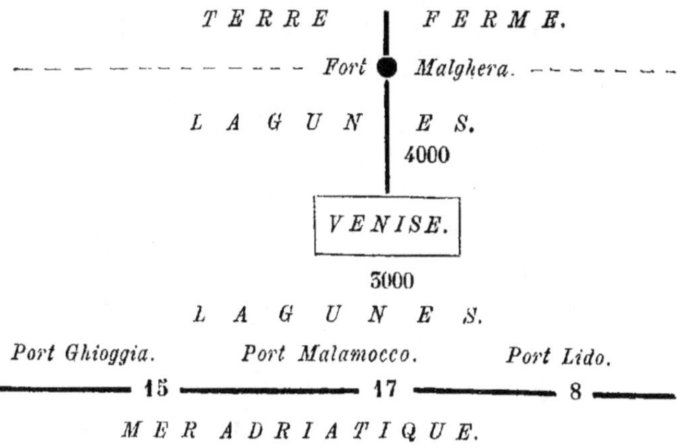

tenter un débarquement avec assez de promptitude pour que l'opération ait des chances de succès. Mais admettons pour un instant le débarquement possible ; admettons aussi que l'Angleterre le tolère ; supposons encore que la flotte française parvienne à jeter 50 mille hommes sur un point de la côte, entre Trieste et Venise. Ce faible corps — opérant isolément dans le Frioul, ayant la formidable armée de Vérone sur sa gauche et celle de réserve, qui se forme sous l'archiduc Albert à Trieste, sur sa droite, — serait très-peu à redouter pour l'Autriche. Il serait exposé à être assailli par des forces doubles et triples ; or, à moins de circonstances heureuses et imprévues, il serait bientôt forcé de se réembarquer, sinon de subir un sort plus funeste.

Dans cette guerre, au point de vue militaire, les diversions maritimes offrent, pensons-nous, de trop graves dangers pour les avantages qu'on est en droit d'en attendre. Au point de vue politique, elles recèlent des complications d'une portée telle, qu'il serait prudent peut-être de ne pas les affronter.

L'attaque du quadrilatère ne sera donc pas une mince affaire. Nous l'avons déjà dit : c'est un Sévastopol sur une plus vaste échelle, et qui peut se défendre indéfiniment.

Nous le répétons : il n'est pas possible d'ouvrir un siége en règle contre le camp retranché de Vérone, qui est la clef de cette formidable position. La prise de Mantoue, de Legnago et de Peschiera même, n'affaiblirait guère la position de Vérone. Ce camp retranché, bien défendu, ne doit tomber qu'à la longue, après une succession de batailles et de combats sanglants, après l'entier épuisement des ressources militaires de l'empire d'Autriche, si toutefois l'armée des alliés ne se trouve pas émoussée avant cet épuisement.

La lutte qui va se livrer dans le quadrilatère dont la carte topographique se trouve ci-jointe, sera donc une bataille de géants, et, si les puissances européennes n'interviennent pas pour arrêter les opérations des belligérants, nous verrons peut-être se produire dans cette position des faits de guerre comme l'histoire n'en traça jamais.

N. B. Dans notre prochain numéro, nous donnerons la relation des événements et les plans des différents combats qui ont été livrés depuis l'ouverture de la campagne. Si cette fois, au lieu de donner ces tracés, nous avons préféré donner le plan du quadrilatère, c'est afin que nos lecteurs soient à même de suivre en détail et au fur et à mesure les opérations intéressantes et grandioses qui vont probablement se produire, d'ici à quelques jours, entre le Mincio et l'Adige.

OUVERTURE DE LA CAMPAGNE.

—

(3ᵉ livraison.)

L'ultimatum du comte Buol était à peine arrivé à Turin, que déjà la vapeur transportait de tous les points de la France des régiments vers la frontière du Piémont. Le 26 avril, pendant que les premières troupes venant d'Afrique débarquaient à Gênes, les têtes de colonnes de l'armée de Lyon traversaient le Mont-Cenis.

Le feldzeugmeester comte Giulay, qui avait sa formidable armée — six corps (1), plus de 200 mille hommes — sous la main, laissa les Français traverser paisiblement les Alpes et les Appenins pour venir se

---

(1) Les 2ᵉ, 3ᵉ, 5ᵉ, 7ᵉ, 8ᵉ et 9ᵉ, commandés réciproquement par les généraux Lichtenstein, Schwartzenberg, Stadion, Zobel, Benedeck et Schaftgossche. Le 1ᵉʳ corps, celui de Clam-Gallas, n'est arrivé que pour assister à la bataille de Magenta.

former en corps d'armée sous les murs d'Alexandrie et de Turin. Cependant, vers la fin d'avril, il se décida à envahir le Piémont : le 29, son armée passa le Tessin sur plusieurs points; mais au lieu de la porter en avant à marches forcées et en masse, il la déploya sur un front de près de 30 lieues, sa droite vers Biella, sa gauche vers Tortone, son centre à Verceil où il établit son quartier-général. Son front d'invasion occupait donc toute la largeur de la plaine comprise entre les derniers contre-forts des Alpes et le pied du massif des Appenins.

A l'approche des forces autrichiennes, les faibles lignes sardes, dont le front était pour le moins aussi étendu que celui de leur adversaire, abandonnèrent tout le terrain compris entre le Tessin et la Sésia, replièrent leur droite derrière le Pô, sous les murs de Casal et d'Alexandrie, et leur gauche derrière la Dorea-Baltea dont on avait inondé les rives et fortifié tous les points de passage.

Pendant que les Français formaient leur armée sous les murs d'Alexandrie et dans la plaine de Turin, Giulay, parut vouloir prendre l'offensive : du côté de Biella sa droite fit un mouvement en avant, comme s'il avait eu l'intention de forcer le passage de la Dorea-Baltea pour menacer Turin. Le tocsin des Piémontais et quelques faibles démonstrations des troupes sous les ordres de **La Marmora**, suffirent pour arrêter ce mouvement isolé de la droite.

Au centre le général autrichien se borna à pousser vers Trino et Santhia quelques avant-postes, que les Piémontais combattirent avec des chances diverses.

— Vers sa gauche, en aval et en amont de Valence, Giulay tenta plusieurs fois, mais toujours inutilement, le passage du fleuve. Quelques canons piémontais mis en batterie sur la rive droite du Pô suffirent pour faire échouer ces tentatives. — Vers son extrême gauche, du côté de Stradella, Giulay poussa quelques reconnaissances vers Tortone, dans le but de faire détruire les ponts de la Scrivia et le chemin de fer d'Alexandrie à Casteggio.

Pendant que Giulay s'était occupé à démolir et à construire des ponts, à faire des pointes à droite et des reconnaissances à gauche, la garde, les 1er, 2e et 3e corps de l'armée française s'étaient échelonnés le long de la Scrivia et autour d'Alexandrie; le roi Victor Emmanuel avait concentré le gros de ses forces derrière le Pô, entre Valence et Casal; le 4e corps français, celui de Niel, s'était réuni en avant de Turin, et formait la gauche des alliés; enfin, le corps du prince Napoléon, dont la destination n'était pas encore connue, était resté dans les Appenins autour de Gênes où il attendant sa cavalerie et son artillerie (1).

---

(1) L'armée piémontaise, forte d'environ 50 mille hommes, était composée de cinq divisions d'infanterie et une de cavalerie. Les divisions étaient commandées : 1re Castelbourg, 2e Fanti, 3e Durando, 4e Cialdini, 5e Cunbiari, la cavalerie par de Sambry.

L'armée française était divisée en 6 corps : 1er corps Baraguay-d'Hilliers, 3e division d'infanterie, Forey, Bazaine et l'Amirauld. — 2e corps, Mac-Mahon, 2 divisions d'infanterie, la Motterouge et Espinasse. — 3e corps, Canrobert, 3 divisions d'infanterie, Renault, Trochu et Bourbaki. — 4e corps, Niel, 3 divisions d'infanterie, Vinoy, de Luzy et de Fally. — Ces 4 corps avaient 2 divisions de cavalerie commandés par les généraux Partouneaux et Desveaux. — 5e corps, prince Napoléon, 2 divisions d'infanterie, Autermare

La disposition de l'armée des alliés et l'arrivée de l'empereur des Français, le 14 mai à Alexandrie, fit supposer au feldzeugmeester que Napoléon III avait l'intention de répéter la manœuvre qui, dans des circonstances analogues, avait si parfaitement réussi à Napoléon Ier, en 1796.

Toutefois Giulay, n'étant pas très-bien renseigné par ses avant-postes et par ses espions sur l'emplacement des forces ennemies, poussa dans la direction de Voghera, le 20, une reconnaissance forcée (offensive dans notre langage), sous les ordres du lieutenant feld-maréchal Stadion, commandant du 5e corps. C'est cette reconnaissance qui donna lieu au combat de Montebello.

COMBAT DE MONTEBELLO.

(Voir le croquis nº 1).

Dans la nuit du 19 au 20, le commandant du 5e corps, comte Stadion, ayant sous ses ordres la division Baumgarden, composée des brigades Bils, Gaal et le prince de Hesse, et le général Urban avec la brigade Schaffgotsche, le régiment Hess et un bataillon de la brigade Braun, en tout environ cinq

---

et Alrich, et une brigade de cavalerie. La garde commandée par Regnaud-de-St-Jean-d'Angély, avait 2 divisions d'infanterie, Mellinet et Camou, et une de cavalerie commandée par Morris.

brigades, passa de la rive gauche du Pó sur la rive droite, et marcha en deux colonnes sur Casteggio. Urban avec ses détachements marcha sur Verzate, Baumgarden avec ses trois brigades sur Casatisma. C'est de ces deux villages que vers onze heures partirent les premières attaques des Autrichiens contre les avant-postes des alliés.

Urban, qui ouvre le combat, se dirige sur Casteggio, en chasse les grand'gardes ennemies, pousse en avant, gravit la colline sur laquelle se trouve Montebello, enlève ce village, le traverse rapidement et descend ensuite la colline au sud dans la direction de la ferme de Genestrello, où il rencontre les premières troupes qui se portent au secours des avant-postes piémontais.

Pendant qu'Urban avait enlevé la colline de Montebello, Baumgarden avait dirigé la brigade du prince de Hesse sur Branduzzo, celle de Bils sur Cascina-Nuova et celle de Gaal en réserve derrière Urban.

Le combat en était à ce point quand le général Forey, avec le 74e de ligne et une batterie de 6, arrive par la route de Montebello devant le pont de la Fosso-Gazzo, cours d'eau derrière lequel les avant-postes et le 84e s'étaient arrêtés pour faire le coup de feu avec l'ennemi.

Forey apprenant là que l'ennemi marchait sur lui en deux colonnes, l'une en suivant la grande route pour l'attaquer de front, l'autre en longeant le chemin de fer pour déborder sa gauche, dirigea un bataillon du 74e et quelques escadrons piémontais vers Cascina-Nuova pour arrêter le mouvement tournant de l'ennemi sur sa gauche, et se porta avec les bataillons qui lui restait et la batterie de 6 au secours du 84e, dont les tirailleurs bordaient déjà le ruisseau.

Ces renforts étaient à peine entrés en ligne que des colonnes autrichiennes, précédées de nombreux tirailleurs, débouchent du hameau de Genestrello vers le pont de la Fosso-Gazzo. L'artillerie et les tirailleurs du 84e, déployés le long du ruisseau, ouvrent leur feu. Les troupes d'Urban ripostent vigoureusement.

Forey porte alors sa droite en avant et fait reculer l'ennemi; mais voyant le bataillon et les quelques escadrons qui couvrent sa gauche menacés par des forces supérieures, il arrête son mouvement en avant. Heureusement le colonel Cambriels, qui commandait le bataillon de gauche, et le général Sonnaz avec sa cavalerie tiennent ferme et donnent le temps au 98e et à un bataillon du 91e d'entrer en ligne et de les remplacer. Le général Blanchart, qui commandait cette brigade, afin de couvrir sa propre gauche avait laissé les deux autres bataillons du 91e à Oriolo où ils échangèrent quelques coups de fusil avec la brigade Prince de Hesse que Stadion avait dirigée vers Branduzzo.

Rassuré sur sa gauche et renforcé de la cavalerie piémontaise et du bataillon du 74e, Forey porte de nouveau sa droite en avant et enlève, non sans peine, et après une résistance sérieuse, le hameau de Genestrello que les Autrichiens n'évacuèrent que lentemeut en disputant le terrain pied à pied.

Maître de ce hameau qui assure sa droite, et sa gauche couverte par la brigade Blanchart, Forey avec la brigade Beuret, le 17ᵉ bataillon de chasseurs, le 84ᵉ et le 74ᵉ, formés en échelons, l'aile droite en avant, précédés d'une nuée de tirailleurs et flanqués sur leur gauche par l'artillerie et la cavalerie, se porte en avant, gravit à son tour la colline de Montebello et pénètre dans les rues du village. Un combat corps à corps s'engage; on est obligé d'enlever maison par maison, les Autrichiens se défendent héroïquement. Le général Beuret, à la tête de sa brigade, fait de puissants efforts pour enlever la position; il trouve la mort des braves sans avoir atteint complétement son but; le cimetière, transformé en réduit, résiste toujours; semblable au cratère d'un volcan en éruption, le feu en sort de toutes parts; le plomb et le fer qu'il vomit, frappent tous ceux qui osent en approcher. Le général Forey dirige alors tous ses efforts contre ce poste isolé; il le fait assaillir de tous côtés, et l'ennemi, malgré sa bravoure et l'avantage de la position, est obligé de céder au nombre et d'abandonner une partie de ses blessés et de ses fourgons.

Il était alors six heures et demie; les dernières troupes autrichiennes abandonnèrent le terrain du combat en se repliant vers Casteggio; le général français les fit suivre par ses tirailleurs et arrêta le gros de ses troupes sur la colline de Montebello, où il mit une partie de son artillerie en batterie.

Il n'y eut point de poursuite sérieuse; les Autrichiens évacuèrent le même soir Casteggio. Baumgarden, laissant la brigade Prince de Hesse pour couvrir la retraite, reprit la direction de Casatisma et Urban celle de Saint-Giulleta, où il rencontra le lieutenant feld-maréchal Crenneville, accouru vers le canon avec une partie de la brigade Felmeyer, postée vers Broni en avant de Stradella. La retraite continua sans autre incident.

Considérations sur ce combat.

Bien que cette rencontre ait mis de part et d'autre environ 800 hommes hors de combat, sans autres trophées pour les deux parties que quelques blessés et quelques fourgons recueillis par celui qui est resté maître du terrain, les Autrichiens comme les Français se sont également glorifiés de cette journée. Forey disait, avec assez de raison du reste : «Je suis heureux d'avoir le premier subi glorieusement le baptême du feu; » et Giulay écrivait dans son rapport à l'empereur : « Le résultat de cette reconnaissance, qui justifie « ma position actuelle, me paraît, en conséquence, « bien récompenser l'entreprise, malgré les grands « sacrifices qu'elle a coûtés. »

Cette reconnaissance offensive n'avait, il est vrai, d'autre but que d'obliger les alliés à montrer leurs forces. Mais a-t-elle réellement atteint ce but, comme le dit Giulay? Nous ne le pensons pas ; nous croyons qu'elle a, au contraire, exercé une funeste influence sur toutes les opérations ultérieures de l'armée autrichienne. D'abord, le but lui-même, d'obliger l'ennemi à montrer ses forces, a été manqué, puisqu'une seule division des alliés a repoussé les deux divisions autrichiennes; et puis, les suites ne sont-elles pas venues démontrer que Giulay a eu grandement tort de s'en rapporter à la résistance qu'il avait éprouvée devant Montebello, pour maintenir la masse de ses troupes sur la gauche de son front, vers Plaisance et Pavie, et d'étendre ce front hors de toute proportion?

Et, enfin, doit-on être bien satisfait quand on a subi un échec et sacrifié 800 hommes, pour savoir d'une manière très-imparfaite ce que les journaux indiquaient, jour par jour, d'une manière presque officielle? En effet, les dépêches publiées par tous les journaux ne laissaient pas le moindre doute sur la question de savoir où se trouvait le gros de l'armée française; nous savions tous que les 1er, 2e et 3e corps et la garde se trouvaient derrière la Scrivia et autour d'Alexandrie, quartier-général de l'empereur, tandis que la reconnaissance dont Giulay trouve les résultats si bien justifiés n'a pu faire déployer devant elle que la huitième partie de ces troupes, c'est-à-dire une seule division.

On a blâmé Urban d'avoir mis trop d'ardeur dans l'attaque. C'est, dit-on, son impétuosité qui l'a mis avec des troupes inférieures en nombre et mal appuyées, en présence d'un ennemi numériquement supérieur. Stadion aurait voulu qu'Urban n'eût enlevé Casteggio qu'alors que les brigades Hesse, Bils et Gaal eussent été réciproquement bien établies à Branduzzo, Casatisma et Robecco. Mais si Urban, au lieu de tenir ses troupes réunies et d'enlever la position d'emblée, eût marché en tâtonnant et en se divisant, comme l'a fait son collègue Baumgarden, il se fût en-

core bien plus exposé qu'il ne l'a fait : d'abord l'ennemi
eût eu plus de temps pour se préparer au combat ; et
puis, quel appui pouvait-il attendre, sur la colline de
Montebello, des brigades postées à Branduzzo, Casatisma et Robecco ? Urban, en agissant avec vigueur, a
bien manœuvré ; et s'il y a un blâme à infliger, c'est à
Stadion qu'on doit l'adresser, pour avoir trop divisé
ses forces et n'avoir pas appuyé avec toute la division
Baumgarden l'attaque d'Urban.

Rien, il est vrai, n'est difficile comme de bien conduire une reconnaissance forcée ; aussi ne doit-on s'y
décider que quand les circonstances l'exigent impérieusement, car elles sont toujours sanglantes pour
les deux parties ; et si elles ne sont pas conduites
par un homme de tact et de grande énergie, elles
échouent avant d'avoir atteint leur but, et souvent elles aboutissent à des désastres.

Dans la reconnaissance sur Montebello, Stadion a
aussi donné beaucoup trop d'extension à son front : au
lieu de conduire cette opération comme une reconnaissance forcée doit l'être, « *en masse compacte et avec une*
« *grande vigueur, afin de culbuter les avant-postes enne-*
« *mis sur le corps de bataille, avant que celui-ci ait eu*
« *le temps de se reconnaître,* » il a marché à l'ennemi
méthodiquement, en tâtonnant et en s'étendant de
Branduzzo à Genestrello, c'est-à-dire sur un front de
plus de deux lieues, ce qui fait qu'il n'était fort nulle
part, que les avant-postes des alliés ont pu se replier
sans trop de précipitation, et prévenir leur général à
temps pour leur amener des secours.

Une reconnaissance forcée n'a de chances de succès
réelles que lorsqu'on parvient à surprendre en partie

son ennemi, c'est-à-dire quand on réussit, comme
nous venons de le dire, à étonner son adversaire en
culbutant ses avant-postes sur son corps de bataille.
Or, si celui qui marche à l'ennemi pour le surprendre opère trop méthodiquement, craint trop d'être
lui-même surpris, il est évident que son entreprise
sera prévenue et qu'elle échouera comme celle de
Montebello.

Les événements politiques qui venaient de se produire dans les duchés, — l'établissement de la principale base des armées alliées à Gênes ; — la direction
des lignes d'opérations des Français et des lignes de
retraite des Autrichiens ; — la largeur du front d'opération des uns, l'étendue du front de défense des
autres ; — la concentration des principales forces
françaises derrière la Scrivia ; — l'emplacement des
quartiers-généraux des armées sarde et française sur
la rive droite du Pô, à Occimiani et à Alexandrie ; —
et, enfin, la résistance que Stadion avait rencontrée à
Montebello ; — tout devait faire supposer à Giulay
que c'était sur sa gauche, vers Plaisance ou Crémone,
qu'il serait sérieusement attaqué, et il prit des dispositions en conséquence. Déjà depuis le 19, il avait abandonné la rive droite de la Sésia, transféré son
quartier-général de Verceil à Garlasco, affaibli sa
droite pour renforcer son centre, et pris des dispositions défensives considérables sur le Pô, vers Pavie,
Stradella et Plaisance.

Le roi Victor-Emmanuel, qui avait sa gauche en
face de la droite des Autrichiens, profitant de l'affai-

blissement de cette aile, ordonna, le 21, au général Cialdini, qui commandait la 4ᵉ division, de franchir la Sésia et de prendre pied sur sa rive gauche. Les Autrichiens ayant fait sauter deux arches du pont sur lequel passe à la fois la grande route et le chemin de fer de Novare, Cialdini passa la rivière à gué sur deux points. Les Autrichiens, décidés à se replier, n'opposèrent qu'une faible résistance. Les Piémontais les poursuivirent sur la route de Robbio jusqu'à Torrino, où ils établirent leurs avant-postes.

Pendant que Cialdini prenait pied sur la rive gauche de la Sésia, Garibaldi traversait cette rivière à Romango et se dirigeait ensuite sur la pointe méridionale du lac Majeur; passait le Tessin dans la journée du 23; le 24, il lançait une proclamation dans laquelle il appelait les Lombards aux armes; le 26, il repoussait les quelques soldats autrichiens qui gardaient Varèse et se rendait maître de cette dernière ville; le 27, il se dirigeait vers le lac de Côme, faisait, le 28, son entrée dans la ville de ce nom, puis, de ce point, entreprenait des incursions sur les deux rives du lac et dans les gorges des montagnes.

Le général Urban, qui avait été lancé à la poursuite de Garibaldi, lui donna la chasse, reprit Varèse, et y rétablit l'autorité de son maître; mais l'audacieux partisan, qui se montrait partout, n'était saisissable nulle part; il échappa à toutes les poursuites, et malgré l'infatigable activité d'Urban, Garibaldi, poursuivi et chassé de tous les points, parvint cependant à insurger la Valteline et tout le nord de la Lombardie, et à produire enfin une diversion très-utile aux armées des alliés.

Pendant que ces événements se passaient sur l'extrême droite de l'immense front des Autrichiens, le roi Victor-Emmanuel avait concentré toute son armée entre Verceil et Casal ; le corps de Niel avait fait un mouvement en avant pour soutenir le roi en cas de besoin ; le corps du prince Napoléon avait été embarqué à Gênes et débarqué à Livourne ; les corps de Baraguay-d'Hilliers, de Mac-Mahon et de Canrobert, ainsi que la garde, étaient restés derrière la Scrivia, en poussant leurs avant-postes vers la Trébia et en faisant courir le bruit que, le **29**, l'empereur établirait son quartier-général à Voghera.

Toutes ces dispositions venaient encore confirmer les prévisions déjà généralement admises : « *Que le* « *roi, soutenu du corps de Niel, ferait une grande* « *diversion sur le front des Autrichiens, pendant que* « *l'empereur, avec le gros de son armée, déborderait* « *leur extrême gauche pour les couper de leur base* « *principale et obtenir ainsi immédiatement un résul-* « *tat décisif.* »

De tous les projets qui pouvaient se présenter à l'esprit de l'empereur, celui que nous venons d'indiquer et qui, paraît-il, avait été adopté d'abord, était sans contredit celui qui promettait les résultats les plus importants ; mais quand on voulut le mettre à exécution, on s'aperçut qu'on en avait trop ostensiblement préparé les moyens, pour qu'il eût des chances de succès. L'ennemi, prévenu, avait amené le gros de ses forces sur sa gauche, et le passage du Pô, en présence d'une armée nombreuse pivotant sur le camp retranché de Plaisance, offrait de grandes difficultés et surtout de graves dangers.

Vers la fin de mai, Napoléon III, pour se tirer de la difficulté devant laquelle il se trouvait, s'arrêta à une de ces conceptions qui, bien que promettant de moindres résultats et offrant d'aussi graves dangers que le projet primitivement formé, avait pour elle toutes les chances de succès, exécutée devant un adversaire méthodique et sans initiative : il résolut de transporter toute son armée de sa droite vers sa gauche, c'est-à-dire d'Alexandrie vers Novare, et de faire couvrir cette manœuvre par une grande démonstration dirigée contre le centre ennemi par toute l'armée piémontaise réunie.

Pendant que les alliés étaient en train de tout préparer pour transporter le gros de leur armée d'Alexandrie vers Novare, l'armée autrichienne resta dans une si profonde quiétude sur la Gogna, que, le 28 mai, on adressa de son quartier-général de Garlasco, aux journaux de Vienne, le singulier récit que voici :

« L'ennemi commence à comprendre l'importance
« des positions de l'armée autrichienne entre le Pô,
« la Sésia, le Tessin et la Gogna. Notre armée est ren-
« fermée dans un carré stratégique qu'il sera difficile
« de rompre. Tant que nous serons là, il n'est pas
« possible d'attaquer impunément la Lombardie par
« le Tessin, ni de tenter par les duchés le passage du
« Pô. Seulement, pour nous contraindre à sortir de
« notre ligne d'action, a été inventée l'expédition non
« conciliante de Garibaldi, dont les tentatives ne peu-
« vent en aucune manière changer les grandioses
« opérations sur lesquelles s'appuie l'issue de la cam-
« pagne actuelle. Les Français, qui sont dans le défilé
« entre Tortona et Casteggio, cherchent à effectuer

« un mouvement de flanc ; ils voudraient, si c'était
« possible, appuyer l'aile gauche au Pô dans le voisi-
« nage de Beretti, et l'aile droite à Bobbio, et aux pre-
« mières hauteurs des Apennins. Nous ne permet-
« trons pas cette évolution. Le passage du Pô n'est
« pas possible tant que le lieutenant feld-maréchal
« Benedeck sera à Lomello. A Bobbio nos troupes
« ne craignent ni l'impétuosité, ni les démonstrations
« des généraux français. Le roi Victor-Emmanuel se
« barricade derrière les collines de Montferrat, atten-
« dant le moment propice d'entrer en campagne ;
« quand le canon tonnera sur le Pô, il passera la Sé-
« sia. Tous ces mouvements n'influeront pas sur nos
« plans de campagne, qui ne seront altérés ni par des
« caprices, ni pour des raisons fugitives. Les Franco-
« Sardes, qui ont été jusqu'ici sur la défensive, doi-
« vent nécessairement prendre l'offensive. »

En effet, une armée ne saurait, sans courir de
graves dangers, en tourner une bien postée, si celle-ci
a assez d'initiative pour prévenir la première pendant
son mouvement tournant, soit en se jetant sur ses
flancs, soit en la débordant à son tour ; mais si l'armée en position, au lieu de prendre l'initiative de
l'attaque, ne sort de sa quiétude que pour courir à la
hâte prévenir le désastre, en combattant son adversaire de front, il est plus que probable qu'alors, arrivant haletante et par fractions sur le champ de bataille,
elle courra vers sa perte.

Quoi qu'il en soit, pendant que le grand mouvement tournant des Français s'opérait de la droite vers
la gauche, l'empereur, pour mieux tromper son adversaire, se rendit à Voghera, où, disait-on, il allait

établir son quartier-général. Le 29, le roi Victor-Emmanuel concentra son armée autour de Verceil, et le 30, pour mieux dissimuler encore le mouvement tournant des Français, il passa la Sésia et attaqua les Autrichiens dans la direction de Palestro.

AFFAIRE DE PALESTRO.

(Voir le croquis n° 2.)

Palestro est situé sur la rive gauche de la Sésia, à deux kilomètres de cette rivière et à cheval sur la route de Verceil à Robbio, à égale distance de ces deux villes. Le terrain compris entre Palestro, Vinzaglio, Casalino et Confienza, où eurent lieu les combats du 30 et du 31 mai, est affecté à la culture du froment et du riz, et, par suite, sillonné de canaux d'irrigation, de digues, de chaussées et de chemins encaissés, s'entrecoupant dans tous les sens et formant un vrai labyrinthe.

Ce terrain coupé était occupé par les Autrichiens; Palestro était défendu par le bataillon de grenadiers du régiment de Léopold et deux pièces de canon; Vinzaglio était occupé par un poste d'infanterie seulement, mais Confienza et Casalino étaient, paraît-il, gardés par de plus forts détachements.

La pluie, qui n'avait cessé de tomber depuis cinq jours, avait grossi la Sésia et obligé Cialdini, qui avait passé la rivière le 21 à gué, de la repasser. Le 30, dans la matinée, bien qu'il n'y eût qu'un seul pont de jeté sur la Sésia, le roi Victor-Emmanuel, à la tête de ses quatre divisions qui étaient autour de Verceil (la 5e étant restée à Casal), passa la rivière et dirigea Fanti sur Confienza, Castelborgo sur Casalino, Durando sur Vinzaglio et Cialdini sur Palestro.

Cette démonstration, qui avait pour but de couvrir le mouvement tournant des Français et de faire croire à l'ennemi que l'intention du roi était de l'attaquer de front dans sa position de Mortara, ne réussit qu'à demi.

Fanti et Castelborgo, qui avaient ordre de marcher d'abord sur Confienza, pour se rabattre ensuite sur Palestro, échouèrent dans leur entreprise; mais Durando parvint cependant à se rendre maître de Vinzaglio, et Cialdini enleva Palestro et y prit deux canons.

Pendant que le roi s'était rendu maître de ces deux postes, le corps de Niel était arrivé à Prarolo, avait passé la Sésia derrière les Piémontais, et, après l'occupation de Palestro par ces derniers, avait filé sur Borgo-Vercelli en poussant ses avant-postes sur la route de Novare.

Ce jour-là la position des Piémontais et du corps de Niel sur la rive gauche de la Sésia n'était rien moins que rassurante : une pluie torrentielle avait grossi la rivière, rompu un pont et menaçait d'enlever l'autre, de sorte que le roi, renforcé d'une partie du corps de Niel, se voyait menacé de devoir soutenir le choc de toute l'armée autrichienne.

Heureusement, les eaux ayant baissé pendant la nuit, le 31, de grand matin, le corps de Canrobert effectua le passage : le 3e zouaves fut détaché auprès du roi et alla camper à la droite de son armée, en avant de Palestro, couvert par la Sésietta; les divisions Renault et Trochu restèrent en réserve derrière l'armée sarde pendant que la division Bourbaki et le matériel du corps d'armée continuèrent à passer.

Pour faire croire encore davantage à l'ennemi qu'on allait l'attaquer sur son centre, et pour mieux couvrir le mouvement tournant des corps français, il était convenu que, dans la journée du 31, le roi ferait une grande démonstration vers Robbio, où les Autrichiens étaient en force. Mais Giulay, ayant eu vent du mouvement tournant que les Français étaient en train d'opérer, prévint la démonstration du roi par une attaque que lui-même fit diriger par le commandant du 7e corps contre Palestro.

Le feld-maréchal lieutenant Zobel, qui devait diriger cette attaque, avait sous ses ordres les brigades Dorendorf, Weigl, Szabo et Kudelka. Dorendorf avait ordre d'attaquer Palestro de front, Weigl de le déborder par la gauche des piémontais, Szabo de tourner leur droite, et Kudelka de rester en réserve sur le centre.

L'attaque commença vers neuf heures du matin. Weigl, pour opérer son mouvement de flanc ayant à parcourir des chemins étroits, fut arrêté dans sa marche par l'artillerie ennemie; Dorendorf, bien que ne se sentant pas soutenu sur sa droite par Weigl, avança résolûment jusque près de Palestro, d'où il fut repoussé avec perte; Zobel fit alors avancer sa réserve, mais vainement: ses deux brigades furent vigoureusement ramenées en laissant plus de 700 morts et blessés sur le terrain du combat. Sur la gauche, Szabo, soutenu d'une batterie de 12, était parvenu à tourner les Piémontais, et, pour son malheur, il avait déjà franchi la Busca et engagé la fusillade avec les bersagliers, quand il se vit inopinément assailli par le 3ᵉ zouaves qui venait de traverser la Sésietta, ayant de l'eau jusqu'à la ceinture. Son bataillon de chasseurs, le 7ᵉ, pris à revers par ces intrépides soldats, se fit jour à travers leurs rangs, se couvrit de gloire et laissa la moitié de son monde mort ou blessé sur le terrain du combat; mais, dit le major de Redern, de l'état-major autrichien, « les bataillons d'infanterie se reti-« rèrent très-vite, et la batterie qui s'était engagée « dans un chemin de traverse ne put sauver qu'une « pièce. »

Les zouaves poursuivirent cette infanterie, qui s'était maladroitement engagée entre deux cours d'eau, lui enlevèrent d'abord 3 canons, puis 2, et la culbutèrent ensuite sur le pont de la Busca, où ils lui prirent encore 2 canons et 600 prisonniers. Les zouaves ne cessèrent leur poursuite que lorsqu'ils furent arrivés sur la Rizza-Biraga, où ils prirent encore 2 canons et quelques prisonniers.

Considérations sur ce combat.

Si, comme on le dit, et comme, du reste, il est très-admissible et même probable, Giulay a été informé le 31 du mouvement tournant des alliés, il a eu tort de ne point livrer bataille sur la Sésia. Si le 31 au matin il s'était jeté, avec les 21 brigades qu'il avait sur la rive droite du Tessin, sur l'armée du roi, au lieu de l'attaquer mollement avec 4 brigades, comme il le fit, il est plus que probable que, non-seulement l'armée sarde eût été culbutée sur les ponts de Prarolo, mais aussi que le corps de Niel, qui était passé et en marche sur Novare, et celui de Canrobert qui était en train de passer, eussent été gravement compromis, et que par suite le mouvement tournant sur Buffalora eût échoué.

Il est vrai qu'une manœuvre aussi hardie n'était guère à redouter de la part d'un adversaire qui, au début de la campagne, n'avait pas osé, avec les mêmes forces, entamer sérieusement l'armée sarde, alors que celle-ci se trouvait seule en face de lui et que l'armée française traversait les Alpes et les Apennins par petits détachements.

Un général qui, au commencement de la guerre, laisse échapper une occasion favorable de battre son adversaire; qui compromet le succès de la première campagne, alors qu'à son début il a pour lui toutes les chances; un tel général, eût-il le talent d'Alexandre et de César réunis, à moins de se relever immédiatement dans l'esprit public par une éclatante victoire, doit renoncer au commandement; car, non-seulement les siens n'auront plus confiance en lui, mais son adversaire affectera un tel mépris à son égard que lui-même doutera de ses moyens. — Il est évident que si Napoléon III eût supposé qu'à la tête des 24 brigades autrichiennes campées sur la droite du Tessin se trouvait un prince Eugène, un Marlborough ou un Napoléon Ier, il eût réfléchi à deux fois avant d'entreprendre son mouvement tournant.

Pendant que le roi avait repoussé les attaques dirigées contre Palestro, les dernières troupes du corps
de Canrobert avaient passé la Sésia sur les ponts de
Prarolo, et les têtes de colonnes des corps de Baraguay-
d'Hilliers, de Mac-Mahon et de la garde étaient arrivées
à Verceil.

Le lendemain, 1er juin, les troupes françaises continuèrent leur mouvement tournant. Le 2, Niel, Mac-
Mahon, Baraguay-d'Hilliers et l'empereur avec la
garde, arrivèrent successivement sous Novare. Le
même jour, une avant-garde fut poussée sur la route
de Buffalora, et la division de voltigeurs de la garde,
sous les ordres du général Camou, se dirigea vers
Turbigo, sur le Tessin, où, ne trouvant point d'ennemis, elle jeta deux ponts; puis, dans la nuit du
2 au 3, prit pied sur la rive lombarde.

Giulay, pour s'opposer au mouvement tournant
des alliés, mouvement dont il avait eu vent depuis
le 30 mai, disposait des 1er, 2e, 3e, 5e, 8e, 7e et 9e corps
d'armée, c'est-à-dire de sept corps, formant un effectif d'environ 200 mille hommes.

Les 2e, 3e et 7e corps étaient campés sur la rive droite
du Tessin; les 5e et 8e sur la rive gauche; le 9e gardait le
Pô en aval de Plaisance; le 1er venait d'arriver à Milan,
et le quartier-général de l'armée était à Garlasco.

Le 2, les 2e, 3e et 7e corps, après avoir replié leurs
avant-postes établis le long du Pô, repassèrent le
Tessin avec tant de précipitation qu'ils abandonnèrent une grande partie du produit des réquisitions
qu'ils avaient frappées. Ils évacuèrent sans combat la
tête de pont de San-Martino sur le Tessin, où ils lais-

sèrent une partie de leur matériel, et leur quartier-général fut d'abord établi à Rosate, puis à Abbiate-grasso.

Le 3, de grand matin, Mac-Mahon fit faire une reconnaissance sur la tête de pont de San-Martino, et, vers 8 heures, partit lui-même avec son corps d'armée pour aller rejoindre les voltigeurs de la garde à Turbigo, où il avait ordre de passer le Tessin.

Espinasse, qui, avec une de ses brigades, était chargé de reconnaître la tête de pont de San-Martino, trouva ce poste abandonné par l'ennemi, y ramassa trois obusiers, deux canons et plusieurs chariots de munitions, et suivit ensuite, sur Turbigo, le 2ᵉ corps auquel il appartenait.

Mac-Mahon, en arrivant devant Turbigo, situé sur la rive lombarde, trouva deux ponts établis sur le Tessin, et une brigade de voltigeurs de la garde occupait ce village et ses abords, de manière à assurer le libre accès des ponts.

Vers une heure et demie, la tête de colonne de la division la Motterouge passa la rivière, et Mac-Mahon, en allant reconnaître, sur les hauteurs de Robecchetto, un endroit favorable pour faire camper ses troupes, découvrit une colonne ennemie qui se dirigeait sur ce village, avec l'intention, sans doute, de l'occuper.

COMBAT DE ROBECCHETTO.

(Voir le croquis n° 3.)

Robecchetto se trouve sur la rive gauche du Tessin, à l'est et à deux kilomètres de Turbigo. Il est assis sur un vaste plateau qui domine de 15 à 20 mètres la vallée du Tessin. C'est un village considérable, dont l'occupation par les Autrichiens aurait barré le passage aux troupes alliées débouchant de Turbigo pour se porter sur Magenta ou sur Milan. En partant de Turbigo, on arrive à Robecchetto par deux chemins praticables à l'artillerie : l'un de ces chemins y aboutit par sa partie sud, l'autre par sa partie ouest. Le chemin, qui, de Magenta, conduit à Robecchetto, y pénètre par sa partie est, et c'est ce dernier que suivait la colonne autrichienne.

Mac-Mahon, qui n'avait sous la main que le régiment de tirailleurs algériens (ses autres régiments étant encore sur l'autre rive), ordonna au général la Motterouge, qui marchait à sa tête, de le disposer en trois colonnes d'attaque, précédées chacune de deux compagnies de tirailleurs, et de diriger ces colonnes sur Robecchetto, savoir : le 1er bataillon, formant la droite, contre la partie sud du village ; le 3e bataillon, formant la gauche, contre sa partie ouest, et le 2e au centre et un peu en arrière des deux autres, formant leur échelon de réserve prêt à les soutenir.

Ces trois colonnes avaient ordre de marcher à l'attaque avec des intervalles de déploiement et, au commandement général, de converger sur le village pour y pénétrer, la colonne de gauche par la grande rue qui le traverse de l'ouest à l'est, tandis que celle de droite l'attaquerait du côté opposé, par sa partie est, afin de menacer la ligne de retraite de ses défenseurs.

Pendant que la Motterouge préparait cette attaque, Mac-Mahon dirigea le 45e, qui venait de passer les ponts, sur les traces des Algériens, et un peu plus tard il donna ordre à la 2ᵉ brigade de la Motte-rouge, composée des 65ᵉ et 70ᵉ, de soutenir l'attaque de la première brigade, en se portant sur Robecchetto par le chemin de Castano.

Il était alors environ deux heures ; les trois batail-lons algériens, soutenus d'une batterie dirigée par le général Auger, marchèrent sur le village sans faire usage de leur feu ; accueillis à leur entrée par une vive fusillade, à la voix de leur colonel et de leur général ils se ruent sur le village en chassant devant eux les Autrichiens qui en défendent les abords, font prisonniers ceux qui veulent leur barrer le passage, et, l'ennemi n'y étant pas encore en force, en moins de dix minutes il en est complé-tement délogé et en retraite sur la route par où il était venu.

A la sortie du village, les Autrichiens couvrent leur retraite par quelques coups de mitraille, auxquels une batterie française répond avec succès, dans quatre positions successives. Ce fut dans cette poursuite que le général Auger découvrit dans les blés un canon qu'il enleva à l'ennemi.

Pendant que les tirailleurs algériens enlevaient le village de Robecchetto, une colonne de cavalerie autri-chienne se montrait sur le chemin de Castano. Un bataillon du 65ᵉ et deux pièces d'artillerie se portè-rent à sa rencontre et deux coups de canon suffirent pour décider cette colonne à la retraite.

Ce combat, dans lequel les Français eurent une cinquantaine d'hommes tués et blessés, n'était que le prélude d'un engagement plus sérieux, que le passage du Tessin par le gros de l'armée française devait nécessairement amener dans les environs de Buffalora, engagement auquel le corps de Mac-Mahon était destiné à prendre une large part.

Pendant que le général Mac-Mahon, avec le corps sous ses ordres et la division des voltigeurs de la garde, en tout 41 bataillons, 8 escadrons et 7 batteries, avait pris pied, à Turbigo, sur la rive lombarde, l'empereur avait tout préparé, entre Novare et Trecate, pour opérer le passage du Tessin sur le pont de Buffalora.

PASSAGE DU TESSIN; BATAILLE DE MAGENTA.

(Voir le croquis nº 3.)

Magenta est une ancienne petite ville d'environ 4,000 habitants, située sur la rive lombarde du Tessin, à 6 kilomètres de cette rivière. Le terrain qui sépare le Tessin de cette ville est coupé, vers son milieu, par un canal, le Naviglio, qui coule entre deux digues à mi-côte de la berge gauche du Tessin. C'est sur la crête militaire de cette berge, en arrière du Naviglio, que les Autrichiens ont pris position, leur droite à Buffalora, leur gauche à Ponte-di-Magenta, leur centre derrière le nouveau pont, sur la route de Magenta, et leurs réserves en arrière de ce pont, autour de Magenta.

L'armée française, en partant de Trecate pour atteindre la rive lombarde par la route de Magenta, avait à traverser, avant de franchir le Tessin, le canal latéral à cette rivière, qui passe à San-Martino. En avant de ce canal, sur la berge droite de la vallée du Tessin, les Autrichiens avaient élevé un retranchement en ligne continue d'environ 3,000 mètres de développement, auquel ils avaient donné le nom de tête de pont de San-Martino. Ce retranchement, d'un profil respectable, construit avec soin et assez bien flanqué, était destiné à couvrir le pont du canal de San-Martino et le grand pont du Tessin, près de Buffalora; mais les Autrichiens l'abandonnèrent sans coup férir, jugeant sans doute que, comme il ne présentait sur son front étendu que quatre issues étroites, il ne pouvait servir qu'à une défense exclusivement passive, la pire de toutes. En évacuant cet ouvrage d'un tracé vicieux (1), les Autrichiens tentèrent de faire sauter, par la mine, une partie du grand pont du Tessin; mais ils ne réussirent que très-imparfaitement dans cette entreprise. Les deux arches qu'ils s'étaient proposé de renverser s'affaissèrent simplement sur elles-mêmes, de sorte que la communication fut aisément rétablie.

Le terrain bordant la route qui mène du pont du Tessin vers Magenta est coupé de fossés pleins d'eau et bordé de rizières inondées, qui rendent la marche de l'infanterie très-difficile en dehors des chemins.

Au débouché de ce pont, trois chemins mènent

---

(1) Une tête de pont, de 3,000 mètres de front en ligne continue, n'ayant que quatre issues, offre de graves défauts sous tout les rapports : 1° sa grande étendue exige beaucoup de défenseurs, 2° ses issues étroites ne permettent pas aux défenseurs de prendre l'offensive; 3° le tracé en ligne continue est le moins favorable pour couvrir une retraite.

vers le front de la position que les Autrichiens avaient prise derrière le Naviglio. A gauche, une chaussée étroite mène à Buffalora ; à droite, la levée du chemin de fer conduit au pont du Naviglio qui donne passage à cette voie, et au centre la route de Milan passe le Naviglio sur un pont en pierre enveloppé de maisons. C'est à cette espèce de tête de pont qu'on a donné le nom de pont de Magenta, que beaucoup de généraux, dans leurs rapports, ont confondu avec Ponte-di-Magenta, village qu'ils ont à son tour confondu avec Robecco (1).

Le général autrichien, pour défendre sa position derrière le Naviglio, ou du moins pour s'opposer à la marche offensive des alliés sur Milan, disposait, comme nous l'avons dit, de sept corps d'armée, dont l'effectif sous les armes était de plus de 200 mille hommes. Quand, le 4, à 8 heures du matin, il fut informé que, selon toutes les probabilités, il serait sérieusement attaqué dans la journée même, ses troupes se trouvaient disloquées comme suit : 7,000 hommes du corps de Clam-Gallas (le 1er), dont une partie avait combattu la veille à Robecchetto, occupaient Buffalora et l'espace compris entre ce poste et Magenta, faisant face à Mac-Mahon et couvrant le flanc droit de la position ; le corps de Lichtenstein (le 2e) gardait le cours du

---

(1) Cette confusion de noms provient sans doute de ce que les cartes ne portent ni la levée ni le pont du chemin de fer.

Naviglio, le front de la position, et le gros de ses troupes était campé en avant de Magenta ; le corps de Zobel (le 7ᵉ) occupait les villages de Corbetta et de Castellazzo, sur la gauche de la position, en arrière de Robecco ; le corps de Schwartzenberg (le 3ᵉ) campait à Abbiategrasso ; le corps de Stadion (le 5ᵉ) était en marche sur cette localité ; le corps de Benedeck (le 8ᵉ) était campé à Binasco ; enfin, le corps de Schaftgotsche (le 9ᵉ) bordait le Pô, en aval de Pavie et devait rester dans ces positions.

Dans l'attente des événements, le 3ᵉ corps reçut l'ordre de marcher par les deux rives du Naviglio sur Robecco, pour se jeter sur le flanc de l'ennemi, dans le cas où celui-ci tenterait une attaque de front contre la ligne du Naviglio ; le 5ᵉ corps devait suivre le 3ᵉ et le 8ᵉ reçut l'ordre de marcher sur Magenta.

La journée du 4 avait, en effet, été fixée par l'empereur des Français pour la prise de possession de la rive gauche du Tessin ; et c'était pour assurer le succès de cette entreprise que, dès la veille, le corps de Mac-Mahon, renforcé de la division de voltigeurs de la garde, avait franchi cette rivière à Turbigo, livré un combat en avant de ce village, et pris pied sur la rive lombarde.

L'armée sarde, campée à Olengo, devait suivre Mac-Mahon sur Turbigo, et ensuite se porter avec ce général, le 4, à 10 heures du matin, sur Buffalora, pour favoriser le passage du Tessin que l'empereur, avec le gros de son armée, devait opérer vers midi en débouchant par San-Martino.

Ce plan d'opérations fut troublé dans son exécution par quelques-uns de ces incidents avec lesquels on doit compter à la guerre : la division Espinasse, retardée d'abord dans sa marche de San-Martino sur Turbigo, puis dans le passage du Tessin, retarda à son tour le passage de l'armée du roi, qui ne put faire suivre le 2e corps (d'assez loin) que par une seule de ses divisions, une autre, celle de Cialdini, gardant les ponts.

Les renseignements qu'on avait recueillis sur le mouvement rétrograde de l'ennemi ; l'abandon de la tête de pont de San-Martino, et surtout la faible résistance que les Autrichiens avaient opposée la veille au 2e corps à Robecchetto, devaient faire supposer à l'empereur qu'il ne rencontrerait point de résistance sérieuse sur le Tessin même, et que la prise de possession de la rive lombarde n'offrirait point de trop graves difficultés. Quoi qu'il en soit, le 4, à 8 heures du matin, le général Wimpffen, à la tête de sa brigade (six bataillons des 2e et 3 grenadiers et deux batteries montées), partit de Trecate pour aller occuper la tête de pont de San-Martino, que l'ennemi avait abandonnée la veille. Les grenadiers traversèrent le pont que les Autrichiens n'avaient pas réussi à faire sauter, et allèrent reconnaître la rive opposée, sur laquelle l'ennemi ne montrait que peu de forces.

A 10 heures du matin, la brigade Cler (deux bataillons de zouaves et trois du 1er grenadiers, deux escadrons et trois batteries à cheval) partit également de Trecate pour San-Martino, où elle arriva à 11 heures et demie.

A ce moment, il y eut quelques coups de canon et

de fusil échangés entre l'ennemi et deux bataillons de Wimpffen, soutenus de deux pièces. Dans cette rencontre, les Autrichiens furent ramenés, et, vers une heure, le général Regnaud de Saint-Jean d'Angély fit cesser ce combat sans objet. Pendant une heure, il n'y eut plus que quelques rares coups de fusil échangés entre les grenadiers et les tirailleurs autrichiens qui gardaient le pont du Naviglio.

Vers 2 heures, la canonnade se faisant entendre dans la direction de Turbigo, précisément là où le corps de Mac-Mahon, renforcé de la division Camou, devait être en train d'exécuter son mouvement tournant, l'empereur, pour ne pas laisser son lieutenant seul aux prises avec l'ennemi, bien qu'il n'eût sous la main que la seule division de Mellinet, se décida à attaquer les Autrichiens de front pendant que Mac-Mahon les combattait sur leur droite.

Le général Regnaud de Saint-Jean d'Angély, chargé de cette attaque, dirige à gauche le 2ᵉ grenadiers, sous les ordres du colonel d'Alton, par la petite chaussée, sur Buffalora ; le 3ᵉ de grenadiers, sous le colonel Metman, est envoyé à droite, par la levée du chemin de fer sur Ponte-di-Magenta ; les deux bataillons de zouaves, restés au centre, sont massés dans un pli de terrain, à l'abri du feu, près de la route ; et sur la route même, deux pièces mises en batterie à hauteur des zouaves, battent le pont de Magenta ; le 1ᵉʳ grenadiers reste en réserve derrière les zouaves.

A droite, le 3ᵉ grenadiers, dirigé par le général Wimpffen, enlève la redoute qui couvre le pont du chemin de fer sur le Naviglio, poursuit l'ennemi sur Ponte-di-Magenta, mais, ne parvenant pas à se rendre maîtres du village, les grenadiers prennent pied dans la redoute et la conservent pendant toute la journée.

Une fois ce poste enlevé, le lieutenant-colonel de Tryon, du 3e grenadiers, avec un de ses bataillons, se jette à gauche, se porte sur les deux maisons qui couvrent les approches du pont de Magenta, les attaque et, après une vive fusillade, parvient à s'en emparer, sans cependant pouvoir déboucher du pont, que les Autrichiens défendent énergiquement.

Alors les zouaves, commandés par le colonel Guinard et dirigés par le général Cler, sortent de leur retraite, se portent en avant, appuient l'attaque du lieutenant-colonel Tryon, forcent le passage du pont, s'établissent d'abord dans les maisons de droite, enlèvent ensuite les maisons de gauche, et enfin, après une demi-heure de combat opiniâtre, le poste tombe en leur pouvoir; le front du Naviglio est rompu sur son centre, rien ne s'oppose plus au libre passage du pont; la route directe sur Magenta est ouverte, et c'est autour de cette ville, vers laquelle convergent toutes les attaques des Français, que se trouvent aussi concentrées toutes les réserves autrichiennes.

Peut-être eût-il été prudent de la part de la brigade Cler de s'arrêter à ce succès et de se borner à se bien établir dans le poste, espèce de tête de pont, qu'elle venait d'enlever à l'ennemi, et d'attendre les renforts que Niel et Canrobert devaient lui amener, avant de prendre l'offensive. Une autre raison qui militait aussi en faveur d'un temps d'arrêt de la part des grenadiers et des zouaves avant de prendre l'offensive, c'est que depuis une heure au moins on n'entendait plus le canon de Mac-Mahon, et qu'avec trois bataillons et

110 chasseurs à cheval on ne pouvait pas espérer d'obtenir des succès contre le gros des réserves autrichiennes ; mais, entraînés par un premier succès, grenadiers et zouaves, sans attendre l'ordre des chefs, se lancèrent en avant et arrivèrent jusque près de Magenta. Là ils sont arrêtés court, et, malgré une charge heureuse fournie par un escadron de chasseurs de la garde, la division Reischach les ramena en désordre sur le pont, d'où ils venaient de déboucher. Heureusement, pendant que le bataillon du 3ᵉ grenadiers et les zouaves s'étaient portés en avant, le 1ᵉʳ grenadiers, resté en réserve, les avait remplacés dans le poste qu'ils venaient de quitter, de sorte que la division Reischach, en arrivant sur le pont, y trouva des troupes bien postées et ne put y prendre pied.

Il était alors 4 heures du soir ; Mac-Mahon ne donnait plus signe de vie ; Niel et Canrobert n'arrivaient pas, et la division de grenadiers et de zouaves, seule au combat, assaillie de front par Zobel et Lichtenstein, était débordée sur sa droite par Schwartzenberg qui venait de déboucher, avec trois brigades de son corps, de Ponte-di-Magenta sur la redoute du chemin de fer, défendue seulement par deux bataillons de grenadiers.

Regnaud de Saint-Jean d'Angély avait toutes ses troupes engagées ; il ne disposait pas d'un seul bataillon pour envoyer au secours de la redoute, qui, non-seulement était assaillie de front, mais encore débordée sur sa droite. Mellinet venait d'avoir un cheval tué sous lui ; Cler était déjà tombé mortellement blessé à la tête de sa brigade en défendant le pont du centre, et Wimpffen, qui disputait si héroïquement la redoute et la levée du chemin de fer, venait aussi de recevoir une blessure.

Les Autrichiens crurent alors, pendant un instant, à la victoire : sur la droite des Français, les brigades Hartung et Dürfeld, du 3e corps, se lancèrent plusieurs fois contre la redoute que Wimpffen défendait avec acharnement ; le régiment Roi des Belges parvint même à pénétrer dans ce poste, mais il en fut repoussé avant de pouvoir y prendre pied. Au centre, Zobel et Lichtenstein faisaient des efforts pour reprendre le pont de Magenta, plusieurs fois ils arrivèrent jusque sur ce pont ; mais au centre, comme sur la droite, les grenadiers ne lâchèrent pas prise, et cette héroïque résistance, permit à Mac-Mahon d'achever son mouvement tournant et donna à Canrobert et à Niel le temps de venir prendre part au combat.

Pendant que la division de grenadiers donnait sur le front des Autrichiens, Mac-Mahon était parvenu, non sans peine, à déborder leur droite. Parti de son bivac de Turbigo, à 10 heures du matin, il avait marché sur Buffalora et sur Magenta par deux chemins parallèles. Sa colonne de gauche, la plus exposée, la division Espinasse, se dirigea par Buscate, Mesero et Marcallo sur Magenta ; sa colonne de droite, la division la Motterouge, suivie des voltigeurs de la garde, marcha par Robecchetto, Malvaglio et Casate sur Buffalora.

Vers midi la colonne de droite, arrivée devant Casate, trouva ce poste occupé par deux régiments hongrois. Les tirailleurs algériens les attaquent, et, après s'être rendus maîtres de ce poste, se portent à quelques centaines de pas en avant, où ils furent arrêtés, pour donner au général le temps de prendre ses dispositions de combat.

Mac-Mahon, s'étant alors porté sur le front de la ligne, put remarquer, par les dispositions que prenaient les Autrichiens, qu'il se trouvait devant des forces considérables ; que l'ennemi avait de fortes masses à Buffalora ; que ce village était couvert par une formidable batterie de canons et une de fuséens ; que l'espace compris entre Buffalora et Magenta était complétement garni de troupes, et que Magenta était aussi fortement occupé.

Pour attaquer ce front, Mac-Mahon forma la division la Motterouge en bataille, sa droite à Cascina, Valicio, sa gauche vers Marcallo ; la division Camou se déploya en seconde ligne, par bataillons en masse avec des intervalles de déploiement. Espinasse reçut ordre de presser le pas, d'enlever Marcallo, et puis de former sa ligne en appuyant l'une de ses ailes à ce village et l'autre à la division la Motterouge.

Dès que ces dispositions préparatoires furent achevées, Mac-Mahon porta sa droite en avant : la Motterouge marcha sur Buffalora, et, pendant que les tirailleurs algériens et le 45e débordaient ce village par sa droite, le 2e grenadiers, qui avait suivi la petite chaussée, l'attaqua vigoureusement de front. Ce poste était défendu par des forces considérables. « Si les renseigne-« ments que j'ai obtenus sont exacts, dit Mac-Mahon « dans son rapport daté du 6, la position de Buffalora « se trouvait occupée par 15 mille Autrichiens, ayant

« en arrière d'eux, entre Buffalora et Magenta, un
« corps de 20 mille hommes, et en avant de la posi-
« tion (face à l'attaque de Mac-Mahon) une forte bat-
« terie d'artillerie et une batterie de fuséens. » Mais,
précisément parce qu'on avait massé trop de troupes
dans ce poste, le point saillant de la position, le feu
convergent de l'attaque produisait de tels ravages sur
ces masses et avait un telle supériorité sur le feu divergent de la défense, que, malgré toute l'importance
que les Autrichiens attachaient à la conservation de
ce poste, ils durent l'abandonner par suite des pertes
nombreuses qu'ils y essuyèrent.

Pendant que la droite du corps de Mac-Mahon
venait de faire sa jonction avec la gauche de la division de grenadiers, les corps de Canrobert et de Niel,
la brigade Picard en tête, débouchaient du pont du
Tessin vers le champ de bataille. L'arrivée de ces corps,
et surtout la prise de Buffalora, qui dénotait la réussite du mouvement tournant de Mac-Mahon, firent
complétement changer la face des choses : les Autrichiens, qui, à 4 heures, — à l'arrivée du corps de
Schwartzenberg sur la droite des Français, — se
croyaient sûrs de la victoire, se la virent arracher
vers 5 heures, par le succès du mouvement tournant
de Mac-Mahon sur leur propre droite, et par l'arrivée
des corps de Canrobert et de Niel sur le front de la
position.

Ce ne fut donc que vers 5 heures du soir que commença l'attaque générale des Français, contre le gros
de l'armée autrichienne concentrée alors autour de
Magenta.

Sur la droite des Autrichiens, Mac-Mahon, après la prise de Buffalora, avait ordonné à la division Espinasse de déboucher de Marcala par Cascina-Médici sur Magenta, pendant que ses deux divisions de droite, celles de la Motterouge et de Camou, firent un quart de conversion à gauche pour marcher vers le même point. La Motterouge et Camou avaient à peine fait quelques pas en avant, qu'ils furent arrêtés par le poste de Cascina-Nuova, défendu par deux régiments hongrois. Le 45e, lancé sur cette grande ferme, enleva le poste, fit 1500 prisonniers et prit un drapeau sur le cadavre du colonel de l'un des régiments.

Les Autrichiens, s'apercevant, alors seulement, de l'isolement dans lequel s'était trouvée la gauche de Mac-Mahon pendant toute la journée, tentèrent de pénétrer entre ces deux ailes avec une forte masse pour battre isolément la division Espinasse; mais ce mouvement, entrepris trop tard, échoua. Les deux ailes de Mac-Mahon, après un petit temps d'arrêt pour donner à leurs bataillons le temps de se bien former, continuèrent leur mouvement de conversion, en indiquant à leurs lignes le clocher de Magenta pour point de direction.

Pendant que Mac-Mahon opérait ce mouvement de flanc, les divisions, Renault, Vinoy et Mellinet attaquent la position de front : la brigade Picard et le 85e du corps de Niel, suivis du 3e grenadiers, repoussent la gauche des Autrichiens et enlèvent Ponte-di-Magenta, tandis que Vinoy, suivi du 1er grenadiers et des zouaves de la garde, débouche par les deux ponts du centre sur Magenta.

Cette attaque générale, entreprise avec toutes les

forces françaises présentes sur le champ de bataille (6 division), exécutée sous les yeux de l'Empereur, et dirigée par des chefs énergiques et audacieux, se fit avec un indicible élan : les divisions Espinasse, la Motterouge, Vinoy et Renault, formant la première ligne, rivalisèrent d'ardeur avec les grenadiers et voltigeurs de la garde qui formaient la seconde ligne. La ténacité des Autrichiens dans Magenta, vers lequel convergent toutes les attaques, est poussée à l'extrême. Des deux côtés on sent l'importance de ce poste ; la défense répond avec acharnement à l'entrain de l'attaque. Pour la seconde fois dans cette sanglante journée, pendant un instant, la victoire ne sait de quel côté se ranger ; les Autrichiens, pleins d'espérance, ne lâchent pas prise, et les colonnes françaises tentent vainement d'enlever Magenta.

Il était alors environ 7 heures du soir ; l'artillerie française, qui jusque-là n'avait joué qu'un rôle très-secondaire, enveloppe Magenta de toutes parts, et bientôt le feu convergent de l'attaque fit taire le feu divergent de la défense. Un instant après, le mouvement de retraite des Autrichiens se dessinait nettement : une grosse colonne se repliant dans la direction de Robecco, assaillie par le feu d'une quarantaine de pièces que le général Auger avait fait mettre en batterie sur la levée du chemin de fer, essuya des pertes si sensibles que le désordre s'y mit.

Vers 7 heures et demie, les divisions Espinasse et la Motterouge entrèrent ensemble dans Magenta, et malgré les nombreux tirailleurs qui leur en disputaient encore l'accès, enlevèrent ce poste. A 8 heures du soir, le feu cessa des deux côtés sur toute la ligne.

Les Autrichiens qui tenaient encore dans Magenta mirent bas les armes, et l'armée française, restée maîtresse du champ de bataille, fit 7 mille prisonniers, prit quatre canons et deux drapeaux, et ramassa sur le terrain du combat 10 mille fusils et 30 mille sacs jetés ou abandonnés par les Autrichiens. Dans cette sanglante journée, les pertes s'élevèrent, de part et d'autre, à près de 5,000 hommes tués et blessés.

Observations sur cette bataille.

Avant d'exprimer notre opinion sur ce grave événement, il convient de rapporter ici la justification attribuée au comte Giulay ou à son état-major, et adressée au *Journal Militaire de Darmstadt,* en réponse à un article dans lequel il est dit que « la bataille de Magenta a été un incident de la retraite de l'armée autrichienne, amené bien plus par le besoin du moment que par des combinaisons, et que dans ce fait du hasard on ne pouvait, par conséquent, pas facilement remédier aux fautes déjà commises. »

« Dans le chap. V de votre honorable correspondant C., dit Giulay, je trouve quelques observations que je me vois forcé de rectifier.

« La bataille de Magenta n'a pas été du tout le fait du hasard.

« Après que le commandant en chef autrichien eut renoncé aux avantages que lui offrait sa favorable position de Robbio et Mortara contre la ligne d'opération oblique de l'ennemi (de Novare à Vercelli),

ligne qui l'éloignait complétement de sa base, Alexan-
drie-Casale, et après qu'il eut renoncé par conséquent
aussi à la défense indirecte du Tessin basée sur Bereguardo et Pavie, il se décida à une défense directe
derrière ce fleuve. Cette défense directe pouvait être
effectuée de deux manières : ou par une position à
cheval sur la route de Milan à Magenta, ou par une
attaque de flanc, dans le même genre que celle qui
aurait eu lieu de Mortara contre la ligne Vercelli-
Novare en se basant sur Pavie et Bereguardo.

« La première alternative fut repoussée, parce qu'en
cas de revers la retraite aurait dû s'opérer par la
route supérieure, Milan-Brescia, et qu'il paraissait
dangereux de passer alors dans les grandes villes.

« D'ailleurs, dès le début des opérations, cette ligne
avait été rejetée comme ligne de retraite. On s'était
proposé, au contraire, de rester dans les environs du
Pô pour occuper, avec le secours des points de manœuvre Vacarizza, Plaisance, Brescello, Borgoforte,
une ligne intérieure entre les forces de l'adversaire
venant du sud et celles venant de l'ouest.

« Cette route inférieure, par Crémone, avait aussi
été désignée, dès le début, comme route d'étapes.

« D'ailleurs, après la retraite de Mortara, il n'était
plus temps pour défendre directement Milan à cheval
sur la route supérieure. On se décida donc, en quit-
tant la Lomelline, à un mouvement de flanc contre la
ligne Novare-Milan.

« Pour une telle manœuvre, on était appuyé sur
Pavie, qui était devenu un petit camp retranché, puis
sur Plaisance et Pizzighettone. Tous les chemins tendant obliquement de la ligne Magenta-Milan vers

Lodi, Pizzighettone, Plaisance, avaient été, dans une telle prévision, exactement reconnus par des officiers de l'état-major général déjà avant l'ouverture des hostilités, et ci et là améliorés. Puis, par ce mode de défense, on avait l'avantage de pouvoir, en cas de perte de la bataille, se retirer derrière le large canal Abbiategrasso-Milan (Naviglio grande), dont les ponts étaient minés, et d'empêcher ainsi la poursuite. Enfin, le terrain au sud dudit canal ne pouvait pas se prêter à une poursuite énergique.

« Après la retraite, commencée le 2 juin, les corps devaient prendre un ordre en forme de croix, à savoir : un corps en tête, trois sur le front, deux en réserve, et s'avancer simplement contre Magenta, pour flanquer ainsi le mouvement en avant de l'ennemi. Les corps avaient reçu les ordres nécessaires à cet effet.

« Mais il survint dans la marche en retraite derrière le Tessin un incident qui ne peut pas être imputé au commandant de l'armée et que les circonstances ne permettent pas de révéler, incident qui empêcha que les corps pussent atteindre, le 3, les positions qui leur étaient indiquées, de sorte qu'au lieu de prendre la forme en croix mentionnée, ils durent s'échelonner derrière le Tessin et s'arrêter sur la route de Bereguardo à Abbiategrasso. Le 8e corps, par exemple, au lieu d'arriver à Rosate, sa destination, s'arrêta à Bereguardo. (Rosate est à 2 lieues et Bereguardo à 4 lieues d'Abbiategrasso.)

« Il en résulta que, outre la division du 1er corps déjà arrivée à l'armée, il n'y eut que le 2e corps, déjà à Magenta le 3, puis le 7e et le 3e corps, qui purent prendre part au combat du 4.

« Ce mode de défense du Tessin et de Milan, au moyen d'une manœuvre de flanc, avait été bien prévu par le commandement supérieur de l'armée, ainsi que peut en témoigner le feld-maréchal Hess, envoyé alors par Sa Majesté, notre chevaleresque empereur. Le maréchal Hess le trouva même une belle manœuvre.

« Avec cela, le commandant en chef pensait que la tête de pont de San-Martino, occupée par plusieurs bataillons et armée de pièces de position, serait bien en état de tenir tête à l'armée française pendant quelques heures ; que si l'on devait se retirer de cette position, l'on ferait sauter le pont, et qu'on parviendrait à faire perdre ainsi à l'ennemi un temps précieux en attendant la construction des ponts, car nos pontonniers avaient fait l'expérience à Vigevano que le fleuve n'est pas facile à mener.

« Cependant, contre les ordres du commandant supérieur, ladite tête de pont fut abandonnée ; le pont ne sauta pas convenablement, de telle sorte qu'il put servir à l'infanterie ennemie.

« Quant au combat qui s'engagea dès Ponte-di-Magenta, il n'y eut que les corps susindiqués qui y prirent part. Le soir seulement, le 8ᵉ corps arriva à Bestazzo, et le 5ᵉ corps, derrière le 3ᵉ, à Robecco ; ce dernier parvint au champ de bataille, mais le 5ᵉ en était encore éloigné de 3 milles.

« Le combat, ainsi qu'on le sait assez, nous fut plutôt favorable qu'à nos adversaires, qui, même le matin du 5, se retiraient déjà sur la rive droite du Tessin.

« Le commandant en chef était fermement décidé à reprendre le combat le 5. Tous les corps de l'armée, à l'exception du 9ᵉ, destiné à couvrir la retraite, devaient y prendre part. Les dispositions de détail — dans lesquelles le principe de la concentration des masses sur le point décisif était complétement suivi — étaient déjà élaborées, lorsqu'un malheureux incident, dont le commandant en chef n'est également point responsable, mais qu'il aurait peut-être pu éviter par une énergie exceptionnelle, survint de nouveau et décida de la retraite de l'armée.

« Ainsi, l'opération derrière le Tessin était bien combinée d'avance, et ce ne sont pas les dispositions de retraite, depuis les journées de Vercelli et Palestro, qui sont causes que l'armée autrichienne n'a pas pu se concentrer à temps derrière le Tessin, et que les troupes ont été engagées les unes après les autres sur le champ de bataille improvisé de Magenta. »

Examinons les principaux points de cette justification.

« La bataille de Magenta n'a pas été du tout le fait du hasard. »

Si la journée de Magenta n'est pas une bataille de rencontre, le fait du hasard, on devrait traduire devant un conseil d'enquête, non-seulement quelques chefs de corps d'armée, comme on vient de le faire, mais aussi tous ceux qui, de près ou de loin, ont pris part aux opérations d'ensemble de la malencontreuse campagne du Tessin. Comment, Giulay avait prévu cette bataille et, d'après son propre aveu, le 4 au matin il n'avait que le 2ᵉ corps et une division du 1ᵉʳ présent sur le terrain du combat, c'est-à-dire le quart de ses forces !

L'aveu de ces deux faits : d'une part, que la journée
de Magenta a été le résultat d'une combinaison stratégique, d'autre part, qu'à son début Giulay n'avait
que le quart de ses forces présentes, permet de supposer que la justification de Giulay voile une accusation portée contre une influence mystérieuse, à laquelle il a fallu céder.

« Après que le commandant en chef autrichien
« eut renoncé aux avantages que lui offrait sa position
« centrale de Mortara, contre la ligne d'opération
« des alliés, de Vercelli à Novare, ligne qui les expo-
« sait à être coupés de leur base par une attaque de
« flanc, il se décida à une défense derrière le Tessin. »
Mais puisque Giulay reconnaît que sa position centrale de Mortara était si avantageuse — et elle l'était
réellement, par rapport à la manœuvre tournante des
alliés, — pourquoi, au lieu de différer la bataille jusqu'à
ce que les alliés eussent leurs forces concentrées autour
de Novare, n'a-t-il pas frappé le coup décisif pendant
l'exécution du mouvement tournant, alors que toutes
les forces françaises étaient en marche de la droite vers
la gauche, et que l'armée sarde seule se trouvait devant lui. — L'armée qui opère un mouvement de
flanc, en présence d'une autre armée concentrée,
est en état de crise pendant toute la durée de
l'opération, et c'est pendant cette opération que l'armée
concentrée doit chercher à frapper l'armée en marche.
—Ce précepte, si simple en apparence, est cependant
rarement bien appliqué; non pas parce qu'il est ignoré,
mais parce que peu de généraux sont assez familia-
risés avec la science de la stratégie pour bien suivre

toutes les phases par où une opération doit passer, et saisir le moment opportun de l'attaque, moment qui doit décider du succès.—En toutes choses, et en stratégie surtout, ce qu'on ne sait pas bien on l'ignore. C'est cette ignorance, ou ce demi-savoir, qui a fait dire à des militaires qui passent pour très-savants, que « la science de la stratégie est une fiction. »

« La défense du Tessin pouvait s'effectuer de deux
« manières : par une résistance de front en prenant
« position à cheval sur la route de Magenta à Milan,
« ou par une attaque de flanc. »

Pour disputer à l'ennemi le passage du Tessin, une attaque de flanc était, en effet, préférable à une résistance de front. Mais, pour avoir des chances de battre son ennemi, il ne suffit pas toujours de faire choix d'une bonne manœuvre, il faut encore qu'elle soit bien exécutée, et c'est ce qui a complétement manqué au mouvement des Autrichiens dirigé contre le flanc droit des Français. « Pour opérer ce mouvement, dit Giulay, les corps devaient prendre un ordre en forme de croix, à savoir, un corps en tête, trois sur le front, deux en réserve, et s'avancer simplement sur Magenta pour prendre l'ennemi en flanc. » Un incident mystérieux, — des démêlés avec le général Hess, disent les uns, un ordre venu de plus haut, disent les autres, probablement l'un et l'autre, — empêcha que les corps pussent atteindre, le 3, les points qui leur étaient asssignés, de sorte qu'au lieu d'exécuter cette belle manœuvre en forme de croix, sur laquelle Giulay fondait toutes ses espérances, les corps s'échelonnèrent derrière le Tessin et n'arrivèrent que successivement sur le champ de bataille, une partie même n'y arriva point.

Mais voyons comment les choses se seraient passées si l'incident mystérieux n'était pas survenu.

D'abord, pour une résistance de front sur le Tessin, comme pour une défense latérale le long de cette rivière, les sept corps de Giulay avaient été disséminés sur un front trop large (de Plaisance à Buffalora) pour pouvoir être concentrés facilement et en temps opportun sur l'une des extrémités de ce front. Les nombreux ouvrages que les Autrichiens avaient élevés sur le Tessin et sur le Pô, entre la tête de pont de San-Martino et le camp retranché de Plaisance, dénotent même que leur dispositif de défense générale n'était autre chose qu'un système de cordon, appliqué sur une vaste échelle, système dont tout l'échafaudage devait nécessairement crouler dès que le front de défense serait rompu ou débordé sur un seul point.

Et puis, nous trouvons que sa disposition de combat en forme de croix ⁙ , à peu de chose près la tête de porc des anciens, n'eût pas été une disposition très-habile, surtout contre une armée française, rompue à la guerre, très-leste dans ses mouvements et d'une bravoure incontestable. Si Giulay eût présenté sa croix en masse compacte, cette masse difficile à mouvoir, presque inerte, se serait vue en un instant enveloppée de toutes parts, et le feu convergent des Français eût eu sur le feu divergent des Autrichiens une supériorité écrasante, même avec des forces numériquement inférieures de la part des premiers. Si, au contraire, à l'aide de cette disposition en forme de croix, il eût engagé d'abord la première ligne, formée d'un seul corps, puis le corps de bataille, formé de trois corps, en tenant les deux autres corps en réserve, il en serait résulté qu'il n'eût eu que quatre corps d'engagés, sur sept qu'il avait sous la main ; car on ne doit pas perdre de vue que les réserves autrichiennes sont moins destinées à décider du sort des batailles qu'à couvrir les retraites, et que rarement elles prennent part au combat le jour même de la bataille.

La justification attribuée à Giulay lui est donc en réalité moins favorable encore que sa bataille de Magenta même ; cependant, on doit reconnaître qu'il a été mal secondé. L'abandon de la tête de pont de San-Martino, sans ordres, a pu lui être funeste, en ce sens que si cette tête de pont avait tenu, le gros de l'armée française, concentré entre Novare et Trecate, ne pouvant passer le Tessin le 4, Giulay aurait pu jeter toutes ses forces sur Mac-Mahon et le battre isolément sur la rive lombarde. Mais, pour aboutir à un tel résultat, il aurait fallu d'abord que Giulay prît l'initiative de l'attaque, ce qui n'était pas dans son esprit ; puis, que la tête de pont résistât à des attaques sérieuses, ce qui eût été fort difficile avec le tracé vicieux qu'on lui avait donné. Quoi qu'il en soit, si Giulay a eu l'intention de jeter la masse de ses forces sur Mac-Mahon, pendant qu'un de ses détachements disputait la tête de pont au gros de l'armée française, l'idée était bonne, et offrait des chances de succès. Dans tous les cas, le chef qui a abandonné San-Martino sans ordres a commis une faute grave contre la discipline militaire.

Une autre infraction à la discipline, qui a été commise pendant la journée de Magenta, et qui, au point de vue de l'esprit des armées, est tout aussi grave que l'évacuation de San-Martino, c'est l'abandon du champ de bataille, dans la soirée du 4, par les corps de Clam-Gallas et de Lichtenstein.

Voici comment Giulay s'exprime à ce sujet dans son rapport à l'empereur : « Ayant fait des prison-
« niers de presque tous les régiments de l'armée
« française , il semblait en conséquence qu'elle eût
« engagé ses dernières réserves, tandis que, de notre
« côté, nous avions encore le 5ᵉ et le 8ᵉ corps et une di-
« vision du 3ᵉ, qui n'avaient pas combattu; ces troupes
« pouvaient arriver toutes fraîches et peser d'un
« grand poids dans la balance. J'avais bien calculé
« tout cela et je n'attendais plus, tout en achevant mes
« dernières dispositions pour l'attaque, que d'avoir
« reçu l'avis que les troupes occupaient leurs posi-
« tions respectives, quand, dans ce moment solennel,
« j'appris que les troupes des 1ᵉʳ et 2ᵉ corps, qui
« avaient le plus souffert du premier choc de l'en-
« nemi, étaient déjà en pleine retraite et qu'elles ne
« pourraient être ramenées sur le champ de bataille
« qu'en faisant une marche de nuit très-fatigante.
« Dans de telles circonstances, je dus chercher à
« maintenir intacts, pour couvrir les autres, les corps
« qui se trouvaient encore prêts à combattre; il me
« fallut ordonner la retraite. »

Il est vrai que, dans la matinée du 5, Giulay aurait pu mettre en action cinq ou six divisions qui n'avaient pas donné la veille; mais, de leur côté, les alliés avaient trois divisions de Baraguay-d'Hilliers, deux de Niel, une de Canrobert et toute l'armée piémontaise qui n'avaient pas été engagées le 4, de sorte que le 5, les Autrichiens eussent pu avoir, relativement, plus d'ennemis à combattre que la veille. Cependant, si l'attaque de Giulay contre le flanc droit des alliés avait pû se faire le 5, à 6 heures du matin, avec ses six corps réunis, nous sommes d'avis qu'il aurait dû la tenter avant d'abandonner la Lombardie. D'abord, en attaquant le 5, de grand matin, il est plus que probable qu'il n'aurait eu affaire qu'aux troupes alliées qui avaient passé le Tessin la veille, et alors, au début de l'action, il se fût trouvé en face des Français avec une supériorité numérique écrasante ; et puis un succès obtenu par l'armée Autrichienne en opérant parallèlement au Tessin et au Naviglio eût infailliblement coupé l'armée française de ses ponts et occasionné la perte de tout son matériel, sinon celui de l'armée tout entière.

Si, au contraire, le général autrichien eût essuyé un échec dans son attaque de flanc contre les Français, son armée basée sur les forteresses du Pô n'eût pas couru plus de dangers qu'elle n'en a couru après la journée de Magenta : d'abord, la journée du 4 ayant ébranlé autant le moral du commandant en chef de l'armée alliée que celui de Giulay, il n'est pas probable que Napoléon se serait exposé à compromettre ses communications, en portant la masse de ses forces sur la route de Milan, vers Sédriano, dans le but de déborder les Autrichiens et de les refouler sur le Pô. Supposons d'ailleurs, que Giulay eût été refoulé sur le Pô; maître de toutes les têtes de ponts et de toutes les forteresses des deux rives du fleuve, depuis Pavie jusqu'à Borgoforte, il eût pu se replier par l'une ou par l'autre rive, et même se renforcer de tout son 9ᵉ corps (36 mille hommes), qu'il avait laissés là pour couvrir la retraite, au lieu de l'employer le jour de bataille pour décider du sort de la campagne sur le Tessin.

En résumé, Giulay sachant bien qu'une bataille perdue sur le Tessin entraînerait infailliblement la perte de la Lombardie, aurait dû chercher à mettre le plus de chances possible de son côté pour gagner cette bataille et, pour cela il fallait employer jusqu'à son dernier homme, plutôt que de laisser tout un corps dans l'inaction pour couvrir la retraite. Il est vrai de dire, que quand le commandant en chef d'une armée n'est pas lui-même le souverain de l'État, il arrive souvent qu'on lui impose des obligations qui paralyseraient le génie même des plus grands capitaines.

La mission, par exemple, qu'on avait imposée à Giulay, de défendre le Tessin et le Pô, du lac Majeur à Plaisance, et cela avec une armée commandée par des vieillards nés colonels, et contre une armée ayant à sa tête tous généraux faits sur le champ de bataille, était certes une mission fort difficile. Si, au lieu de s'étendre sur un front de 40 lieues, Giulay avait pu, comme nous l'avons conseillé dans notre *Étude sur la défense des États*, accumuler toutes les ressources, éparpillées sur son front, autour de Milan, l'avantage de la position et de sa supériorité numérique auraient pu compenser les avantages de l'armée française, et, dans tous les cas, une rencontre malheureuse n'aurait pas entraîné la perte immédiate de la Lombarbie. — Une armée basée sur une position centrale peut, sans trop se compromettre, essuyer plusieurs échecs, tandis qu'une armée étendue en cordon derrière un cours d'eau, s'expose à une perte certaine en ne se repliant pas, après un premier échec.

Dans les pièces officielles, rien n'indique que l'armée sarde ait assisté à la bataille de Magenta, et cependant les deux divisions Cialdini et Fanti étaient arrivées dans la matinée du 4 à Turbigo; voici l'explication de ce fait : les deux divisions dont il s'agit, n'ont pas pu suivre le 2ᵉ corps dans sa marche sur Magenta, parce que l'une était destinée à garder les ponts, tandis que l'autre avait pour mission de flanquer la gauche du 2ᵉ corps dans son mouvement sur Magenta. Or garder les ponts et flanquer les corps qui marchent à l'ennemi, c'est contribuer à la bataille; du reste, il paraît que la division Fanti, arrivée à Marcala à la suite d'Espinasse, prit une part très-active à l'attaque générale de Magenta.

(4ᵉ livraison.)

—

RETRAITE DU TESSIN VERS L'ADDA PAR L'ARMÉE AUTRICHIENNE.

La journée de Magenta a été plus sanglante que décisive. Les Français, il est vrai, sont restés maîtres du champ de bataille et ont fait quelques milliers de prisonniers, mais l'armée autrichienne n'a pas été entamée, et, comme celle des alliés, elle n'a eu que la moitié de ses troupes engagée.

La nuit qui suivit la bataille, les armées bivaquaient réciproquement sur le terrain où elles avaient cessé le combat le soir : le quartier général de l'empereur resta à San-Martino, sur la rive droite du Tessin ; une partie du corps de Mac-Mahon occupait Magenta, le reste de ce corps et la garde bivaquaient en arrière de cette ville ; la division Vinoy du corps de Niel campait autour de Ponte-di-Magenta, et le corps de Canrobert, dont les dernières brigades n'avaient rejoint le maréchal que très-tard dans la soirée, passait la nuit en face de la ferme de San-Damiano, fortement occupée par les avant-postes autrichiens. Giulay dont le quartier général était à Abbiategrasso, avait

concentré les 3e, 5e, 7e et 8e corps en arrière de Robecco et Corbetta, en vue d'opérer avec cette formidable masse, le 5, de grand matin, une attaque contre
la droite des Français, mais, comme nous l'avons dit,
la retraite des 1er et 2e corps ayant dégarni son front,
le feldzeugmestre fut obligé de renoncer à ce projet.

Le 5, au matin, Giulay, au lieu de recommencer la
bataille, ordonna donc la retraite générale, et, pour
couvrir ce mouvement, il prescrivit au régiment d'infanterie grand-duc de Hesse, qui avait eu la veille
35 officiers hors de combat et qui était resté le plus
près de l'ennemi, de sortir de la ferme de San-Damiano, et de faire une démonstration dans la direction de Ponte-di-Magenta. Dans sa marche offensive,
ce régiment rencontra la division Trochu qui l'arrêta
d'abord et le ramena ensuite jusqu'au village de Car-
penzago où cessa la poursuite.

L'armée française, soit qu'elle eût trop souffert la
veille et qu'elle eût besoin de se refaire, soit que
son chef ne la jugeât pas assez concentrée pour la
porter en avant, soit enfin qu'elle craignît une attaque
de flanc de la part de l'ennemi, attaque qui aurait pu
gravement compromettre ses lignes de communication, l'armée française, disons-nous, au lieu de poursuivre ses succès de la veille, resta dans ses bivacs et
laissa l'ennemi se retirer, sans chercher à profiter de
sa victoire.

Cette bataille, indécise au point de vue militaire,
on ne saurait le contester, eut cependant d'immenses
résultats au point de vue politique. Dans la journée
du 5, bien qu'une garnison autrichienne occupât en-

core la citadelle de Milan, dès que les résultats de la journée de Magenta furent connus dans cette capitale, la municipalité proclama l'annexion de la Lombardie au Piémont, et l'insurrection de Milan entraîna avec elle un soulèvement général qui contribua, sans aucun doute, à décider les Autrichiens à évacuer toutes les places à l'ouest du Mincio.

Le 5, au soir, Milan fut abandonné par les troupes autrichiennes, et des ordres furent donnés non-seulement pour faire replier tous les postes militaires de leur immense front du Tessin et du Pô, mais encore pour faire évacuer toutes les places fortes des Duchés et des Légations, dont l'occupation avait causé tant de tracas et de tribulation à la diplomatie autrichienne.

Il est à remarquer aussi que ces forteresses, la cause ostensible de la guerre, n'y prirent aucune part, si ce n'est pour affaiblir, par leurs nombreuses garnisons, l'armée mobile pendant toute la première période de la campagne, précisément alors qu'on aurait dû concentrer jusqu'au dernier homme pour frapper un coup décisif.

L'évacuation de toutes les forteresses et des postes militaires, la retraite du Tessin vers le Mincio, effectuée à travers un pays en insurrection se fit, on doit le reconnaître, avec beaucoup d'ordre, et bien que l'armée française fût enivrée par de récentes victoires et conduite par des chefs actifs et audacieux, les Autrichiens parvinrent cependant, sans perdre du matériel de campagne, à retirer toutes leurs troupes de l'immense front du Tessin et du Pô, qu'il eût été si facile aux alliés de percer sur un point.

Dans la journée du 6, Canrobert et Niel se portè-

rent par les deux rives du Naviglio sur Abbiategrasso
et Castelletto, que les Autrichiens avaient évacués la
veille, et l'empereur transporta son quartier général
de San-Martino à Magenta, au milieu des bivacs de sa
garde et du 2e corps. A huit heures du matin, l'empereur monta à cheval suivi de tout son état-major. Au
moment où Sa Majesté passait le Naviglio, elle aperçut
le général de Mac-Mahon qui venait à sa rencontre;
elle accueillit le général avec des marques d'estime et
de bienveillance toute particulière, le complimenta
sur l'énergie et le talent qu'il avait déployés dans la
journée du 4, et le nomma maréchal de France et duc
de Magenta, sur le lieu même où il avait illustré ce
nom Quelques instants après, l'empereur envoya un
de ses aides de camp annoncer au général de Saint-
Jean d'Angély qu'il était aussi élevé à la haute dignité
de maréchal, et au général Wimpffen, l'intrépide
défenseur de la redoute du chemin de fer, qu'il était
nommé général de division.

Le 7, l'armée autrichienne continua son mouvement de retraite; la division Urban, qui couvrait sa
droite contre les incursions de Garibaldi, se retira
de Vimercate sur Vaprio; le corps de Benedeck, qui
couvrait le centre de l'armée, se retira vers Melegnano
où il s'arrêta pour donner au gros de l'armée le temps
de passer l'Adda; le corps de Schwarzenberg, après
avoir détruit le matériel et les approvisionnements de
Pavie et de Stradella, abandonna ces postes et se replia
le long du Pô, en poussant devant lui les troupes du
9e corps qui gardaient les bords du fleuve.

L'armée alliée, après un temps d'arrêt de deux fois
vingt-quatre heures, suivit enfin le centre et la droite

des Autrichiens. Le 7, au soir, le roi Victor-Emmanuel établit son quartier général à Lucernata près de Rho ; et, le 8, au matin, les deux souverains alliés firent leur entrée solennelle dans la capitale de la Lombardie où ils furent reçus avec un enthousiasme indicible.

Le même jour, le gros de l'armée des alliés se trouvait en ligne à hauteur de Milan. Les Sardes occupaient la gauche de ce front, les Français la droite. Les corps de Baraguay-d'Hilliers et de Mac-Mahon, formant l'extrême droite de l'armée, reçurent l'ordre de se porter en avant sur la route de Milan à Lodi et de chasser l'ennemi de San-Giuliano et de Melegnano.

COMBAT DE MELEGNANO.

Melegnano, situé sur la petite rivière le Lambro, à cheval sur la route de Milan à Lodi, et à égale distance de ces deux villes, est un bourg de 3,000 habitants où, en 1515, François Ier remporta, sur les Suisses et le duc de Milan, une victoire connue sous le nom de bataille des géants. Ce bourg, assez bien placé pour couvrir la retraite du centre de l'armée autrichienne vers l'Adda, fut occupé et retranché par la division Berger du corps de Benedeck, chargé de couvrir la retraite sur ce point. Le cimetière, qui couvre l'entrée du village, la ligne de maisons et le parc du château qui s'étendent perpendiculairement à la route de Milan, avaient été crénelés et hérissés de batteries. La brigade Roden, chargée de défendre ces retranchements, se trouvait donc dans les meilleures conditions pour y opposer une vigoureuse résistance : à couvert par des épaulements et des murailles crénelées, sa gauche embusquée dans le parc du château, sa droite appuyée au Lambro, son front précédé d'un affluent de cette rivière, si Roden n'avait eu à soutenir qu'une attaque de front, il eût pu résister longtemps et faire perdre à l'ennemi encore plus de monde qu'il n'en a perdu dans cette rencontre.

Le 8, dans la matinée, dès que le maréchal Baraguay-d'Hilliers fut informé que, dans la journée même, il devait se rendre maître du poste de Melegnano et que pour effectuer cette entreprise l'empereur mettait à sa disposition les 1er et 2e corps, il se rendit immédiatement à San-Donato, où se trouvait le maréchal de Mac-Mahon, afin de s'entendre avec celui-ci sur les dispositions à prendre pour enlever ce poste. Dans cette entrevue, il fut convenu qu'en même temps qu'on attaquerait Melegnano de front on le déborderait aussi par ses deux ailes ; — que le 1er corps opérerait par la rive droite du Lambro, le 2e par la rive gauche ; — que Mac-Mahon avec sa 1re division attaquerait San-Giuliano, qu'après en avoir déposté l'ennemi, il se dirigerait sur Carpianello, où il passerait le Lambro pour se diriger ensuite sur Medigha, de manière à tourner le front de Melegnano ; — que sa 2e division prendrait à San-Martino la route qui, par Linate, où elle passe le Lambro, conduit à Bettola et se dirige sur la gauche de Medigha, de manière à couvrir le mouvement tournant de sa 1re division ; — que le 1er corps suivrait d'abord tout entier la route de Melegnano : qu'arrivée

à la hauteur de Bettolino, la 1re division s'en détacherait à droite pour se diriger, par Civesio et Viboldone,
sur Mezzano, où elle établirait une batterie de douze
pièces, pour battre Pedriano d'abord et le cimetière
ensuite, où on supposait les batteries ennemies ; —
qu'arrivée à hauteur de San-Giuliano, la 2e division se
détacherait à gauche sur S.-Brera, où elle établirait
aussi une batterie de douze pièces, pour battre le cimetière ; — et enfin, que la 3e division, continuant
à suivre la grande route, se dirigerait directement sur
Melegnano et attaquerait la position de front dès qu'on
s'apercevrait que les batteries latérales auraient fortement ébranlé l'ennemi.

Il fut aussi convenu entre les deux maréchaux que,
pendant que les 2e et 3e divisions du 1er corps attaque-
raient la position de front, la 1re division de ce corps,
laissant Melegnano sur sa gauche, se porterait de Mezzano sur Cerro, et que Mac-Mahon continuerait son
mouvement tournant de Dresano sur Sordio, où, en
cas de succès de l'attaque centrale, les deux divisions
du premier corps qui en étaient chargées viendraient
se mettre en rapport avec le deuxième corps.

Bien que la journée fût déjà très-avancée, dès que
ces dispositions furent bien arrêtées, les deux maréchaux se quittèrent et mirent immédiatement leurs
troupes en marche. Les deux divisions de Mac-Mahon
partirent vers trois heures, la 1re de San-Donato, la
2e de San-Martino, et exécutèrent leur mouvement tournant sans avoir de rencontre sérieuse avec l'ennemi.

Vers la même heure, Baraguay-d'Hilliers partit de
San-Pietro, et à cinq heures et demie, ces trois divisions

arrivèrent en vue de l'ennemi : la 1re, celle de droite, ouvrit le feu de sa batterie contre le parc du château qui couvrait la gauche de l'ennemi ; — la 2e, celle de gauche, canonna le cimetière ; et la 3e, celle du centre, marcha par la grande route droit sur la position pour l'attaquer de front dès que les batteries des divisions latérales auraient ébranlé l'ennemi.

Les batteries de la brigade Roden ayant été disposées de manière à enfiler la route, leurs projectiles produisirent des ravages terribles dans la colonne du centre de Baraguay-d'Hilliers, — au point, dit le maréchal dans son rapport, que cela pouvait devenir dangereux. — Cette colonne fut donc obligée de s'arrêter, et d'engager un combat de tirailleurs pendant que les divisions latérales continuaient la canonnade. Le général Bazaine, qui commandait la division du centre, fit mettre les sacs à terre au 1er zouaves, déploya ce régiment en tirailleur et fit appuyer ce mouvement par sa 1re brigade formée des 33e et 34e de ligne. Les zouaves, avec leur fougue habituelle, se lancent en avant au pas de charge ; mais bientôt, arrêtés de front par le feu des tirailleurs ennemis embusqués dans les maisons, et débordés par des colonnes assaillantes, ils furent ramenés sur le 33e de ligne. Ce régiment, voulant barrer le passage au torrent qui refoulait les zouaves, fut refoulé à son tour, et son aigle, un instant en péril, ne dut son salut qu'à l'audacieuse bravoure de ceux qui l'entouraient.

Les zouaves ont à peine eu le temps de se refaire, qu'ils retournent à la charge : cette fois, plus maltraités encore que dans la première attaque, ils perdent leur colonel et sont repoussés une seconde fois avec des pertes considérables.

Depuis trois heures, la brigade Roden soutenait bravement le choc de tout le 1er corps d'armée, et malgré sa grande infériorité numérique elle ne faisait pas encore mine de plier, quand on vint annoncer à son général qu'il était tourné par sa droite, qu'un gros corps ennemi était arrivé à Cologno, et que déjà les boulets des batteries de ce corps battaient la route de Lodi.

C'était le corps de Mac-Mahon qui venait d'opérer son mouvement tournant et qui, sans combattre, par une simple manœuvre de flanc, obligeait l'ennemi à quitter sa position, position qui, pour être enlevée de front, eût exigé encore bien du sang.

Il était alors huit heures du soir. La brigade Boer, qui formait la réserve de la brigade Roden, venait d'être rappelée de Melegnano pour se rendre sur la route de Lodi, où elle devait faire face à Mac-Mahon, afin de couvrir la retraite des troupes de Roden qui continuaient à défendre le front de la position.

Pendant que Boer allait se porter sur la route de Lodi, entre Bernarda et Sordio, pour contenir Mac-Mahon, Roden effectua sa retraite en échelon : il replia d'abord, sous la protection du feu de son centre, les troupes de ses deux ailes, qui couvrirent à leur tour la retraite du centre en disputant à l'ennemi maison par maison. Il continua ainsi, en prenant des positions successives, à opérer la retraite par la route de Lodi jusqu'à hauteur de Bernarda, où Boer le remplaça dans cette pénible, mais glorieuse mission.

Dans cette sanglante journée, les brigades Roden et Boer se couvrirent de gloire : pendant plus de trois heures elles soutinrent le choc contre cinq divisions françaises, et malgré l'élan et la supériorité numérique des Français, et l'habile manœuvre de Mac-Mahon, Berger parvint cependant à retirer toute sa division du feu, en sacrifiant une seule pièce de canon et quelques sections de tirailleurs laissées dans les maisons du village pour couvrir la retraite.

D'après les bulletins officiels, les Français prirent 800 prisonniers et un canon, mais par contre ils eurent 943 hommes hors de combat, tandis que les Autrichiens n'en eurent que 250, parmi lesquels se trouvait le général Boer, qui succomba à la suite de ses blessures.

Considérations sur ce combat.

La journée de Marignan fut glorieuse pour les deux parties. On doit le reconnaître, si Berger a pris de bonnes dispositions défensives, les deux maréchaux français conçurent un excellent plan d'attaque. Seulement, nous trouvons que le plan d'attaque, bien conçu, aurait pu être mieux exécuté qu'il ne le fut : d'abord, si Baraguay-d'Hilliers s'était conformé aux ordres généraux donnés par l'empereur au début de la campagne, c'est-à-dire « d'éviter autant que possible » de marcher en présence de l'ennemi en colonne sur » les routes qui, le plus souvent, sont les seules direc- » tions enfilées par l'artillerie ennemie, » il est fort probable que ses colonnes n'eussent pas été assaillies par une canonnade qui pouvait devenir dangereuse, comme le dit le maréchal dans son rapport. Et puis si, au lieu de se jeter tête baissée sur le front de la position ennemie, il s'était borné à canonner ce front, le mouvement tournant de Mac-Mahon eût également obligé l'ennemi à opérer sa retraite; le but eût été atteint, et la prise de Melegnano, au lieu d'exiger un millier d'hommes, n'en eût probablement pas coûté une centaine.

On objectera peut-être que nous sommes plus sévère à l'égard des généraux que ne le fut jamais le sénat de Carthage; que si, à Carthage, on condamnait le chef pour n'avoir pas su profiter de sa victoire, au moins on n'allait pas jusqu'à lui infliger un blâme pour avoir mis trop d'ardeur dans l'attaque.

Examinons le fait :

Les deux maréchaux conviennent que, pour enlever la position, Baraguay-d'Hilliers ferait une démonstration sur le front, tandis que Mac-Mahon la déborderait. Or, de deux choses l'une : si le mouvement tournant de Mac-Mahon réussissait, cette manœuvre étant décisive, Baraguay-d'Hilliers, pour se rendre maître de la position, n'avait pas à sacrifier un seul homme ; si, au contraire, le mouvement tournant du 2ᵉ corps avait échoué, il eût été très-imprudent de la part du chef du 1ᵉʳ corps d'engager une attaque à fond. Ainsi donc, de toute manière, le 1ᵉʳ corps devait se borner à faire une démonstration sur le front de la position ennemie, et c'est la manœuvre tournante du 2ᵉ corps qui devait décider du succès de la journée, comme cela s'est passé, du reste, et comme il avait été arrêté par les deux maréchaux dans l'entrevue de S.-Donato.

Les brillants faits d'armes cités dans le bulletin de Melegnano, si glorieux pour les troupes françaises, altèrent plutôt qu'ils ne rehaussent la réputation du chef. On va même jusqu'à supposer que c'était pour ne pas laisser l'honneur de la journée au duc de Magenta que le 1ᵉʳ corps a précipité l'attaque de front. Si, en guerre, il est important de savoir faire des sacrifices à propos, il ne l'est pas moins de n'en pas faire inutilement; car une série de demi-succès, chèrement achetés, tout aussi bien qu'une suite d'échecs, doivent aboutir à une campagne désastreuse. « Encore une victoire comme celle-ci, disait le général Buonaparte, après les sanglantes journées d'Arcole, et je n'ai plus d'armée. » Dans les poursuites surtout, livrer un combat de front, quand on peut atteindre le but par une manœuvre tournante, est un écueil qu'on doit soigneusement éviter; souvent même il est préférable de faire un pont d'or à son ennemi, que d'attaquer un poste ou une position de front, car on ne doit pas perdre de vue que, dans une guerre offensive, non-seulement on a ses propres blessés à soigner, mais encore un bon nombre de ceux de l'ennemi, et que bien souvent l'encombrement des ambulances et des hôpitaux altère le service administratif, retarde les opérations, occasionne des épidémies et fait même parfois échouer une campagne bien conçue.

Quant aux dispositions que prirent les Autrichiens, à notre avis, la défense de Melegnano est, pour les troupes comme pour les chefs, un des faits d'armes les plus glorieux de l'histoire moderne.

Berger, avec ses deux brigades, Roden et Boer, avait la mission délicate d'arrêter les alliés sur la

Lambro, afin de donner aux troupes autrichiennes, restées sur le Tessin, le temps d'atteindre l'Adda.

Pour apprécier au juste toutes les difficultés de la mission que la division Berger avait à remplir, on doit se rappeler qu'elle a été assaillie par deux corps français; que ces corps étaient composés en grande partie de troupes aguerries venant d'Afrique et commandées par des chefs audacieux et entreprenants; que le plan d'attaque, bien conçu, a été exécuté avec tout l'entrain possible; et que cependant les deux brigades Roden et Boer, malgré leur infériorité numérique, l'irrésistible élan des soldats français et les bonnes dispositions prises par les maréchaux, sont parvenues à retarder la marche de l'ennemi et à retirer du combat leurs troupes et leur matériel, en sacrifiant un seul canon et quelques sections de tirailleurs laissés dans les maisons de Melegnano pour couvrir la retraite de l'extrème arrière-garde.

ÉVACUATION DES LÉGATIONS DES DUCHÉS ET DE LA LOMBARDIE.

Pour les Français, le combat de Melegnano n'avait eu que des résultats négatifs; quelques prisonniers, en grande partie des blessés ramassés sur le terrain du combat, et un millier d'hommes en plus que la veille aux ambulances, tels étaient les trophées de cette sanglante mais stérile journée.

Après ce combat, Giulay commença à opérer tranquillement sa retraite, en trois colonnes, vers le Mincio : sa colonne de droite suivit la route de Milan à Brescia ; celle du centre se dirigea par Lodi et Crema, et celle de gauche, le gros de l'armée, que suivit aussi le grand quartier général, longea le Pô, en passant à Pizzighettone et Crémone.

Le 9, les Français, voulant poursuivre le centre de Giulay, se dirigèrent sur Lodi ; mais Benedeck, chargé de couvrir la retraite sur ce point, les arrêta court. Le 10 et le 11, les Autrichiens restèrent sur l'Adda, pour laisser à la garnison de Plaisance le temps d'évacuer, par Pizzighettone sur Mantoue, au moins une partie du matériel et des munitions que renfermait cette place.

Le 12, le quartier général de l'empereur Napoléon partit de Milan par la route de Brescia et s'arrêta à Gorgenzola, village situé à une lieue en deçà de l'Adda. Les Autrichiens, ayant détruit par la mine les ponts de cette rivière, le général Lebœuf fut chargé de réparer celui de la route de Brescia et d'en jeter deux autres à hauteur de celui-ci. Malgré des pluies torrentielles qui avaient fait grossir la rivière, les ponts furent achevés dans la journée, et les corps français commencèrent le passage. Le même jour, les Sardes traversèrent l'Adda à Vapria, en amont de la route de Brescia, et le lendemain, 13, l'empereur vint s'établir près des ponts, dans le village de Cassano, où le gros de l'armée française effectua le passage sous ses yeux. Le même jour, les Sardes poussèrent leurs avant-postes jusque sur le Serio, et les Autrichiens continuèrent à évacuer les places des Duchés et de la Lombardie, et à se replier tranquillement derrière l'Oglio. Sur la rive droite du Pô, Ancône est évacuée et les troupes des Duchés se retirent, par Brescello, sur le quadrilatère, où toutes les forces autrichiennes doivent venir se concentrer. — Cette résolution d'abandonner toutes les places isolées pour concentrer leurs forces derrière le Mincio, fut, sans contredit, une conception habile, qui eût probablement amené un résultat final favorable pour les Autrichiens, si leurs opérations ultérieures, le choix du champ de bataille et l'emploi des troupes sur le terrain du combat étaient venus seconder cette conception. Mais, comme le dit très-bien le général Jomini, ce ne sont pas les masses présentes qui décident du succès, mais bien les masses agissantes. Ce qui revient à dire que les meilleures combinaisons stratégiques peuvent échouer quand, le jour de bataille, on fait choix d'une position vicieuse, ou que la tête fait défaut pour conduire les troupes au combat.

L'évacuation des Duchés et des Légations fut suivie de l'insurrection générale de tout le centre de l'Italie; une grande partie des villes de la Romagne se prononcèrent même en faveur de la cause nationale, et le premier avantage que les souverains alliés se promirent de cette insurrection, fut la création d'une armée nationale italienne. Ce fut là, en effet, le véritable sens de la proclamation datée de Milan, que Napoléon adressa aux Italiens et qui se termine par ces mots: « Volez sous les drapeaux du roi Victor-« Emmanuel... Ne soyez aujourd'hui que soldats; « demain vous serez citoyens... » et, sans contredit, ce fut aussi dans ce but que le corps du prince Napoléon avait débarqué en Toscane.

Le 14 et le 15, les alliés poursuivirent les Autrichiens qui continuèrent leur retraite sans incident marquant. Le 16, l'empereur Napoléon établit son quartier général à Cavo. Le 17, il passa l'Oglio et s'arrêta à Travigliato, village situé sur la route de Brescia, à trois lieues de cette ville. Le lendemain 18, l'armée autrichienne abandonna la Chiese ; elle replia sa droite vers Lonato, son centre sur Castiglione, sa gauche vers Castel-Goffredo. Le même jour, le comte Schlick arriva à Pozzolengo, où le comte Giulay lui remit le commandement de la deuxième armée (1), et le surlendemain, l'empereur François-Joseph se rendit de Vérone à Villafranca, au milieu de ces deux armées qu'il passa en revue, et dont il prit le commandement en personne.

Garibaldi avait précédé de quatre jours, à Brescia, les souverains alliés, qui firent leur entrée dans cette ville le 18. L'audacieux partisan avait livré, le 15, un combat en avant de cette ville, à Castenedolo, dans lequel il perdit une centaine d'hommes. Pendant cette rencontre, il poussa aussi des coureurs jusque sur la Chiese, où ils rencontrèrent des forces ennemies considérables. Le 16 et le 17, il remonta cette rivière, et le 18, il descendit le long du lac de Garda, de Salo sur Desenzano, où il trouva aussi l'ennemi en force. Le roi Victor-Emmanuel détacha alors sa 4ᵉ division, celle de Cialdini, pour opérer avec Garibaldi sur la

---

(1) Les forces de l'empire autrichien sont divisées en 4 armées ; pendant la paix, la 1ʳᵉ a son quartier général à Vienne, la 2ᵉ à Vérone, la 3ᵉ à Offen, la 4ᵉ à Lemberg. Giulay commandait la 2ᵉ armée, celle d'Italie, et la 1ʳᵉ, sous les ordres de Wimpffen, vint se joindre à la 2ᵉ, en partie avant la bataille de Magenta, en partie après.

rive droite du lac de Garda, afin de donner aux Autrichiens des inquiétudes sur la sécurité de leurs communications avec le Tyrol.

Le 19, les alliés continuèrent à se masser en avant de Brescia, et le 20, leur armée se trouva en ligne sur la rive droite de la Chiese, parallèlement à cette rivière et à cheval sur les deux routes de Lonato et de Montechiaro, que leurs reconnaissances parcouraient la nuit comme le jour. Les Sardes occupaient la gauche de cette ligne, les Français la droite.

Le même jour, l'empereur François-Joseph transporta son quartier général de Vérone à Villafranca, au milieu de ses armées, qui venaient d'achever, avec beaucoup d'ordre et sans pertes sensibles, leur retraite derrière le Mincio. Le 20 au soir, Wimpffen, qui commandait la première armée, avait sa gauche à Mantoue (voir pl. VII); Schlick, à qui l'empereur venait de confier la deuxième armée, avait sa droite vers le lac de Garda, et les différents corps formant ces deux armées furent campés comme suit, savoir : ceux de la première armée, le 2ᵉ corps à Mantoue, le 9ᵉ à Goito, le 11ᵉ à Roverbella et le 3ᵉ à Pozzolo. Ceux de la deuxième armée, le 1ᵉʳ corps à Quaderni, le 7ᵉ à S. Zenone, le 5ᵉ à Valeggio, le 8ᵉ vers Peschiera; la division de cavalerie de Zedwitz à Mozzecane, et l'artillerie et la cavalerie de réserve, sous Mensdorff, en avant de Villafranca, où se tenait l'empereur. Une brigade du 6ᵉ corps était campée vers Castelnovo.

Le 21 et le 22, pendant que l'empereur François-Joseph parcourait les bivacs pour animer ses troupes, comme font habituellement les chefs d'armée la veille de grands événements, les alliés passèrent la Chiese et s'établirent sur les hauteurs de Corpenedolo, Castiglione et Lonato, laissant le gros de leurs forces un peu en arrière autour de Montechiaro.

Le 22 au matin, les deux armées belligérantes se trouvèrent donc en ligne, l'une derrière le Mincio, l'autre en avant de la Chiese, séparées par une journée de marche seulement.

Dans la journée du 22, les reconnaissances et les espions des Autrichiens rapportèrent que les avant-postes des alliés occupaient les hauteurs de Castiglione et de Lonato, et que le gros de leurs forces se trouvait toujours autour de Montechiaro sur la Chiese.

Ces renseignements, très-exacts du reste, servirent de base au mouvement offensif que l'empereur François-Joseph méditait depuis plusieurs jours, et dont on avait même déjà eu vent dans l'armée.

Sa Majesté s'arrêta à la combinaison que voici : « Repasser le Mincio, en dirigeant la deuxième ar» mée par le terrain montueux compris entre Volta » et le lac de Garda, sur le front de l'ennemi, pendant » que la première armée et toute la cavalerie de réserve » déborderait sa droite par la plaine de Médole, dans » le but d'opérer une marche concentrique sur Mon» techiaro, où on supposait le gros des forces alliées.»

Ce projet, soumis à un conseil de guerre, fut diversement apprécié : ceux qui lui étaient hostiles (Hess entre autres) objectèrent avec beaucoup de raison « que ce projet aurait le grave inconvénient de pré» senter un front étendu, en présence d'une masse » concentrée autour d'un point ; que, par conséquent, » ce front serait très-exposé à être rompu par son

» centre, surtout si la marche enveloppante ne pou-
» vait se faire en un jour, ce qui n'était guère possi-
» ble, et, en y employant deux jours, on courrait le
» risque de voir prévenir cette marche par un mou-
» vement offensif de la part de l'ennemi, mouvement
» qui pouvait faire échouer ce projet et occasionner
» la perte d'une bataille livrée avec une rivière à dos,
» obstacle à travers lequel une armée battue ne saurait
» opérer sa retraite sans courir de graves dangers. »
Les partisans de la marche concentrique sur Montechiaro alléguèrent « que l'ennemi avait mis trop de
» circonspection dans sa poursuite sur la Chiese, pour
» faire craindre en ce moment de sa part un mouve-
» ment en avant vers le Mincio, et que, par consé-
» quent, l'inconvénient qu'on venait de signaler du
» plan d'attaque ne devait pas être pris en sérieuse
» considération. » Cette réplique fit pencher la balance en faveur du projet de l'empereur, et, le soir,
des ordres furent donnés à tous les corps pour en
commencer l'exécution le lendemain matin.

Le 23, de grand matin, les armées autrichiennes se
mirent en marche. Celle du comte Schlick, la deuxième,
formant la droite, traversa le Mincio, entre Peschiera
et Ferri ; — le corps de Benedeck, le huitième, flanqué
sur sa droite par une brigade du 6e corps, passa à
Salionze et alla occuper Pozzolengo ; — le corps de
Stadion, le cinquième, passa à Valeggio même et s'arrêta en arrière de Solferino ; — le corps de Clam-Ga-
las, le premier, campé à Quaderni, suivit le cinquième
et s'arrêta à Cavriana ; — le corps de Zobel, le septième,
et la réserve de cavalerie de Mensdorff quittèrent les
abords de Villafranca, et passèrent le Mincio sur un

pont de chevalets établi près de Ferri. Zobel s'arrêta à Foresto, Mensdorff poussa jusqu'à Tezze, à hauteur de Cavriana, et Schlick transporta son quartier général de Villafranca à Volta. Tous ces corps atteignirent, dans le courant de l'après-midi, les points indiqués ci-dessus sans rencontrer l'ennemi, et, le soir, le cordon des avant-postes fut établi, la droite à Broglia, la gauche à Le Grole, en passant par Madona della Scoperta.

L'armée de Wimpffen, la première, formant la gauche, franchit le Mincio entre Ferri et Mantoue ; — le corps de Schwarzenberg, le 3e, quitta Pozzolo et passa sur le pont de chevalets établi près de Ferri, et alla camper à droite de Guidizzolo ; — les corps de Schaffgottsche et de Wiegl, les 9e et 11e, et la belle division de cavalerie de Zedwitz, tous cantonnés le long de la route de Villafranca à Goito, passèrent le Mincio dans ce dernier village. La division de cavalerie alla camper à hauteur de Bocchere ; le 9e corps s'arrêta à gauche de Guidizzolo, et le 11e resta en réserve à Castel-Grimolde ; — le commandant de la première armée, Wimpffen, qui se trouvait à Mantoue avec le 2e corps, transporta son quartier général à Cereta et envoya Liechtenstein, avec la division Jellachich, à Marcaria pour observer la division d'Autemarre du corps du prince Napoléon, dont les têtes de colonnes se montraient vers Crémone. Tous ces corps atteignirent également leurs nouvelles positions sans rencontrer l'ennemi, et le soir, ils établirent leurs avant-postes de Castel-Goffredo à Le Grole où ils se liaient à ceux de Schlick.

Pendant que l'empereur François-Joseph avait transporté son quartier général de Villafranca à Valeggio et que son armée avait franchi le Mincio pour prendre ses nouvelles positions en arrière de Pozzolengo, de Solferino et de Medole, l'empereur Napoléon avait établi son quartier général à Montechiaro, et son armée s'était concentrée entre Rivoltella, sur le lac de Garda, et Carpenedolo, sur la Chiese. Les Sardes occupaient la gauche de ce front ; Niel et Canrobert se trouvaient à la droite, et Baraguay-d'Hilliers, Mac-Mahon, Saint-Jean d'Angély et la cavalerie de réserve étaient campés au centre, en arrière de Castiglione. La cavalerie et l'artillerie de la garde étaient restés sur la rive droite de la Chiese, à Castenedolo, à deux lieues en arrière du gros de l'armée.

Il suffit de jeter les yeux sur le plan pour voir : que le 23 au soir, la veille de la bataille de Solferino, les deux armées se trouvaient en présence ; — que leurs avant-postes n'étaient séparés que par une zone de terrain d'une lieue de largeur, s'étendant sur un développement de trois à quatre lieues ; — que chacune des deux armées avait une rivière à dos, une aile appuyée au lac de Garda et une aile en l'air dans la plaine de Medole ; — que le front des Autrichiens était couvert par les hauteurs de San-Martino, Madona della Scoperta, de Solferino et de Medole ; — qu'une colline, s'étendant de Castiglione à Volta par Solferino et Cavriana, coupait ce front vers son milieu ; — qu'au nord de cette colline le terrain est montueux, qu'au sud il se développe en plaine ; — et, enfin, que la gauche des Autrichiens, où était massé

le gros de leur armée, débordait la droite des alliés,
qui avaient leurs principales forces sur leur centre.

Pendant que les deux armées marchaient ainsi à la
rencontre l'une de l'autre, les coureurs des deux côtés
ne rapportaient rien de bien précis. Une patrouille
française, qui surprit un poste autrichien sur la route
de Castiglione à Goïto, et une reconnaissance sarde,
qui rencontra les coureurs ennemis sur la route de
Peschiera, le long du lac de Garda, constataient bien
la présence de troupes des deux parties entre la
Chiese et le Mincio, mais les deux empereurs ne se
doutaient guère que leurs armées étaient si près de
s'entre-choquer. François-Joseph n'ignorait pas, il est
vrai, que l'armée alliée était campée autour de Montechiaro, mais il ne la supposait pas en mesure de se
porter en avant le lendemain, et, par conséquent, il ne
prit aucune disposition contre une telle éventualité.
Et Napoléon, malgré les avis de ses espions et les
rencontres de ses coureurs avec l'ennemi, ne voulut
pas croire que son adversaire avait repassé en masse
le Mincio; il crut à une de ces reconnaissances forcées
pour lesquelles les Autrichiens ont toujours affecté
une grande prédilection, et lui aussi ne changea rien
aux ordres qu'il avait donnés pour la marche du lendemain.

Le 23 au soir, les deux armées s'endormirent tranquillement : les alliés sans se douter qu'à leur réveil ils
auraient à livrer une grande bataille; les Autrichiens
avec l'espoir dans l'âme de prendre le lendemain, sur
la Chiese, une éclatante revanche de l'échec qu'ils
avaient reçu sur le Tessin.

(5ᵉ livraison.)

BATAILLE DE SOLFERINO.

Dans la journée du 23, l'empereur Napoléon avait ordonné que le 24, au matin, l'armée alliée se porterait en avant, que la garde, avec le quartier impérial, se rendrait de Montechiaro à Castiglione ; — le 1ᵉʳ, corps, d'Esenta à Solferino ; — le 2ᵉ, de Castiglione à Cavriana ; — le 3ᵉ, de Mezzane à Medole ; — le 4ᵉ, renforcé des deux divisions de cavalerie de la ligne, de Carpenedolo à Guidizzolo ; — et enfin que l'armée sarde se porterait, en plusieurs colonnes, de Lonato sur Pozzolengo.

Avant de décrire les opérations de la bataille de Solferino, jetons un coup d'œil sur le terrain qui a servi de théâtre à ce drame sanglant.

Le terrain sur lequel s'est livrée cette bataille, compris entre le Mincio et la Chiese, le village de Castel-Goffredo et le lac de Garda, forme un quadrilatère d'environ quatre lieues de côté. Ce quadrilatère est coupé diagonalement par une colline, sur laquelle sont bâtis les villages de Lonato, Castiglione, Solferino, Cavriana et Volta. Au nord de la colline, le terrain est montueux ; au sud, il forme une vaste plaine. Deux routes et un chemin de fer partant de la Chiese vers le Mincio, traversent ces terrains : l'une de ces routes et le chemin de fer longent le lac de Garda, en passant par Lonato et Peschiera ; l'autre route, celle qui conduit par Castiglione à Mantoue, longe d'abord le pied de la colline, s'étend ensuite dans la plaine en passant par Guidizzolo et traverse le Mincio à Goito. Plusieurs grands chemins, partant de Castiglione, se dirigent par les deux versants de la colline sur Cavriana et Solferino.

Ce dernier village, situé à égale distance, à deux lieues de la Chiese, du Mincio, du lac de Garda et de Castel-Goffredo, se trouve au centre de ce quadrilatère. Une grosse tour, la *Spia d'Italia* (l'Espion d'Italie), bâtie sur une éminence, au sud de Solferino, est le point culminant d'où l'on découvre tout le champ de bataille.

La principale rue de Solferino, comprimée entre deux renflements de la colline, forme un défilé, dont l'accès du côté de Castiglione était d'autant plus difficile, que son entrée était défendue par un cimetière crénelé, et que le cimetière et le défilé étaient flanqués, à droite (1), par des retranchements qu'on avait élevés autour de l'église de S.-Pietro, qui couronne l'un des renflements de la colline, à gauche, par un mamelon couvert de cyprès et par la grosse tour qui couronne l'autre renflement.

Le mamelon aux cyprès, la Spia d'Italia, le cimetière et l'église de S.-Pietro, reliés entre eux par des haies et des barricades, formaient une espèce de retranchement qui coupait transversalement la colline

____

(1) Les mots droite et gauche se rapportent, dans la description d'une position, au front du défenseur, et dans l'offensive, au front de l'assaillant.

et tous les chemins qui débouchent de Lonato et de Castiglione sur Solferino.

Ce retranchement couvrait le centre de la position des Autrichiens; les hauteurs de Madona della Scoperta et de S.-Martino couvraient leur droite; et les villages de Medole, de Rebecco et de Guidizzolo, leur gauche. Sur tous ces points eurent lieu des combats partiels, et c'est à l'ensemble de ces combats qu'on a donné le nom de bataille de Solferino.

Le 24, de grand matin, l'armée alliée, après avoir pris son repas, quitta ses bivacs. Baraguay-d'Hilliers, qui avait ordre de partir le premier, leva son bivac à deux heures du matin et se dirigea, en deux colonnes, sur Solferino. Sa 2ᵉ division et 4 pièces suivirent le versant septentrional de la colline; ses deux autres divisions et le gros de son artillerie longèrent le versant méridional. Mac-Mahon partit à trois heures, en une seule colonne, par la route de Goito pour se diriger sur Cavriana. Canrobert quitta Mezzane à deux heures et demie, traversa la Chiese à Visano et se dirigea sur Castel-Goffredo. Niel se mit en marche à trois heures; ses trois divisions d'infanterie et son parc, éclairés par deux escadrons de chasseurs, suivirent la route de Carpenedole à Medole, tandis que les deux divisions de cavalerie de réserve, provisoirement attachées à son corps, prirent la route de Castiglione à Goito. Les quatre divisions sardes, campées à la gauche des Français, partirent à quatre heures : les 1ʳᵉ et 2ᵉ divisions se dirigèrent, par Castel-Venzago, sur Madona della Scoperta; les 3ᵉ et 5ᵉ suivirent les routes qui longent le lac de Garda. L'infanterie de la garde impériale ne devait se mettre en marche que vers six heures du matin, et la cavalerie et l'artillerie, restées à Castenedolo, vers neuf heures.

Le corps de Baraguay-d'Hilliers, formant le centre des alliés, rencontra le premier l'ennemi : vers cinq heures du matin, la division Forey, longeant le versant méridional de la colline, se heurta contre les avant-postes autrichiens à Fontane, les repoussa sur Le Grole, et de ce dernier point sur Solferino.

Le bruit du canon de cette rencontre inattendue donna l'éveil dans les deux camps.

L'armée autrichienne, attaquée inopinément, surprise dans ses bivacs avant d'avoir pris le repas du matin, courut aux armes, et bien que les brigades, les divisions et les corps d'armée n'eussent reçu aucun ordre de plus haut, ils prirent sur eux d'engager le combat : à droite, Benedeck, avec le 8e corps et une brigade du 6e, n'ayant pas été prévenu dans son bivac, marcha à l'ennemi et repoussa les avant-gardes piémontaises partout où il les rencontra; au centre, en avant de Solferino, les brigades Biels et Puchner, du 5e corps, tinrent ferme contre les attaques de Baraguay-d'Hilliers; à gauche, bien que Medole, défendu par deux bataillons, eût été enlevé de grand matin par les troupes de Niel, sur cette aile Schwarzenberg fit mine de vouloir prendre l'offensive, et parut obtenir quelques avantages sur la droite des Français.

Au premier coup de canon, l'empereur Napoléon, qui se trouvait encore à Montechiaro, fit prévenir la cavalerie et l'artillerie de la garde, restées à Castenedolo, de se porter immédiatement en avant, et dirigea l'infanterie de la garde sur Castiglione, où il se rendit de sa personne.

En arrivant dans cette ville, l'empereur apprit que le 1er corps se trouvait fortement engagé dans la direction de Solferino ; que le 2e était en marche sur la route de Mantoue ; que le 4e avait rencontré l'ennemi à Medole ; que le 3e, formant l'extrême droite, avait chassé une troupe de cavalerie ennemie de Castel-Goffredo ; que les divisions sardes, formant la gauche, luttaient partout contre l'ennemi ; et, enfin, que les têtes de colonnes étaient sérieusement engagées sur tous les points.

Il n'y avait plus à en douter, les deux armées se trouvaient en présence, et bien que ni l'un ni l'autre des deux empereurs ne s'attendît à une grande affaire dans cette position, il devait nécessairement en résulter un engagement sérieux, *une bataille de rencontre*, dans laquelle la victoire se rangerait probablement du côté de celui qui saurait le premier prendre un parti, transformer son ordre de marche en ordre de combat.

Dans ce moment solennel, Napoléon fit preuve d'une grande force de caractère ; sachant que son armée opérait en huit colonnes, sur un front de quatre lieues, et supposant que le front de l'ennemi devait être sensiblement parallèle au sien, sans savoir où se trouvaient les principales forces de son adversaire, il se décida immédiatement à porter sa réserve d'élite, sa garde, vers son centre, pour faire effort sur Solferino, et, tout en informant Canrobert qu'il avait à se tenir en garde contre un corps de 25 à 30 mille hommes sorti la veille de Mantoue, il prévint ses autres lieutenants d'appuyer autant que possible vers le centre, afin de soutenir l'attaque qu'il était résolu de diriger contre Solferino, dans le dessein de rompre le front des Autrichiens.

L'empereur, après avoir expédié les instructions qu'il avait à donner à ses lieutenants pour l'exécution du plan d'attaque qu'il venait d'arrêter, se rendit en toute hâte sur la route de Goito, que suivait le 2ᵉ corps, où il rejoignit le duc de Mac-Mahon.

Il était alors près de huit heures, le canon grondait sur tout le front, et toujours absence complète de direction générale dans l'armée autrichienne. On ne savait même pas où trouver l'empereur. Cependant, l'état-major de Sa Majesté, parti à six heures du matin de Valeggio, où il avait laissé l'empereur et le général Hess, venait d'arriver sur les hauteurs en avant de Cavriana. Le général Vetter, quartier-maître général, qui conduisait le corps d'état-major, mit pied à terre avec ses officiers pour monter sur une terrasse appelée le Rocolo, située à gauche de la route de S.-Casiano, d'où ils découvrirent la *Spia d'Italia* et toute la plaine de Medole. De cette éminence, du Rocolo, Vetter et ses officiers, en attendant l'arrivée de l'empereur et du général Hess, observèrent la marche du combat, comme l'eussent fait de simples spectateurs : sur leur droite, ils entendirent le canon de Benedeck s'éloigner, d'où ils conclurent qu'il gagnait du terrain dans la direction de Lonato ; — sur leur gauche, ils virent très-distinctement que Schwarzenberg et Schaffgottsche, suivis par Wiegl, débouchaient de Guidizzolo dans la plaine de Medole (pour attaquer Niel) ; — et ils remarquèrent aussi que Stadion faisait bonne contenance aux attaques du centre des alliés, et que ce centre (où combattait Baraguay-d'Hilliers) n'était relié à sa droite (où combattait Niel) que par une seule colonne (celle de Mac-Mahon), qui suivait la route de Castiglione à Guidizzolo.

Les événements en étaient à ce point, quand, vers neuf heures du matin, une ordonnance vint informer le général Vetter, qui observait toujours avec la plus grande impassibilité la marche du combat, qu'il devait se rendre avec l'état-major près de l'empereur, à Volta. Vetter et ses officiers partirent sur-le-champ vers ce point; mais, en arrivant près de Volta, ils apprirent que l'empereur venait de s'élancer au galop, à travers champs, dans la direction de Cavriana. Ces 60 à 70 officiers se mirent alors à la recherche de l'empereur et finirent par le trouver sur le lieu qu'ils venaient de quitter, sur le Rocolo, presque seul avec le général Hess, discutant l'issue probable de la journée.

Sur ces entrefaites, du côté des alliés, l'infanterie de la garde était arrivée sur le terrain du combat, et l'empereur, qui s'était concerté avec le maréchal de Mac-Mahon, persistant dans la résolution déjà prise de frapper le grand coup au centre, ordonna à sa garde de combiner ses efforts avec ceux du 1er corps pour enlever le village de Solferino, et, au duc de Magenta, qui était en marche sur la route de Goito, de prendre position à hauteur de la Casa-Morino, pour couvrir l'attaque du centre contre les retours offensifs des formidables masses autrichiennes concentrées en arrière de Guidizzolo.

Afin d'accomplir l'ordre de l'empereur, le 1ᵉʳ corps, dont les avant-gardes étaient déjà engagées en avant de Solferino, fit entrer toutes ses troupes en ligne pour attaquer ce village de front : sa 1ʳᵉ division se déploya par bataillons en masse à droite de la colline ; sa 2ᵉ se forma en trois colonnes à gauche de la colline ; sa 3ᵉ resta en réserve au centre, et le gros de son artillerie mit en batterie sur le mont Fenile, avec l'intention, sans doute, de préluder à l'attaque du village. Ces dispositions prises, Baraguay-d'Hilliers, sans s'inquiéter des obstacles qu'il avait devant lui „ et sans préparer l'attaque par le canon, porta ses divisions en avant. Forey tenta vainement d'enlever le mamelon des cyprès, et Ladmirault et Bazaine allèrent buter contre le cimetière, où ils se firent écharper sans obtenir le moindre résultat. Le maréchal, s'apercevant seulement alors que son infanterie ne saurait se frayer un passage à travers des murs crénelés garnis de nombreux défenseurs, se décida enfin à employer le moyen par lequel il aurait dû commencer : il fit avancer ses batteries, enfoncer les portes et les murs du cimetière, et alors, à l'aide d'un seul bataillon, il enleva ce poste contre lequel les charges successives de deux divisions (8 régiments) avaient échoué.

De son côté, le 2ᵉ corps, en marche sur la route de Goito, arrivé à hauteur de la Casa-Morino, enleva cette ferme et déploya son infanterie sur deux lignes à cheval sur la route. Cette infanterie était flanquée à gauche par le 7ᵉ chasseurs et deux escadrons du 4ᵉ; à droite, par les divisions Desveaux et Partouneaux, qui venaient d'arriver pour remplir le vide laissé jusqu'alors entre le corps de Mac-Mahon et celui de Niel; et enfin, l'infanterie de la garde, les voltigeurs en tête, précédés d'une nuée de tirailleurs, pénétrèrent par un petit vallon, entre les 1er et 2e corps, pour prendre à revers la *Spia d'Italia* et le mamelon aux cyprès, afin de favoriser ainsi le succès de l'attaque du centre.

Pendant que la garde, le 1er et le 2e corps, attaquaient la position de Solferino, le corps de Niel, couvert sur sa droite par celui de Canrobert, avait débouché dans la plaine : la division Luzy arriva la première et se porta sur Rebecco; celle de Vinoy suivit celle de Luzy et se dirigea sur Casa-Nova, où elle mit toute son artillerie en batterie; et enfin, celle de Failly, destinée à servir de réserve aux deux premières, déboucha la dernière et prit la direction de Baite.

Le 4e corps encadré par les 2e et 3e corps, et couvert sur son front par une forte batterie et par les postes de Rebecco, de Baite et Casa-Nova, permit à Niel de tenir tête aux attaques des formidables masses autrichiennes concentrées autour de Guidizzolo; mais, pendant qu'au centre et sur la droite, les Français luttaient avec des chances diverses contre les masses autrichiennes, sur la gauche, où combattaient les Piémontais, Benedeck avait vigoureusement repoussé leurs avant-gardes des hauteurs de Madona della Scoperta et de S.-Martino, et si l'intrépide commandant du 8e corps n'eût pas dû subordonner son mouvement à celui du centre, il est plus que probable qu'avant six heures du soir, il eût atteint les hauteurs de Lonato, but objectif de ses opérations.

Pendant que Benedeck obtenait des avantages sur l'armée sarde, et que Stadion se défendait à outrance contre les divisions de Baraguay-d'Hilliers, Clam-Gallas et Zobel, ne recevant pas d'ordre, ne prirent aucune initiative, laissèrent écraser Stadion à Solferino, et les 5ᵉ, 9ᵉ et 11ᵉ corps et la cavalerie de Mensdorff, concentrés en arrière de Guidizzolo, se laissèrent arrêter par le seul corps de Niel, dont les divisions étaient entrées en ligne successivement. Quant à la cavalerie de Zedwitz et à la division Jellachich, sorties de Mantoue la veille, la première, après une charge malheureuse dans laquelle elle perdit une vingtaine d'hommes, avait abandonné le champ de bataille, dès le matin, pour n'y plus reparaître, et la seconde resta à Marcaria pour observer la division d'Autemarre du corps du prince Napoléon, qui se trouvait dans la direction de Crémone, à *plus de dix lieues* du champ de bataille.

Stadion, qui avec les brigades Biels et Puchner supportait héroïquement, à Solferino, depuis dix heures du matin, tout le poids de l'attaque des trois divisions de Baraguay-d'Hilliers, vers midi, fut débordé sur sa gauche par l'infanterie de la garde. Pour s'opposer à ce mouvement de flanc, Stadion fit entrer en ligne ses deux brigades de réserve, celles de Koller et de Gaal. Ces quatre brigades, se sentant encore trop faibles pour contenir longtemps seules l'attaque simultanée de la garde et du 1ᵉʳ corps, leur général demanda des renforts : Clam-Gallas et Zobel, qui se trouvaient en seconde ligne, avancèrent, mais lentement. Le commandant du 5ᵉ corps, se croyant alors soutenu par les 1ᵉʳ et 7ᵉ corps, tenta de reprendre les postes avancés d'où il venait d'être repoussé ; mais Clam-Gallas, n'ayant pu amener à temps son artillerie sur le terrain, et Zobel, s'étant arrêté en arrière de S.-Cassiano, ils ne purent appuyer le retour offensif du 5e corps « avec une énergie suffisante pour le faire réussir. »

Stadion, malgré toute la fermeté dont il fit preuve pendant cette longue et héroïque résistance, mal secondé par ses collègues, attaqué de front par les divisions Forey et Bazaine, menacé sur sa droite par celle de Ladmirault et débordé sur sa gauche par la garde impériale, fut obligé de céder au nombre et d'abandonner successivement le mamelon des cyprès, le cimetière, la Spia d'Italia, l'église de S.-Pietro et enfin le village de Solferino, considéré, des deux côtés, comme le point décisif du champ de bataille.

Stadion, accablé de toutes parts, se retira par Mescaloro sur Pozzolengo, et Clam-Gallas se replia sur Cavriana, sous la protection du corps de Zobel, qui, parti de Foresto et venu trop tard pour assister au combat de Solferino, s'était, comme nous venons de le dire, arrêté en arrière de S.-Cassiano.

Dans ce mouvement rétrograde, Clam-Gallas, poursuivi dans le terrain montueux par la garde et le 1er corps et débordé dans la plaine par le 2e corps, eût été probablement fort maltraité, si la division Prince de Hesse du corps de Zobel ne s'était, fort à propos, portée en avant de S.-Cassiano pour retarder la manœuvre tournante de Mac-Mahon sur Cavriana.

Pendant que l'infanterie de la garde, les 1er et 2e corps, poursuivaient le centre des Autrichiens sur Cavriana, la cavalerie de la garde était venue occuper l'intervalle que le 2ᵉ corps, en convergeant à gauche, venait de laisser entre lui et la cavalerie de réserve, dont une partie des escadrons était engagée avec celle de Mensdorff.

Il était alors près de trois heures; des deux côtés, toutes les troupes étaient en ligne, et la bataille était au plus fort de l'action.

Au centre, l'attaque de front de Baraguay-d'Hilliers sur Cavriana, soutenue par l'infanterie de la garde et appuyée du mouvement tournant de Mac-Mahon sur S.-Cassiano, eut un plein succès et décida l'empereur François-Joseph à ordonner la retraite.

Sur la gauche des alliés, où combattaient les Piémontais, Benedeck obtenait constamment des avantages; les troupes de Molard et de Cucchiari, qui combattaient le matin à S.-Martino, avaient été ramenées, par la Strada-Lugana, sur le lac de Garda, dans la direction de Rivoltella; Durando, qui défendait Madona della Scoperta, avait été repoussé de ce point sur Fenile; et la division Fanti (dont la brigade d'Aoste s'était portée au secours de Molard, et celle de Piémont au secours de Durando) était à peine arrivée en ligne, quand Benedeck reçut l'ordre de se replier lentement vers le Mincio.

A la droite des alliés, le corps de Niel, renforcé de la division Renaud et de la brigade Bataille du 3ᵉ corps, protégé sur son front par la grande batterie du général Soleille et par les postes barricadés de Casa-Nova, de Baite et de Rebecco, et encadré entre toute la cavalerie de réserve et le restant du corps de Canrobert, soutenait bravement, mais avec grand'peine, le re-

tour offensif que l'empereur François-Joseph fit exécuter par sa gauche pour dégager son centre, quand,
vers cinq heures du soir, un violent orage, précédé d'un tourbillon de poussière qui plongea les deux
armées dans l'obscurité, vint mettre un terme à cette
lutte sanglante, qui durait depuis six heures du matin.

L'orage permit à l'empereur François-Joseph de
retirer ses troupes du combat sans éprouver de pertes
sensibles; à l'aile gauche, les Autrichiens n'ayant pas
perdu une parcelle de terrain, l'arrière-garde du corps
de Wiegl garda sans peine Guidizzolo jusqu'à ce que
le matériel et les blessés fussent mis en sûreté, et le
11e corps ne quitta ce village qu'à dix heures du soir;
au centre, la retraite fut couverte par les troupes du
prince de Hesse, qui se replia en bon ordre sur Volta,
d'où elles couvrirent les passages de Pozzolo et de
Borghetto sur le Mincio, et aussi le quartier général
de l'empereur, qui était retourné à Valeggio; à droite,
Benedeck, qui pendant toute la journée avait lutté
avec avantage contre les Piémontais et qui ne s'était
replié que sur l'ordre de l'empereur, resta à Pozzolengo jusque bien tard dans la nuit.

L'armée des alliés passa la nuit sur les lieux mêmes
où elle avait combattu : Niel resta en face de Guidizzolo, sa droite couverte par Canrobert, qui s'était
concentré le soir autour de Rebecco; au centre, Mac-
Mahon occupait les hauteurs de S.-Cassiano, et le
1er corps et la garde campèrent autour de Cavriana, où
se trouvait le quartier général de l'empereur. Les
Sardes passèrent la nuit sur les hauteurs d'où ils avaient
été repoussés le matin et qu'ils avaient reprises le soir.

Du côté des Autrichiens, les 1ᵉʳ, 3ᵉ, 5ᵉ, 7ᵉ, 8ᵉ, 9ᵉ et 11ᵉ corps, une brigade du 6ᵉ et deux divisions de cavalerie de réserve, en tout environ 170,000 hommes, prirent part au combat. Ils perdirent en morts et blessés 13,000 hommes, en prisonniers 6,000 avec trente canons et trois drapeaux.

Les Français engagèrent cinq corps d'armée et trois divisions de cavalerie de réserve, et les Sardes quatre divisions, en tout 165,000 hommes. Ils perdirent en morts et blessés 17,000 hommes, en prisonniers 3,000.

Considérations sur cette bataille.

«Nous cherchons vainement le mobile qui a pu guider les Autrichiens, retirés derrière le Mincio, à repasser cette rivière avec l'intention d'aller attaquer l'ennemi dans sa position de Montechiaro et de livrer bataille avec une grande rivière à dos, tandis qu'ils pouvaient attendre l'ennemi au centre de leur formidable quadrilatère, où ils se seraient trouvés dans les meilleures conditions possibles, soit pour émousser la fougue française par des combats partiels, soit pour livrer une grande bataille.

Nous avons vu que, pour exécuter ce plan, l'empereur François-Joseph avait divisé ses forces en deux armées ; que celle de droite, sous les ordres de Schlick, devait repasser le Mincio en amont de Ferri et marcher à travers le terrain montueux par Lonato et Castiglione sur Montechiaro, tandis que celle de gauche, sous Wimpffen, avait ordre de traverser la rivière auprès de Goito et de marcher, par la plaine, sur Carpenedolo pour envelopper la droite des alliés.

Ce projet d'opération, discuté dans un conseil de guerre tenu le 22, à Villafranca, nous l'avons déjà dit, fut diversement apprécié : le général Romming le soutint ; Hess, qui voulait attendre l'ennemi derrière le Mincio, le combattit, mais trop mollement, dit-on, pour le faire échouer. Mais, bien que le plan qui fut adopté recélât de graves dangers et fût loin de valoir celui qu'avait soutenu Hess, si l'état-major avait pris les mesures nécessaires pour prévenir les éventualités qui pouvaient surgir pendant son exécution, il aurait eu d'autant plus de chances de réussite que, le 24 au matin, l'armée des alliés marchait, en sept colonnes de route, vers le Mincio, sans se douter de la présence de toute l'armée autrichienne, qui, au début de l'action, se trouvait dans de très-bonnes conditions pour accepter une bataille de rencontre.

Pour bien apprécier les conditions dans lesquelles se trouvaient les deux armées au début de l'action, examinons, le plan sous les yeux, quelle était la position de chacune d'elles : les Autrichiens avaient leur droite vers le lac de Garda, leur centre à Solferino et leur gauche derrière Guidizzolo, où se trouvait le gros de leur armée. Les alliés marchèrent vers ce front en sept colonnes, laissant leur réserve à trois lieues en arrière ; les quatre divisions sardes et le 1er corps français traversèrent le terrain montueux ; le 2e corps, suivi à distance par la garde, prit la route de Goito ; le 3e corps se porta au sud de Castel-Goffredo, pour faire face à Liechtenstein, sorti de Mantoue la veille, et enfin le 4e corps, après avoir enlevé le poste de

Medole, déboucha, « *seul et par fraction,* » dans la plaine de Guidizzolo, en présence des 3ᵉ, 9ᵉ et 11ᵉ corps autrichiens et de toute la cavalerie de réserve.

Si donc le chef de l'armée autrichienne et son état-major, au lieu de galoper à travers champs l'un derrière l'autre, s'étaient rendus de grand matin là où ils auraient dû se trouver pour donner des ordres, c'est-à-dire à Guidizzolo, où le gros de l'armée était concentré, ils eussent vu, par les troupes qu'ils avaient en face et entendu, par le canon qui grondait dans les montagnes, que les alliés étaient engagés sur un front parallèle au leur, et dès lors ils auraient pu facilement en déduire qu'en faisant effort sur la droite des alliés avec les trois corps et toute la cavalerie de réserve qui se trouvaient là, le succès n'aurait pas été un instant douteux, puisque le corps de Niel, en débouchant par fractions dans la plaine, eût été écrasé avant même que la garde ou le corps de Canrobert eussent eu le temps de venir à son secours.

Un succès obtenu par des masses aussi considérables sur la droite des alliés était d'autant plus à craindre pour ces derniers, qu'ils auraient été plus sérieusement engagés à Solferino ; car ce n'est pas au centre, comme beaucoup de militaires le prétendent, que se trouvait le point décisif du champ de bataille, mais bien vers Medole, du côté opposé au lac de Garda, là où les Autrichiens avaient concentré le gros de leurs forces.

En effet, il suffit de jeter les yeux sur le plan, pour voir que la prise de Solferino par les alliés ne compromettait nullement les lignes de retraite des Autrichiens sur le quadrilatère, tandis qu'un succès obtenu par ces derniers sur l'aile opposée au lac pouvait gravement compromettre les lignes de retraite des alliés sur Montechiaro.

On objectera probablement que Napoléon, en attaquant le centre, en a jugé autrement que nous, et que le succès est venu justifier son choix.

A cela nous répondrons, qu'à la guerre, comme en toutes choses du reste, le mieux n'est pas toujours indispensable pour réussir : faire moins mal que son adversaire suffit pour gagner une bataille. Nous dirons même plus, dans une bataille de rencontre, la victoire se range presque toujours du côté de celui qui *ose faire* « quoi qu'il fasse » ; et sous ce rapport, on doit rendre pleine et entière justice à Napoléon, il a *osé faire* avec cette promptitude de résolution et cette présence d'esprit qui distinguent dans toutes les circonstances les hommes doués d'une grande force de caractère, tandis que son adversaire, après avoir pris l'offensive, n'a plus rien osé, si ce n'est ordonner la retraite !

Voyons maintenant, en tenant compte des circonstances, ce que Napoléon aurait pu faire, et jusqu'à quel point il a bien ou mal opéré en attaquant le centre ennemi.

Quand, le 24, vers sept heures du matin, l'empereur apprit à Castiglione, par les officiers d'ordonnance venus de tous les corps, que les têtes de colonnes étaient engagées sur tout le front de Castel-Goffredo au lac de Garda, il n'avait d'autres données sur l'emplacement des forces autrichiennes que celles que venaient de lui transmettre ces officiers et une lettre, par laquelle on l'informait qu'un gros corps de troupes était sorti, dans la journée du 23, de Mantoue.

De ces données que pouvait-il déduire? Rien, si ce n'est que les Autrichiens avaient fait un retour offensif, et que, selon toutes les probabilités, ils opéraient sur un front large, renforcés sur leur gauche par le corps sorti de Mantoue, afin de déborder la droite des alliés dans le but de les acculer au lac de Garda.

Prenant cette hypothèse, « la seule raisonnable, » pour base de ses combinaisons, Napoléon n'avait à choisir qu'entre deux manœuvres : faire un grand effort par sa droite ou diriger l'attaque principale contre le centre ennemi en portant promptement, sur l'un ou l'autre de ces deux points, sa réserve d'élite, sa garde.

Porter sa garde sur sa droite pour soutenir Canrobert et Niel, devant lesquels, il n'y avait pas à en douter, les Autrichiens avaient massé leurs principales forces, exigeait beaucoup plus de temps que pour la porter vers son centre, et il était aussi plus difficile de faire appuyer les colonnes du centre vers la droite, que de faire appuyer celles des deux ailes vers le centre; mais si l'attaque par la droite offrait de grandes difficultés, par contre, celle sur le centre recélait de graves dangers, car rien n'est plus dangereux que d'attaquer le centre d'un adversaire qui a ses principales forces massées sur l'aile opposée à un obstacle auquel sont appuyées les deux armées en présence.

En effet, que serait-il arrivé si les trois corps autrichiens et toute la cavalerie de réserve (en tout environ 75,000 hommes), concentrés autour de Guidizzolo, se fussent trouvés sous les ordres d'un général habile? Les corps de Canrobert et de Niel, éparpillés sur un front de plus de trois lieues, et tenus en partie en échec par le corps sorti de Mantoue, que Canrobert avait mission d'observer, n'eussent pu tenir tête contre une masse aussi formidable conduite par un général bien résolu de se battre, et alors les alliés eussent été d'autant plus exposés à être acculés au lac de Garda, que leur centre eût été plus sérieusement engagé et plus avancé vers le Mincio.

Mais si, nonobstant les graves dangers que recélait une attaque sur le centre ennemi, Napoléon se décida pour ce parti, ce fut, sans doute, parce qu'il comprenait fort bien que, dans une bataille de rencontre et devant une armée dont les chefs avaient montré tant d'irrésolution et de timidité sur le Tessin, le succès dépendait bien plus de la promptitude avec laquelle il saurait transformer son ordre de marche en ordre de combat et frapper le premier un grand coup, que de la plus ou moins bonne direction qu'il donnerait à l'attaque. Ses prévisions se réalisèrent; la prise de Solferino intimida son adversaire et décida du sort de la bataille, bien que la gauche de l'armée autrichienne n'eût pas été *sérieusement* engagée et que sa droite fût victorieuse sur tous les points.

Solferino n'a donc été le point stratégique décisif du champ de bataille que parce qu'il n'y avait pas à Guidizzolo un Eugène ou un Marlborough pour prendre l'offensive avec la masse de l'armée autrichienne sur la droite morcelée du corps de Niel.

Il convient de dire ici un mot à propos du différend qui s'est élevé entre les maréchaux Canrobert et

Niel, au sujet d'un passage du rapport de ce dernier sur la bataille de Solferino.

Dans son rapport à l'empereur, Niel dit : « Canro- » bert, menacé sur sa droite, ne jugea prudent de » me prêter son appui que vers la fin de la journée. »

Canrobert, dans une lettre datée du 8 juillet et adressée à Niel, répond : « A neuf heures et quart, » j'ai dirigé le général Regnault au secours du général » de Luzy, et, bien qu'au même instant je reçusse de » l'empereur l'invitation pressante de me tenir en » garde contre un corps de 25 à 30,000 hommes sorti » de Mantoue la veille, j'envoyai néanmoins au gé- » néral Trochu, encore en arrière, l'ordre d'amener » sa première brigade au secours de Niel. » Canrobert mit donc ainsi la moitié de son corps d'armée à la disposition de Niel.

Niel, dans sa réponse datée du 11 juillet et adressée à Canrobert, reconnaît en effet qu'à dix heures et demie du matin la division Regnault se trouvait à côté de la division de Luzy, et que la brigade Tro- chu est venue remplacer ses réserves, et le seul re- proche qu'il adresse à Canrobert, c'est que Regnault, posté à droite de de Luzy, sur la route de Ceresara, n'ait pas voulu abandonner cette route pour appuyer vers Rebecco.

Ce reproche est-il fondé? En jetant les yeux sur le plan, on se convaincra que la route de Ceresara à Medole est précisément celle qui menait les masses autrichiennes sur l'extrême droite du 4ᵉ corps ; si donc Regnault avait été assez mal avisé d'abandonner cette route à l'ennemi, celui-ci n'aurait pas manqué d'en profiter pour déborder la droite du 4ᵉ corps ; or, une

telle manœuvre, exécutée avec des masses aussi considérables que celles dont disposaient les Autrichiens
autour de Guidizzolo, nous l'avons déjà dit, était précisément ce que les alliés avaient le plus à redouter.

Le général Regnault avait d'autant plus de raison
pour ne pas appuyer à gauche, que la configuration
du champ de bataille, les masses ennemies qu'il avait
devant lui et les avis que son chef venait de recevoir
de l'empereur, tout faisait pressentir que l'attaque
principale des Autrichiens serait dirigée contre l'aile
opposée au lac de Garda, c'est-à-dire contre l'extrême
droite de Niel, qu'il couvrait avec sa division, ou
contre le corps de Canrobert, dont il faisait partie.

Regnault en restant sur la route de Ceresara a bien
fait, parce que, dans cette position, il remplissait à la
fois la triple condition de couvrir la droite du 4ᵉ corps,
de se trouver à portée de soutenir le 3ᵉ et de barrer
aux masses ennemies la route par où celles-ci devaient
diriger leur principale attaque.

Niel a donc eu tort de dire dans son rapport à l'empereur, « que le 3ᵉ corps ne lui a prêté son appui que
» vers la fin de la journée, » tandis qu'il reconnaît
lui-même qu'à dix heures et demie du matin la division Regnault occupait la route de Ceresara, le point
le plus important du champ de bataille, et que Trochu, avec sa première brigade, était venu remplacer
ses réserves.

Niel dit aussi dans son rapport :

« Le but que je poursuivais et qui aurait donné
de magnifiques résultats si j'avais pu l'atteindre,
c'était que, lorsque Cavriana serait au pouvoir du
2ᵒ corps, le maréchal Canrobert, arrivé à Medole,

voulût bien envoyer en avant une ou deux de ses divisions pour occuper Rebecco. Alors, avec les deux divisions de de Luzy et de Failly, j'allais m'emparer de Guidizzolo, et, maître de l'embranchement des routes, je coupais la retraite, soit à Goito, soit à Volta, aux masses ennemies qui occupaient la plaine. »

Ce projet d'opération ou plan de bataille (comme l'appelle Canrobert dans sa lettre) est d'une présomption qui frise même le ridicule !

Ainsi, si Canrobert avait consenti à occuper Rebecco, Niel, avec deux de ses divisions, fortes de 12 à 15 mille hommes, se serait emparé de Guidizzolo, et aurait coupé la retraite aux 75 mille Autrichiens qui entouraient ce village ! ! !

Qu'un général laisse échapper de pareils épanchements pendant la chaleur de l'action, alors qu'il est animé par le tumulte du combat et qu'il ignore le nombre d'ennemis qu'il a devant lui, c'est pardonnable ; mais que trois jours après la bataille, à tête reposée, alors qu'il savait fort bien à qui il avait eu affaire, il insère dans son rapport des illusions qu'il n'a même pu se faire pendant l'action, voilà ce que nous ne comprenons pas.

Un tel langage ne prête-t-il pas à faire supposer que, pendant comme après l'action, Niel ne s'est pas bien rendu compte du rôle qu'il a rempli dans la bataille, et que le brillant fait d'armes du 4ᵉ corps est dû plutôt à la bravoure de ses soldats et à l'initiative de ses brigadiers et divisionnaires qu'à la perspicacité du chef ?

Le vrai titre de gloire du 4ᵉ corps, c'est d'avoir tenu en échec la gauche de l'ennemi, pendant que l'empereur, avec sa garde, les 1ᵉʳ et 2ᵉ corps, décidait du sort de la bataille au centre.

A la gauche des alliés, où combattaient les Sardes, le chiffre des morts et des blessés constate assez que de part et d'autre on a déployé une grande bravoure; mais ce qu'on ne saurait contester, c'est que les Piémontais ont opéré sur un front trop étendu et trop morcelé, qu'ils ont manqué d'ensemble dans leurs opérations et d'unité dans leur commandement.

Chose étrange! jusqu'aujourd'hui on ne sait pas au juste sur quel point de l'action se trouvait le quartier général du roi. Le rapport du chef d'état-major, général Della Rocca, s'étend à perte de vue sur des épisodes de combats partiels, mais il est peu explicite sur la part que prit le grand quartier général sarde dans la direction de la bataille. Sur ce point, Della Rocca se borne à dire que la division Fanti ayant été dirigée sur Solferino, afin de concourir, le cas échéant, à l'attaque de ce village, le roi, voyant ce poste enlevé par les Français, et jugeant combien il était essentiel de renforcer sa gauche, envoya l'une des brigades de la division Fanti au secours de Molard et dirigea l'autre vers Durando.

De cet aveu, que Solferino était enlevé avant l'arrivée de Fanti sur le champ de bataille, il résulte, comme nous l'avons dit, que le sort de la journée était décidé, et que Benedeck a été rappelé vers le Mincio avant même que les réserves sardes fussent arrivées sur le champ de bataille, ce qui prouve bien que les troupes du roi ont manqué d'unité dans l'action.

Les Sardes se sont aussi trop étendus vers le lac de

Garda, et le roi, au lieu de morceler la division Fanti pour secourir à la fois Molard et Durando, aurait mieux fait de s'en servir en masse pour hâter le plus possible de compléter le succès au centre, succès qui devait avoir pour résultat de décider du sort de la bataille et de dégager la division Molard que Benedeck était en train d'acculer au lac.

On a aussi attribué, en partie du moins, le succès de cette journée à la supériorité des canons rayés dont se sont servis les Français. Erreur. Cette artillerie n'a pu avoir une bien grande influence dans cette journée, puisque les canons rayés, les huit batteries de la garde, ne sont entrés en ligne que pour l'attaque de Cavriana, alors que l'empereur François-Joseph avait quitté ce village, d'où il avait ordonné la retraite. Le sort de la journée était donc fixé quand les canons rayés ont ouvert leur feu. Et puis, de l'aveu même de ceux qui se sont servis de ces canons comme de ceux qui en ont subi le feu, leurs projectiles n'atteignirent que par exception le but contre lequel ils étaient dirigés ; mais, paraît-il, le hasard a voulu que quelques-uns de ces projectiles aient été frapper dans les réserves ennemies, et c'est là le seul mérite qu'on leur ait attribué, mérite qui, selon nous, est un grave défaut et d'où l'on est en droit de conclure qu'à Solferino l'artillerie rayée n'a guère rendu plus de services que le ballon de M. Godard, « qui a beaucoup vu, sans rien dire. »

Ce n'est ni aux ballons captifs ni aux canons rayés que l'on doit attribuer la prépondérance des armées françaises sur les armées autrichiennes, mais bien à la supériorité de la constitution organique, sous le rapport tactique et moral, de la première de ces armées sur la seconde.

En effet, au point de vue de la tactique, dans les règlements autrichiens, l'ordre fondamental, l'emplacement des réserves, la formation des lignes, le nombre de tirailleurs ou de tireurs de précision à employer, l'ordre pour le combat, etc., etc., tout est formulé et réglementé. En France, on s'est borné à réglementer les évolutions servant à former une troupe dans un ordre quelconque pour la conduire d'un emplacement sur un autre, et on a laissé au tacticien toute liberté d'action quant à la formation de l'ordre pour le combat, l'emplacement des lignes, l'emploi des réserves et des tirailleurs, etc., etc.

De ces deux modes d'instruction, diamétralement opposés, il est résulté que les manœuvres compassées des Autrichiens, subordonnées à des formules de tactique, exécutées devant un ennemi audacieux, ayant toute liberté d'action, ont presque toujours échoué ; d'abord parce que les formules dont se servaient les Autrichiens convenaient rarement pour combattre la manœuvre qu'on leur opposait, et aussi parce que leurs formations compassées étaient presque toujours prévenues par la promptitude d'exécution d'un adversaire agissant d'inspiration.

C'est ainsi que, dans le combat de Solferino, Stadion a été battu, non pas, comme on le prétend généralement, parce qu'il lui manquait des réserves, mais bien parce que les réserves, les 1er et 7e corps, ne se sont engagées que successivement, et que leurs chefs se sont inspirés de l'idée que la mission des réserves consiste plutôt à couvrir la retraite des troupes engagées qu'à contribuer au gain de la bataille.

Nous l'avons déjà dit, le défaut capital de l'armée autrichienne, c'est de ne pas savoir se servir de ses réserves à propos : le plus souvent les Autrichiens n'engagent leurs réserves que pour couvrir la retraite, tandis que les Français s'en servent toujours pour décider du sort de la bataille, et c'est à ce moyen énergique qu'ils doivent presque toutes leurs grandes victoires.

Sous le rapport moral, la constitution organique des deux armées avait aussi des différences très-marquées : du côté des Français, unité parfaite de mœurs, d'esprit et de sentiment ; du côté des Autrichiens, diversité de langue, de nationalité et d'opinion ; ici une discipline large et facile qui développe la spontanéité et l'énergie individuelle ; là des règlements durs et méthodiques et une subordination tracassière et sévère qui tue l'esprit militaire et paralyse l'élan des troupes.

Dans l'armée française, le service des subsistances était bien organisé : rarement les corps se mettaient en marche avant d'avoir pris un repas, et les chefs avaient la plus grande sollicitude pour leurs soldats. Dans l'armée autrichienne, le corps de l'intendance fonctionnait mal : le jour de la bataille de Solferino, les chevaux de la cavalerie de réserve n'avaient pas mangé depuis 36 heures. et, à en juger par les découvertes qu'on vient de faire dans la poursuite dirigée contre quelques fonctionnaires haut placés de l'administration civile et militaire, on est tenté de croire qu'au point de vue des subsistances, les hommes n'ont pas été mieux traités que les chevaux.

Dans l'armée française, les lieutenants de l'empereur, tous hommes d'une énergie éprouvée sur le champ de bataille, imprimèrent une grande vigueur aux attaques et contribuèrent pour une grande part au succès de la journée. Dans l'armée autrichienne, une partie des commandants des corps d'armée, peu habitués à manier la troupe, manquèrent d'activité et d'initiative, et ne s'engagèrent qu'avec la plus grande circonspection. Clam-Gallas a été justement blâmé de n'avoir pu trouver son artillerie au moment où il aurait dû soutenir Stadion; — Zobel a mérité le reproche qu'on lui a fait d'être resté trop longtemps à Foresto et d'avoir mis trop de lenteur pour se porter au secours du centre vers S.-Cassiano, où le prince de Hesse, l'un de ses divisionnaires, l'avait devancé et s'était engagé sans en avoir reçu l'ordre (1); — le commandant en chef de ces trois corps, le comte Schlick, qui dirigeait les opérations au centre, n'a guère déployé plus d'activité que les deux lieutenants qui commandaient ses réserves, et son armée, forte d'environ 75 mille hommes, a joué un triste rôle dans cette sanglante bagarre; — Zedwitz, qui commandait la réserve de cavalerie de la première armée, et Laningen son second, ont été sévèrement punis (2) pour avoir quitté honteusement le champ de bataille avec leurs escadrons, dont

______

(1) Cette initiative a valu au prince de Hesse l'ordre de Marie-Thérèse.

(2) Zedwitz a été déchu du rang militaire; Laningen a été condamné à dix années de forteresse.

les braves officiers, indignés de la conduite de leurs
généraux, brisèrent leurs sabres, les larmes aux yeux
et le désespoir dans l'âme ; — le prince Edouard de
Liechtenstein, au lieu d'opérer son mouvement tournant, en remontant la Chiese, comme il avait été convenu d'abord, resta honteusement à Marcaria pour
observer la division d'Autemarre du corps du prince
Napoléon, dont les têtes de colonnes avaient à peine
dépassé Crémone, tandis qu'il entendait distinctement
qu'une grande bataille se livrait sur sa droite (1) ; —
et enfin, le commandant de la première armée, le comte
Wimpffen, n'a, que nous sachions du moins, encouru
aucun blâme, bien qu'avec les 75 mille hommes qu'il
avait sous la main à Guidizzolo, il n'ait pu culbuter le
corps de Niel, dont la 3e division (celle de de Luzy) est
restée seule, dans la plaine de Rebecco, jusque vers
10 heures du matin.

Mais ce qui, plus que toutes ces fautes, a contribué au désastre de Solferino, c'est la confusion qui
s'était introduite dans les états-majors et l'anarchie
qui régnait parmi les conseillers de l'empereur François-Joseph.

Hess, qui avait combattu l'idée de livrer bataille en
avant de Mincio, se mêla peu des opérations, ou n'y
apporta son concours qu'avec une extrême réserve et
obsédé de tristes prévisions ; le général Romming voulait une chose, les commandants d'armée Wimpffen
et Schlick en voulaient une autre ; on discutait, le

---

(1) Cette conduite pusillanime a valu au prince d'être renvoyé de l'armée
avec le comte Clam et une foule d'autres officiers de haut rang.

temps se passait, et les armées, restées sans direction générale, furent compromises avant qu'on eût pu se mettre d'accord sur le parti qu'il convenait de prendre.

Ces sortes de conflits sont inhérents à toute armée dont le chef ne possède pas la force de caractère nécessaire pour tout diriger par lui-même : obligé de s'en rapporter à son entourage, l'unité de commandement en souffre, la direction générale lui échappe, et le défaut d'ensemble qui en résulte dans l'exécution, fait avorter les plans les mieux conçus et battre les armées les plus braves.

A Solferino, l'avantage de la position appartenait aux Autrichiens, leurs troupes se sont vaillamment comportées ; le défaut d'ensemble dans l'exécution a tout perdu.

RETRAITE DES AUTRICHIENS; PASSAGE DU MINCIO PAR LES ALLIÉS.

Nous savons qu'après la bataille, il n'y a pas eu de poursuite ; que, le 25 au soir, les belligérants sont demeurés en présence ; que Guidizzolo et Pozzolengo sont restés au pouvoir des Autrichiens, et que les alliés s'étaient postés, leur droite à Rebecco, leur gauche à S.-Martino et leur centre à Cavriana, où s'établit le quartier général de l'empereur.

Dans la nuit du 24 au 25, l'armée autrichienne se replia tranquillement derrière le Mincio : sa droite passa la rivière vers Salianze, son centre à Borghetto et à Ferri, sa gauche à Goito , et la division Jella-chich du 2ᵉ corps rentra à Mantoue. Le quartier général de la première armée se rendit à Goito et celui de la deuxième à Valeggio.

Dans la matinée du 25, les dernières troupes autri-chiennes passèrent le Mincio , leurs arrière-gardes brûlèrent les ponts, et le quartier général de l'empe-reur François-Joseph se rendit à Villafranca, et le sur-lendemain à Vérone.

Le même jour, Napoléon adressa à son armée un ordre du jour si modéré , qu'on peut aisément en déduire que l'empereur pressentait tous les dangers auxquels il s'exposait en continuant la guerre.

Voici ce document :

ORDRE DU JOUR.

« Au quartier général de Cavriana, le 25 juin 1859.

» SOLDATS,

» L'ennemi croyait nous surprendre et nous re-jeter au delà de la Chiese ; c'est lui qui a repassé le Mincio.

» Vous avez dignement soutenu l'honneur de la France, et la bataille de Solferino égale et dépasse même les souvenirs de Lonato et de Castiglione.

» Pendant douze heures, vous avez repoussé les efforts désespérés de plus de 150,000 hommes. Ni la nombreuse artillerie, ni les positions formidables qu'il occupait sur une profondeur de trois lieues, ni la chaleur accablante n'ont arrêté votre élan.

» La patrie reconnaissante vous remercie, par ma bouche, de tant de persévérance et de courage ; mais elle pleure avec moi ceux qui sont morts au champ d'honneur.

» Nous avons pris trois drapeaux, trente canons et six mille prisonniers.

» L'armée sarde a lutté avec la même bravoure contre des forces supérieures ; elle est bien digne de marcher à votre côté.

» Soldats, tant de sang versé ne sera pas inutile pour la gloire de la France et pour le bonheur des peuples.

» NAPOLÉON. »

Les trois jours qui suivirent la bataille (les 25, 26 et 27) furent employés par les alliés à refaire leur armée, à évacuer les blessés et les prisonniers, à enterrer les morts, à reconnaître l'ennemi et à se resserrer vers le terrain montueux, laissant dans la plaine, autour de Guidizzolo, la division Renaud et la cavalerie de réserve.

Le 28, le gros de l'armée autrichienne ayant abandonné la rive gauche du Mincio pour se concentrer sous le camp retranché de Vérone, les alliés se préparèrent à opérer le passage de la rivière. A droite, Canrobert, avec deux de ses divisions, occupe Goito ; à gauche, Forey jette une passerelle sur les débris restés debout du pont brûlé de Monzambano et pousse des reconnaissances vers Salionze

Le 29, l'empereur avec la garde s'établit à Volta, que Niel a quitté le matin pour se rendre à Borghetto sur le Mincio : la première division du maréchal franchit la rivière, sur un passage construit par le génie, occupe Valeggio où Niel établit son quartier général; ses deux autres divisions restent sur la rive droite, et des ponts sont établis en amont et en aval de Borghetto pour faciliter les communications entre les deux rives. A Monzambano, la division Forey jette également deux ponts sur le Mincio, l'un sur chevalets, l'autre sur bateaux.

Ce n'était pas sans de graves appréhensions que les Français jetèrent ces ponts : depuis nombre d'années, les Autrichiens avaient fait grand bruit des écluses qu'ils avaient établies à Peschiera sur le Mincio, pour élever à volonté le niveau des eaux du lac, afin de détruire par des chasses violentes, dont l'effet devait se faire sentir jusqu'à Mantoue, les ponts militaires qu'on pourrait vouloir jeter sur cette rivière. Ces chasses, sur lesquelles on avait tant compté pour interrompre le passage et battre en détail l'armée qui s'y serait hasardée, ne furent pas lancées ou du moins ne produisirent aucun effet.

Le 30 juin et le 1er juillet, l'armée française traversa les ponts sans être inquiétée ni par les flots venant du lac, ni par le feu de l'ennemi.

Le 1er corps passa à Salionze et étendit sa gauche jusqu'à Castelnovo; le 2e corps traversa la rivière à Monzambano et relia le 1er corps au 4e, qui avait passé à Valeggio et qui s'était déployé à hauteur de Custoza. La garde et l'empereur restèrent à Valeggio; le 3e corps et la cavalerie de réserve se concentrèrent autour de Goito, et l'armée sarde, chargée d'ouvrir le siége de Peschiera, resta sur la rive droite autour de Ponti.

Ainsi l'armée française, dont l'effectif présent ne dépassait certes plus 80,000 hommes, alla se déployer tranquillement sur un front de 20 kilomètres, avec une grande rivière à dos, en présence de 150,000 Autrichiens concentrés autour de Vérone, et les deux armées restèrent dans cette condition pendant trois jours, c'est-à-dire du 30 juin au 3 juillet.

Si les Autrichiens ont ignoré ce fait, c'est peu flatteur pour leur état-major; si, au contraire, ils en ont eu connaissance, sans pouvoir en profiter, nous comprenons que l'empereur François-Joseph ait renoncé à continuer la guerre, car Sa Majesté ne pouvait pas espérer trouver une meilleure occasion pour battre son adversaire que celle qui s'est présentée, pendant et après le passage du Mincio, alors que l'armée française est restée disséminée, pendant trois ou quatre jours, sur un front de 20 kilomètres.

Dans la journée du 3, les têtes de colonnes du corps du prince Napoléon arrivèrent à Goito, et le gros de l'armée se resserra autour de Valeggio, où l'empereur Napoléon avait établi son quartier général depuis le 1er juillet.

OPÉRATIONS DU CORPS DU PRINCE NAPOLÉON.

Le corps du prince Napoléon, on le sait, avait été détaché en Toscane vers le milieu de mai. Ce détachement avait eu pour mission de maintenir l'influence de la politique française dans tout le centre de l'Italie ; de contraindre, par la présence du drapeau français sur les frontières de la Romagne, le gouvernement autrichien à observer strictement la neutralité dans les États du pape ; de garantir les Toscans contre un retour offensif de la part de l'Autriche ; de permettre l'explosion de leurs sympathies pour la cause de l'unité italienne ; d'organiser militairement toutes les ressources qu'on pouvait tirer des trois duchés ; d'empêcher un corps ennemi de profiter des immenses ressources de l'Italie centrale ; et, enfin, de menacer les lignes de retraite des Autrichiens, pour forcer ces derniers à abandonner les duchés de Parme et de Modène à la première rencontre malheureuse.

Dans ce dessein, la division d'Autemarre du 5e corps, qui, après la journée de Magenta, avait suivi comme réserve le gros de l'armée, était descendue le long du Pô, sur Plaisance, tandis que le restant du 5e corps, la division Ulrich, une brigade de cavalerie et l'artillerie venant directement de France, avaient débarqué le 23 mai, à Livourne.

Le 31, le prince, accompagné de la 1re brigade, de la cavalerie et de l'artillerie, se rendit à Florence, où il établit son quartier général ; sa 2e brigade alla occuper les débouchés des Apennins de Lucques à Pistoye, et la brigade de Toscans du général Ulloa observa la frontière de la Romagne.

Le 12 juin, le prince commença son mouvement pour se joindre à la division d'Autemarre restée sur le Pô : ses troupes se dirigèrent en plusieurs colonnes sur Parme, et de là sur Casalmaggiore, où, le 1er juillet, elles passèrent le fleuve sur un pont de bateaux de 800 mètres de longueur. Le 2, le 5e corps traversa l'Oglio en amont de Pozzolo ; le 3, nous venons de le dire, ses têtes de colonnes arrivèrent sur le bord du Mincio, et le 4, tout le 5e corps ayant rejoint l'armée, le quartier général du prince Napoléon s'établit à Goito.

Le 5e corps n'était pas le seul renfort qu'attendît l'empereur Napoléon : deux divisions, celles d'Hugues et de Fririon, appelées de France, devaient aussi, sous peu, rejoindre l'armée sur le Mincio ; et des secours, empruntés à l'élément révolutionnaire, étaient tenus en réserve, pour s'en servir au besoin. Kossuth et même des Polonais étaient déjà arrivés à l'armée.

D'un autre côté, on comptait beaucoup sur la diversion que le vice-amiral Romain-Desfossés, commandant en chef des forces navales des alliés dans l'Adriatique, était chargé d'opérer contre la Vénétie.

OPÉRATIONS DANS L'ADRIATIQUE.

Le vice-amiral Romain-Desfossés avait sous ses ordres les contre-amiraux Jurien de la Gravière et Bouet-Willaumez. Le premier commandait déjà dans l'Adriatique une escadre de blocus depuis le commencement des hostilités, et le second était désigné pour prendre le commandement de la flotte de siége, composée de canonnières et de batteries flottantes.

Pour tenter cette entreprise, on mit à la disposition du vice-amiral 10 vaisseaux, 4 frégates, 5 avisos, 5 transports, 22 canonnières, 3 batteries flottantes,

5 bâtiments sardes, et 2 canonnières toscanes, en tout 57 bâtiments portant plus de 800 canons.

Le 30 juin, toutes ces forces navales se trouvaient réunies à Antivari, port neutre de l'Adriatique, où elles se ravitaillèrent en charbon au moyen de nombreux transports de commerce qu'on avait d'avance dirigés sur ce port.

Du 30 au soir au 1er juillet à midi, toute la flotte partit d'Antivari par groupes, comme elle y était venue. Le premier de ces groupes, composé de 1 vaisseau, 2 frégates et 8 canonnières, conduit par le commandant en chef, se dirigea vers le fond de l'Adriatique, où il avait mission de s'emparer de l'île de Lossini.

L'île de Lossini, située à l'entrée de l'Archipel de Quarnero, est un point central entre Venise, Trieste, Pola, Fiume et Zora, qui sont les principaux établissements maritimes de l'Autriche sur le littoral de la Vénétie, de l'Illyrie, de l'Istrie, de la Hongrie et de la Dalmatie. La possession de cette île assurait aux alliés une bonne base d'opération, et dès lors ils devaient supposer que l'ennemi la leur disputerait. Il n'en fut rien. Les Autrichiens, persuadés que leur marine n'était pas assez forte pour tenir la mer, avaient agi sagement en abandonnant Lossini et en désarmant les tours Maximiliennes qu'ils avaient eu le tort de construire à Augusta.

Les jours suivants furent employés par les Français à s'établir à Augusta, à compléter l'armement des canonnières et des batteries flottantes, à les démâter pour offrir moins de prise à l'ennemi et à répartir sur les vaisseaux les 3,000 hommes d'infanterie que l général Wimpffen venait de leur amener pour attaquer Venise.

Venise, située au milieu des lagunes, à 4,000 mètres de la terre ferme et à 3,000 mètres de la mer, et séparée de cette dernière par une bande de terrain de 700 à 800 mètres de largeur appelée le *Littoral*, interrompue seulement par trois ports obstrués et battus par une nombreuse artillerie, offrait autant de difficultés à une attaque par mer qu'à une attaque par terre; et la flotte, avec ses 3,000 hommes de troupes de débarquement seulement, ne pouvait rien tenter de bien sérieux contre le *Littoral*, et encore moins contre la place de Venise, si l'ensemble de cette position était à moitié bien défendu (1).

Le commandant de Venise avait pris des mesures sérieuses pour repousser l'attaque par mer, et l'empereur François-Joseph comptait aussi sur de fortes réserves tirées du Tyrol et du Frioul, qui devaient considérablement augmenter son armée de la Vénétie, armée qui en définitive s'était très-bien battue et n'avait pas plus souffert que celle des alliés.

OPÉRATIONS DES ARMÉES BELLIGÉRANTES DANS LE QUADRILATÈRE.

Du 4 au 5, le gros de l'armée autrichienne, plus de

---

(1) A la page 57, on trouve une description succincte de la position de Venise, accompagnée d'un petit croquis.

140 mille hommes, s'était concentré autour de Vérone;
une division du 2e corps était restée à Mantoue et une
division du 8e corps défendait Peschiera.

Le 5, les Piémontais commencèrent l'investissement
de Peschiera : leurs batteries, placées sur les hauteurs
au sud de Ponti, ouvrirent le feu contre les lunettes
les plus avancées du camp retranché, et cinq canonnières, amenées par morceaux, en chemin de fer, de
France sur les bords du lac de Garda, où on était en
train de les assembler, devaient bientôt entrer en action sur le lac contre la forteresse.

Le même jour toute l'armée française, les cinq corps
et la garde, se massèrent sur la rive gauche du Mincio,
entre Castelnovo et Pozzolo, laissant une partie de
leur cavalerie autour de Goito.

Dans la journée du 6, l'empereur Napoléon, prévenu que l'empereur François-Joseph, ayant reçu
de nombreux renforts venus du haut Adige, se préparait à une attaque générale, envoya à tous ses chefs
de corps l'ordre de mouvement que voici :

« Valeggio, quartier général, 6 juillet 1859.

» Le siége de Peschiera est une opération à laquelle
j'attache un grand intérêt, mais il est clair que nous
ne pouvons le faire avec sécurité que lorsque nous
aurons repoussé une attaque des Autrichiens. D'après
les renseignements qui m'arrivent, il est très-probable
que nous serons attaqués demain, de front et de flanc,
par l'armée postée à Vérone et par une autre venant du haut Adige.

» Déjà les Autrichiens ont occupé ce matin Pastrengo. Il est donc utile que demain matin, dès le lever du jour, les troupes prennent les positions suivantes, car si nous sommes attaqués, cette prise d'armes servira à faire connaître à chacun la place qu'il doit occuper.

» Dès aujourd'hui les troupes occupent les positions suivantes :

» Le maréchal Baraguay, avec 2 divisions sardes, Castelnovo.

» Le maréchal Niel, Oliosi.

» Le prince Napoléon, Salionze.

» Le maréchal de Mac-Mahon, Santa-Lucia.

» Le maréchal Canrobert et la garde, Valeggio.

» Les Toscans, qui sont à Goito, iront ce soir prendre position à Volta.

» La division Desveaux viendra s'établir sur la droite du Mincio, sur l'emplacement qu'occupait naguère la cavalerie de la garde, prête à passer les ponts.

» Demain, à 3 heures du matin, le corps d'armée du maréchal Canrobert se mettra en bataille dans la plaine, en appuyant sa droite à Valeggio, sa gauche vers les collines près de Venturelli. La garde impériale sera en réserve derrière, la droite à Valeggio, la gauche vers Fornello. La cavalerie de la garde sera massée en arrière de l'infanterie.

» La cavalerie Desveaux sera en arrière de la droite de la 1re ligne d'infanterie du maréchal Canrobert.

» Le maréchal de Mac-Mahon couvrira les hauteurs qui sont devant lui.

» Le maréchal Niel fera de même.

» Le maréchal Baraguay-d'Hilliers se mettra en bataille à Castelnovo en faisant face du côté de Pastrengo, les deux divisions sardes occupant, à droite et à gauche, les positions que le maréchal jugera les plus convenables.

» Le prince Napoléon se portera avec son corps d'armée par les sentiers qui vont de Salionze rejoindre la grande route de Castelnovo ; il massera ses divisions en arrière de la grande route, prêtes à se porter soit à droite, soit à gauche, soit en avant, pour soutenir les corps qui en auraient besoin.

» Si, comme je le suppose, l'ennemi attaque à la fois, de tous les côtés, il sera faible partout. En le voyant repoussé dans la plaine du côté de Valeggio, le maréchal Canrobert se porterait vers Custozza à droite, tandis que le maréchal de Mac-Mahon se porterait à gauche vers le même lieu.

» Le maréchal Niel devra se porter sur San-Giorgio pour y soutenir la droite du maréchal Baraguay, et de là, si l'attaque a été repoussée, sur Sona, tandis que les maréchaux de Mac-Mahon et Canrobert se porteraient sur Somma-Compagna.

» Le maréchal Baraguay, s'il a pu repousser l'ennemi, le poursuivra vers Pastrengo. On n'emportera aucun bagage. — Les bidons seront pleins d'eau mêlée d'eau-de-vie ; on laissera un faible bataillon à la garde des camps. Les hommes prendront leurs sacs, dans lesquels il n'y aura que du biscuit et des cartouches. Tous laisseront leurs capotes au camp et n'auront que la veste.

» Dès que l'ennemi paraîtra, on commencera le feu de l'artillerie. — Les lignes d'infanterie seront

disposées, quand le terrain le permettra, alternativement en bataillons déployés et en bataillons en colonnes doubles. On évitera des tirailleries inutiles, et,
pendant que les bataillons déployés feront un feu de
file, les autres battront la charge et aborderont l'ennemi à la baïonnette.

» NAPOLÉON. »

Ce fut après avoir donné cet ordre, le 6, au soir,
que Napoléon se décida à faire des ouvertures de
paix à l'empereur François-Joseph.

OUVERTURES DE PAIX.

Vers 6 heures, Napoléon fit mander son premier
écuyer, le général Fleury, à qui il remit une lettre autographe pour l'empereur d'Autriche. Sa Majesté
expliqua alors au général le contenu de la lettre et le
but qu'Elle désirait atteindre.

La lettre de Napoléon faisait appel aux sentiments
d'humanité de François-Joseph pour les vaillants
combattants des deux armées, et proposait un armistice qui devait donner aux négociations, entamées
déjà par les grandes puissances, une solution plus
facile.

Si l'empereur d'Autriche hésitait, le général était
chargé d'insister, autant qu'il lui serait possible, en
faveur de ce premier pas vers la paix que Napoléon
désirait ardemment. Le général devait aussi avertir

François-Joseph que la flotte française occupait l'île de Lossini, qu'elle avait reçu l'ordre d'attaquer les défenses extérieures de Venise ; et que cet ordre allait être mis immédiatement à exécution, si, contre toute attente, Sa Majesté rejetait l'offre d'un armistice.

Cette mission était tenue secrète ; le maréchal Vaillant, seul, en était instruit. A 7 heures, une voiture à la livrée impériale quitta Valeggio emmenant le général Fleury et son aide de camp, le capitaine Verdière. Sur le siége de la voiture était monté un trompette des guides, porteur d'un drapeau parlementaire.

A la chute du jour, les parlementaires atteignirent les avant-postes ennemis, à deux lieues de Vérone ; aussitôt des fantassins autrichiens sortant des fossés et des taillis, qui bordaient la route, entourèrent la voiture qu'ils escortèrent jusqu'à la grand'garde voisine, avec ce luxe de formalisme inhérent à tout leur système de guerre.

Le commandant de la grand'garde remplaça l'escorte de fantassins par un piquet de uhlans et ce ne fut qu'avec peine que le général Fleury obtint de ne pas avoir deux soldats sur le siége de la voiture et deux cavaliers aux portières. Bien qu'il fît nuit, les stores de la voiture furent baissés.

Cette voiture, en entrant dans Vérone, causait sur son passage un vif sentiment de curiosité, qui s'accrut encore quand on en vit sortir un général français se rendant au palais. Sa Majesté s'empressa de recevoir le général, et après avoir pris connaissance de sa lettre, l'interrogeant des yeux, le général se mit à faire ressortir les résultats heureux que pourrait amener la suspension momentanée des hostilités ; il exprima, au nom de l'empereur Napoléon, le désir sincère que Sa Majesté éprouvait de voir cesser une guerre où les victoires mêmes étaient si chèrement achetées.

François-Joseph écouta le général avec attention et lui répondit : « La proposition que contient cette lettre et dont vous venez de me développer les motifs est très-grave, général, et mérite réflexion. J'ai besoin de me renseigner davantage ; je ne puis donc vous donner ma réponse maintenant ; pouvez-vous attendre jusqu'à demain ?

» — J'ai reçu de l'empereur, répondit le général, l'ordre de me mettre entièrement à la disposition de Votre Majesté, pour attendre sa réponse. Mais quelle qu'elle soit, Votre Majesté me permettra de lui dire combien il est urgent que cette réponse soit prompte, quand elle saura, ce qu'elle ignore peut-être, que la flotte française occupe en ce moment l'île de Lossini et qu'elle a reçu l'ordre d'attaquer immédiatement Venise.

» Il pourrait donc survenir quelques actes d'hostilités que l'empereur Napoléon regretterait infiniment.

» — Je viens, en effet, d'apprendre, répondit Sa Majesté, la présence des troupes françaises dans cette île, et je regrette bien vivement de ne pas avoir occupé Lossini... A demain donc, général. »

Le lendemain, à huit heures, l'empereur d'Autriche fit appeler près de lui le général Fleury, et après lui avoir tendu la main avec affabilité, daigna lui lire sa réponse à l'empereur des Français.

Cette lettre était pleine de noblesse et de cordialité; François-Joseph s'y montrait profondément touché des sentiments que lui exprimait Napoléon; il acceptait l'armistice en priant l'empereur de désigner lui-même le lieu où les conditions en seraient réglées.

Puis Sa Majesté, après avoir remis la lettre au général, exprima le désir que la flotte de l'Adriatique reçût immédiatement avis de la suspension d'armes conclue en principe.

Le général Fleury s'empressa de satisfaire l'empereur, il écrivit immédiatement au vice-amiral Romain-Desfossés, commandant en chef de la flotte de l'Adriatique, qu'en vertu des instructions de l'empereur des Français une suspension d'armes étant arrêtée, il l'invitait à suspendre les hostilités.

La lettre du général Fleury fut expédiée le même jour à l'escadre qui croisait devant la plage de Venise, et le contre-amiral Jurien de la Gravière, qui commandait cette escadre, s'empressa d'envoyer le vaisseau *l'Eylau*, porteur de cette dépêche à Lossini, où l'escadre était sous vapeur pour se rendre dans les eaux de Venise.

Le commandant en chef, après avoir pris connaissance de la dépêche, jugeant que la présence d'une flotte nombreuse devant Venise devait nécessairement avoir une influence favorable sur les négociations qu'on allait ouvrir, continua sa route et fit mouiller sa flotte, forte de 45 bâtiments de guerre de tous rangs, sur cinq lignes parallèles au *Littoral,* en vue de Venise.

Le général Fleury, après avoir expédié sa missive

au commandant de la flotte, quitta Vérone à neuf heures, et à onze heures et demie, il remit à l'empereur Napoléon la lettre autographe de l'empereur d'Autriche.

Conformément à l'ordre donné la veille, depuis le point du jour, toutes les troupes étaient sous les armes, et l'empereur parcourait les lignes. Personne dans l'armée n'avait connaissance de la mission du général Fleury, et chacun, en voyant ces grands mouvements de troupes, s'attendait à une bataille générale. La lettre autographe de l'empereur François-Joseph, que le général Fleury venait de remettre à Napoléon, en décida autrement; vers midi, les troupes furent renvoyées dans leurs bivacs et n'en sortirent que pour se diriger vers la France.

Villafranca, à mi-chemin de Valeggio à Vérone, et située entre les avant-postes des deux armées, fut désignée pour lieu de réunion des commissaires chargés d'arrêter les dernières conditions de l'armistice. Dans cette réunion, les trois souverains furent représentés : l'empereur d'Autriche, par les généraux Hess et Mensdorff; l'empereur des Français, par le maréchal Vaillant et le général de Martimprey ; et le roi de Piémont, par le général Della Rocca.

Le 8 juillet, à la suite d'une conférence qui dura environ trois heures, les commissaires des trois puissances réglèrent les conditions de l'armistice dont la durée fut portée jusqu'au 15 août suivant ; le 16 du même mois, à midi, sans avis préalable, les hostilités devaient recommencer.

Dès que l'armistice fut ratifié par les trois souverains, un échange de lettres eut lieu entre François-

Joseph et Napoléon, et les deux empereurs, animés du même désir *de terminer la guerre,* convinrent bientôt de se rencontrer, le 11, à 9 heures du matin, à Villafranca.

Il fut convenu que les deux souverains et leurs maisons militaires seraient en tenue de route et les escortes en grande tenue. François-Joseph se ferait accompagner d'un escadron de gendarmes de la cour et d'un escadron de uhlans ; Napoléon, d'un escadron des cent-gardes et d'un escadron des guides.

A neuf heures précises, Napoléon atteignit Villafranca et François-Joseph n'y étant pas encore arrivé, il continua sa route dans la direction de Vérone. — Bientôt l'empereur d'Autriche parut à la tête de son escorte. — L'empereur des Français mit alors son cheval au galop et se porta seul au-devant de François-Joseph.—Quelques minutes après, les deux souverains reprirent ensemble le chemin de Villafranca et descendirent de cheval dans la grande rue de cette petite ville, en face de la maison où un salon avait été préparé pour l'entrevue.

Dans le vestibule de cette maison, deux petits postes furent placés, l'un de gendarmes autrichiens, l'autre de cent-gardes ; chacun de ces postes plaça une sentinelle à la porte du salon où se tenaient les deux empereurs. Les deux escortes se placèrent en bataille face à la maison où avait lieu l'entrevue, et les deux états-majors mirent pied à terre, se groupèrent et causèrent entre eux.

L'entrevue des deux empereurs dura une heure, pas une carte ne fut ouverte, pas un mot ne fut écrit : la conversation roula sur les principaux points des grandes questions politiques qui avaient occasionné la guerre et les souverains se mirent d'autant plus facilement d'accord sur ces points, que tous deux étaient dominés par un égal désir de faire la paix.

Lorsque Leurs Majestés sortirent de la conférence, elles passèrent successivement devant les deux escortes, et l'empereur d'Autriche voulant rendre à l'empereur des Français la marque de haute courtoisie qu'il lui avait donnée, en se rendant à sa rencontre sur la route de Vérone, accompagna, à son tour, Sa Majesté sur la route de Valeggio jusqu'à un quart de lieue de Villafranca. Une demi-heure après, Napoléon fut de retour à son quartier général.

Dès son arrivée à Valeggio, l'empereur eut un entretien avec le roi de Sardaigne, sur l'entrevue de Villafranca, dans laquelle l'empereur d'Autriche avait nettement abordé les points qui pouvaient servir de base réelle à la paix : « Cette paix, avait dit François-Joseph, je la désire ; je cède au sort des armes qui m'est contraire, et je vais donner à Votre Majesté une preuve de ma confiance en Elle, en lui indiquant la limite des concessions que je puis faire. »

L'empereur François-Joseph cédait à l'empereur Napoléon la Lombardie, sauf les forteresses de Mantoue et de Peschiera, et gardait la Vénétie et ces forteresses sous la couronne d'Autriche. Il insista aussi fortement sur le maintien dans leurs États des ducs de Toscane et de Modène, mais il s'exprima moins catégoriquement sur le duché de Parme, et François-Joseph prononça lui-même le premier mot d'une amnistie générale.

L'empereur Napoléon avait parlé d'une confédération italienne sous la présidence honoraire du pape. François-Joseph n'y apporta aucune objection, il ajouta seulement que pour la Vénétie, l'empire d'Autriche se trouverait vis-à-vis de l'Italie dans des conditions analogues à celles où se trouve la Hollande vis-à-vis de l'Allemagne, comme membre de la confédération germanique pour le Luxembourg. Napoléon réserva son adhésion sur ce point, et l'entretien entre les deux empereurs en resta là.

Ce qui ressortait le plus clairement de l'entrevue de Villafranca, c'était le désir mutuel des deux empereurs de terminer la guerre ; le roi, qui avait écouté silencieusement l'empereur, le comprit et se résigna. « Quelle que soit en dernier ressort la décision de Votre Majesté, répondit le roi, je serai éternellement reconnaissant à l'empereur de ce qu'il a fait pour la cause de l'indépendance italienne, et, en toute circonstance, il peut compter sur mon entière fidélité. »

L'empereur Napoléon, comprenant que le moindre retard pouvait entraîner des difficultés nouvelles, prit la résolution de formuler par écrit les propositions échangées dans l'entrevue de Villafranca et de les soumettre immédiatement à l'empereur d'Autriche.

Voici ces propositions telles qu'elles étaient restées dans l'esprit de Napoléon :

I. Les deux souverains favoriseront la formation d'une confédération italienne.

II. Cette confédération sera sous la présidence honoraire du pape.

III. L'empereur d'Autriche cède ses droits sur la Lombardie à l'empereur des Français qui, selon les vœux des populations, les remet au roi de Sardaigne.

IV. La Vénétie fait partie de la confédération italienne, tout en restant sous la couronne de l'empereur d'Autriche.

V. Les deux souverains feront tous leurs efforts, excepté le recours aux armes, pour que les ducs de Toscane et de Modène rentrent dans leurs États en donnant une amnistie générale et une constitution.

VI. Les deux souverains demanderont au saint-père d'introduire dans ses États des réformes nécessaires et de séparer administrativement les Légations du reste des États de l'Église.

VII. Amnistie pleine et entière est accordée de part et d'autre aux personnes compromises à l'occasion des derniers événements dans le territoire des parties belligérantes.

Villafranca, 11 juillet.

Le même jour, l'empereur chargea le prince Napoléon de porter ces propositions à l'empereur d'Autriche. Le prince devait insister pour faire accepter ces préliminaires tels qu'ils étaient stipulés, et, s'il ne pouvait y réussir, il devait rapporter les propositions définitives signées par l'empereur d'Autriche.

Le prince arriva à Vérone à quatre heures et présenta immédiatement les préliminaires à François-Joseph, qui, après les avoir lus, dit au prince : « Je suis enchanté que l'empereur Napoléon accepte mes propositions de paix ; mais j'ai d'assez graves observations à faire sur la rédaction que vous m'apportez. »

Dans le troisième paragraphe, où il est question de la cession de la Lombardie de la part de la France à la Sardaigne, les mots « *selon les vœux des populations,* » paraissaient à l'empereur d'Autriche une attaque aux principes qui régissent son empire, et ces mots furent éliminés des préliminaires.

A propos du cinquième paragraphe, où il est dit que les deux souverains feront tous leurs efforts, excepté le recours aux armes, pour que les ducs de Toscane et de Modène rentrent dans leurs États..., l'empereur d'Autriche ne voulait point accepter la phrase : « *excepté le recours aux armes.* » Selon Sa Majesté, cette expression renfermait un appel indirect à l'insurrection et à la résistance des populations. « **Je puis**, ajouta l'empereur, faire des sacrifices personnels et céder mes droits, mais non abandonner mes parents et des alliés qui me sont restés fidèles. La duchesse de Parme n'étant pas de ma famille, je ne puis céder ses États qui ne m'appartiennent pas; n'en disons rien dans les préliminaires; le duc de Modène a quelques bataillons de troupes italiennes, qui lui sont restés fidèles et avec lesquels il espère se réintégrer dans son duché; quant au grand-duc de Toscane, je ne crois pas qu'il soit si loin de s'entendre avec son peuple. Du reste, si la confédération italienne s'établit, elle traitera cette grave question, bornons-nous donc à émettre que vous ne vous opposez pas à la rentrée des ducs. — Et la phrase : *excepté le recours aux armes* fut également éliminée du traité.

On examina successivement les autres paragraphes; François-Joseph y apporta encore quelques légères

modifications de rédaction et signa les bases préliminaires arrêtées à Villafranca que Napoléon se hâta de
ratifier le lendemain matin.

Voici cette pièce :

*Texte original des préliminaires de paix, arrêtés
à Villafranca.*

Entre S. M. l'empereur d'Autriche et S. M. l'empereur des Français, il a été convenu ce qui suit :

Les deux souverains favoriseront la création d'une
confédération italienne.

Cette confédération sera sous la présidence honoraire du saint-père.

L'empereur d'Autriche cède à l'empereur des
Français ses droits sur la Lombardie, à l'exception
des forteresses de Mantoue et de Peschiera, de manière que la frontière des possessions autrichiennes
partirait du rayon extrême de la forteresse de Peschiera, et s'étendrait en ligne droite le long du Mincio, jusqu'à le Grazie ; de là, à Szarzarola et Suzana
au Pô, d'où les frontières actuelles continueront à
former les limites de l'Autriche. L'empereur des Français remettra le territoire cédé au roi de Sardaigne.

La Vénétie fera partie de la confédération italienne,
tout en restant sous la couronne de l'empereur d'Autriche.

Le grand-duc de Toscane et le duc de Modène
rentrent dans leurs États, en donnant une amnistie
générale.

Les deux empereurs demanderont au saint-père

d'introduire dans ses États des réformes indispensables.

Amnistie pleine et entière est accordée, de part et d'autre, aux personnes compromises à l'occasion des derniers événements dans les territoires des parties belligérantes.

Fait à Villafranca, le 11 juillet 1859.

Signé : FRANÇOIS-JOSEPH,
NAPOLÉON III.

Le lendemain 12, l'empereur des Français quitta son quartier général de Valeggio pour retourner en France en passant par Milan ; et le même jour, les divers corps de l'armée alliée commencèrent à évacuer la rive autrichienne du Mincio, pour se rapprocher de la capitale de la Lombardie.

La paix de Villafranca vint surprendre l'Europe au milieu du fracas de la guerre, comme la fameuse apostrophe adressée au baron Hubner le 1er janvier l'avait surprise au milieu de la paix.

CONSIDÉRATIONS GÉNÉRALES.

Au début de la campagne, nous ne saurions trop le répéter, les Autrichiens pouvaient, par leurs masses, écraser isolément l'armée piémontaise et accabler ensuite, par le nombre, les têtes de colonnes françaises, à mesure qu'elles se seraient présentées pour déboucher des défilés des Alpes ou des Apennins ; à la fin de la campagne, ils eussent dû, au moins, tenter le sort des armes dans leur formidable position retranchée, pour laquelle ils avaient sacrifié tant de millions, et sur laquelle ils avaient fondé de si légitimes espérances pour arrêter, émousser et battre même un ennemi victorieux. La première de ces combinaisons a été tentée et a échoué, parce que la diplomatie autrichienne avait laissé perdre un temps précieux, et que les généraux, aussi indécis que les hommes d'État sur le parti à prendre, se mirent à discuter, alors qu'ils auraient dû agir promptement, d'après un plan bien arrêté. La défense de la grande position retranchée, la seconde combinaison, ne fut pas même tentée; non pas parce que les généraux doutaient de l'armée, mais parce que l'absence de direction générale, qui s'était clairement manifestée à Solferino, avait fait perdre aux chefs toute confiance les uns dans les autres.

Ce fut, d'une part, le manque de confiance des généraux autrichiens entre eux, et, d'autre part, les difficultés devant lesquelles étaient arrivés les alliés, qui amenèrent l'entrevue de Villafranca ; le dénoûment de cette campagne de soixante et onze jours, dénoûment qui a d'autant plus surpris l'Europe, qu'on était autorisé à croire que jamais les Autrichiens ne seraient entrés en négociation avant que leur quadrilatère n'eût été entamé, et que, d'un autre côté, Napoléon ne retrancherait la Vénétie de son programme (l'Italie libre des Alpes à l'Adriatique) que devant d'impérieuses nécessités.

Après le passage du Mincio par les alliés, ces nécessités se firent fortement sentir, et ce sont elles, —

Napoléon en convient, — qui décidèrent Sa Majesté à faire les premières ouvertures de paix.

« Lorsque je serais arrivé sous les murs de Vérone avec mon armée, a dit l'empereur aux grands corps de l'État, à son retour à Paris, la situation allait véritablement changer de nature, tant sous le rapport militaire que sous le rapport politique. J'étais obligé d'attaquer de front l'ennemi retranché derrière de grandes fortifications et protégé sur ses flancs par la neutralité des territoires qui l'entouraient, et de commencer une longue et stérile guerre de siége. Je me trouvais en face de l'Europe en armes, prête soit à nous disputer tout succès, soit à aggraver nos revers.

» Néanmoins, cette difficile entreprise n'aurait point ébranlé ma résolution, si les moyens à employer n'eussent pas été hors de proportion avec les résultats à attendre. Il fallait briser hardiment les entraves opposées par les territoires neutres et, alors, accepter la lutte sur le Rhin comme sur l'Adige ; il fallait surtout franchement se fortifier du concours de la révolution ; il fallait continuer à répandre un sang précieux ; enfin, risquer ce qu'un souverain ne doit mettre en jeu que lorsqu'il s'agit de l'indépendance de son pays. Si je me suis arrêté, ce n'est ni par lassitude, ni par épuisement, ni pour abandonner une noble cause que je voulais servir, mais devant l'intérêt de la France.

» Il m'en a coûté de mettre un frein à l'ardeur des soldats et de retrancher de mon programme le territoire du Mincio à l'Adriatique, de voir s'évanouir dans les cœurs honnêtes de nobles illusions et de patriotiques espérances.

» Pour servir l'indépendance de l'Italie, j'ai fait la

guerre contre le gré de l'Europe ; aussitôt que les destinées de mon pays ont pu être en péril, j'ai fait la paix... »

Ces quelques lignes exposent nettement quelle était la situation de la France vis-à-vis de l'Europe, et, on doit le reconnaître, l'empereur l'a bien jugée. Il comprenait parfaitement que, s'il continuait la guerre, la position de Vérone sur laquelle pivotaient plus de 250,000 hommes serait devenue un autre Sébastopol, contre lequel, pendant des mois, la masse des forces alliées serait venue se briser sans résultats réels, et que, pendant que sa principale armée se fût trouvée paralysée devant la position de l'Adige, il eût eu à soutenir une lutte plus sérieuse encore sur le Rhin.

Les explications que, dans la chambre prussienne, le ministre des affaires étrangères vient de donner, à propos d'une interpellation sur la question italienne, prouvent combien les prévisions de Napoléon étaient justes et confirment qu'au point de vue politique surtout, l'empereur des Français, bien plus que l'empereur d'Autriche, était intéressé à conclure la paix.

Voici ce qu'a dit le baron de Schleinitz, dans la séance du 20 mai 1860 :

« En présence des déclarations officielles et diplomatiques du gouvernement prussien sur la politique qu'il a suivie dans la question de l'Italie, il est inutile d'y revenir. Le gouvernement du roi n'a pas cru de son devoir d'entrer, au début du conflit, dans la guerre comme allié de l'Autriche ; il n'avait pas été informé du but que poursuivait l'Autriche, ni pris des arrangements à cet effet avec cette puissance. Il y manquait l'identité des intérêts prussiens et, conséquemment, des intérêts allemands avec les intérêts de l'Autriche, pour lesquels la Prusse cependant aurait été appelée, en première ligne, à tirer l'épée contre la France.

» La Prusse, il est vrai, avait pris pour tâche le maintien des rapports territoriaux créés par le traité de Vienne; mais on avait tenté d'aplanir le conflit, tant par la voie d'un congrès européen que par celle d'une médiation entre les puissances belligérantes. Elle ne pouvait donc pas quitter cette voie et associer ses destinées à celles de l'Autriche à tout prix. Cependant la Prusse était engagée dans des complications croissantes comme puissance allemande et comme puissance européenne.

» Elle devait se préparer pour le cas où la guerre menacerait le territoire germanique ou les intérêts de l'Allemagne. La Prusse ne pouvait donc pas proclamer la neutralité absolue; elle devait, au contraire, se conserver la liberté de ses résolutions et leur donner l'appui d'une attitude armée. Cette considération a motivé la mobilisation de l'armée; mais elle était tenue à une réserve d'autant plus légitime, même vis-à-vis de ses confédérés, qu'une des parties belligérantes se trouvait de ce nombre. C'est ensuite de cette position que la Prusse a fait à la Diète fédérale des propositions militaires.

» Mais le cours rapide des événements d'Italie, l'armistice et les préliminaires de Villafranca ont prévenu les intentions du gouvernement prussien. On a donc grand tort de reprocher à la politique prussienne de l'incertitude et des hésitations. Les armements de la Prusse ont suivi, pas à pas, les événements et sont restés à la hauteur de sa politique. Le moment décisif était le passage du Mincio, et les troupes prussiennes étaient en marche pour leur destination, lorsqu'une paix subitement conclue vint arrêter leur mouvement. »

Longtemps encore on se demandera, sans doute, pourquoi l'empereur d'Autriche a accepté avec tant d'empressement les préliminaires de Villafranca, précisément alors que la politique lui devenait aussi favorable que les chances de la guerre?

« Le concours de la révolution, » l'organisation d'une légion hongroise, dont l'empereur d'Autriche était menacé, et la dissension qui régnait dans son état-major sont jusqu'ici, pensons-nous, les principales causes connues qui ont décidé Sa Majesté à signer les fragiles préliminaires de Villafranca.

L'empereur d'Autriche avait aussi conçu des inquiétudes sur la diversion qu'aurait pu opérer la puissante flotte des alliés dans l'Adriatique, et sur les canonnières qu'on avait amenées de France par chemin de fer, et par pièces et morceaux, sur les bords du lac de Garda.

Quant à la flotte proprement dite, elle ne pouvait rien tenter de sérieux contre la position de Venise ; pas même le bombardement de la ville qui se trouve au milieu des lagunes, à 4,000 mètres de la mer. (Voir le plan et la note, page 37.)

Mais ce qui offrait quelque danger, c'était un débarquement sur le littoral de Venise, sur les digues qui séparent les lagunes de la mer et qui ont une étendue de 50 kilomètres. Les lignes étendues, si bien fortifiées qu'elles puissent être, sont toujours difficiles à défendre ; mais bien que cette défense offrît quelques difficultés, nous pensons qu'une attaque combinée avec les 3,000 hommes de troupes de débarquement dont disposait l'escadre eût eu peu de chances de succès.

Quant aux cinq canonnières venues de France par chemin de fer pour coopérer à la prise des places du Mincio, nous nous refusons à croire que l'état-major français lui-même ait jamais pris au sérieux de semblables moyens d'attaque. Les *fiaschi* que les escadres combinées de l'Angleterre et de la France ont essuyés devant les forteresses de la mer Noire et de la Baltique, sont trop près de nous pour que nous nous fassions illusion sur le résultat qu'on était en droit d'attendre de l'emploi de quelques canonnières contre les places sérieusement armées du Mincio.

APPENDICE.

—

De l'influence des inventions modernes sur les opérations de la guerre.

Les bateaux à vapeur et les chemins de fer, comme moyens de transport, ont été d'un puissant secours aux armées des belligérants, à celle des alliés surtout.

D'abord les alliés avaient l'avantage sur les Autrichiens d'avoir une puissante marine à vapeur, qui contribua non-seulement à transporter rapidement les troupes d'Alger et de France en Piémont, mais qui empêcha encore les Autrichiens de se servir de la vapeur pour transporter leurs troupes de Trieste à Venise, villes entre lesquelles leur chemin de fer était interrompu. Et puis, l'Autriche ayant vendu son chemin de fer à une société française, dès qu'il y eut apparence de guerre, fut obligée de changer une partie des employés français et italiens, ce qui désorganisa en partie le service et causa de graves accidents dans les transports des troupes. — Les États qui concèdent l'exploitation de leurs lignes ferrées à des compagnies étrangères s'exposent à de graves dangers en cas de guerre.

Le réseau des chemins de fer piémontais, au point de vue de la stratégie, avait aussi de grands avantages sur celui de l'Autriche : la ligne de Gênes au lac Majeur, s'étendant parallèlement au front d'opération des belligérants, permettait aux alliés de jeter promptement leurs masses d'une extrémité de ce front vers l'autre et les deux transversales qui partent de Turin vers cette parallèle, et qui y aboutissent, l'une à Novare, l'autre à Alexandrie, sont également bien placées pour favoriser et approvisionner une grande concentration de troupes vers l'un ou l'autre de ces deux points, tandis que le réseau autrichien, du Mincio vers la frontière du Piémont, n'offrant qu'une seule ligne avec un petit embranchement sur Côme, ne pouvait servir qu'à transporter promptement des troupes et du matériel de l'intérieur du pays vers un seul point du théâtre de la guerre.

Cet inconvénient de n'avoir qu'une seule voie ferrée, en présence d'un adversaire qui disposait d'un réseau rayonnant du centre de son pays par plusieurs directions vers la frontière théâtre de la guerre, a été d'autant plus funeste aux Autrichiens, que, pour se défendre contre un ennemi jouissant de tels avantages, au lieu de se concentrer, ils se sont disséminés sur un front de plus de 30 lieues.

On doit reconnaître aussi que les chemins de fer sont venus apporter de notables modifications dans les grandes combinaisons de la guerre ; que le système de guerre défensive, qui a prévalu jusqu'ici, doit surtout subir de grands changements ; que les forteresses frontières, par suite de la grande mobilité que la vapeur imprime aux armées et de la facilité qu'elle procure pour le transport du gros matériel, ont perdu le peu de prestige qui leur était resté ; que la défense d'une frontière ou d'une contrée, au lieu de se développer sur un front étendu, derrière une ligne naturelle, comme cela s'est pratiqué jusqu'ici, doit se baser sur un seul pivot de manœuvre, situé dans une position centrale par rapport aux lignes d'invasion ; que le système de cordon — qui a encore infiniment plus de partisans qu'on n'est tenté de le croire, — doit être complétement abandonné ; et enfin, qu'aujourd'hui la mobilité des armées, le principal levier de leur force, dépend non-seulement d'une bonne constitution militaire, mais aussi de la plus ou moins bonne disposition des réseaux de chemins de fer, des lignes de navigation dont on dispose et du maté riel roulant et naviguant à vapeur qu'on a en sa possession.

En 1800, par exemple, la concentration d'une armée française au delà des Alpes exigeait plus de trois mois ; en 1859, cette concentration s'est faite en 25 jours, et 46 jours plus tard la Lombardie était conquise et la guerre terminée. C'est-à-dire qu'à l'aide de la vapeur on a mis moins de temps pour réunir l'armée, envahir une contrée de 50 lieues de profondeur et terminer la guerre, qu'on n'en mit autrefois pour concentrer seulement l'armée dans le but d'ouvrir une semblable campagne.

La rapidité que la vapeur est venue imprimer aux grandes opérations de la guerre doit nécessairement modifier tout le système militaire de l'Europe, et la défense des États surtout, défense qui à l'avenir devra être d'autant plus concentrée autour des grands centres politiques — objectifs de toutes les invasions, — que les armées auront acquis une plus grande mobilité. (Cette question est développée dans notre *Étude sur la défense des États*, publiée en 1858.)

La vapeur n'est pas le seul engin de guerre nouveau employé pendant la campagne de 1859 : on s'est aussi servi de télégraphes électriques et de canons rayés dont on n'avait pas encore fait usage à la guerre.

Les télégraphes ordinaires, les signaux, ont de tout temps été employés dans les armées et ont toujours été un excellent moyen pour servir à la transmission des dépêches. Aujourd'hui un service de télégraphie électrique disposant d'appareils portatifs et combiné avec les grands réseaux qui longent les voies ferrées, pourrait non-seulement rendre de grands services pour la transmission des dépêches, mais être aussi très-utile à l'espionnage et aux troupes chargées d'éclairer l'armée. (En Italie un service télégraphique spécial a été attaché à l'armée française pendant toute la durée de la campagne. Voir la note sur le service télégraphique, Pièces justificatives, XXXIV).

Quant aux canons rayés, dont on a raconté tant de merveilles et qui préoccupent encore aujourd'hui tous les artilleurs de l'Europe, nous avons la conviction que ceux qui étaient dans le secret savaient fort bien, avant d'entrer en campagne, que ce canon, tel qu'il était alors, n'était pas une arme de guerre sérieuse. S'ils s'en sont servis, c'est parce qu'ils comptaient beaucoup plus sur l'effet moral qu'il produirait que sur son effet destructeur, et en cela ils ne se sont pas trompés.

Avant la campagne de 1859, les militaires étaient aussi assez généralement d'avis que le fusil rayé, par suite de la justesse de son tir et de sa longue portée, était destiné à apporter de grandes modifications dans la manière de faire la guerre.

Après la guerre de Crimée, le général Jomini disait (1), ce qu'il répète encore aujourd'hui, « que le perfectionnement des armes à feu pourrait bien ame-

---

(1) 1re livraison, 10e volume du *Journal de l'armée belge.*

ner quelques petites modifications dans les détails de tactique, mais que, dans les grandes opérations stratégiques comme dans les grandes combinaisons des batailles, on s'assurerait toujours la victoire par les principes qui ont fait triompher les grands capitaines de tous les siècles, aussi bien Alexandre et César que Frédéric et Napoléon. »

Et en effet, on doit le reconnaître, dans tous les engagements qui ont eu lieu pendant cette courte campagne, l'effet moral de la baïonnette, l'initiative de l'attaque ont, comme toujours, exercé une bien plus grande influence sur les résultats des combats, que n'en a produit l'effet destructeur provenant du perfectionnement du tir.

On ne doit pas perdre de vue que le tir en campagne diffère essentiellement de celui qu'on pratique devant la cible; on peut même affirmer qu'à la guerre la supériorité de l'effet destructeur du fusil rayé est loin d'être aussi considérable que le prétendent quelques théoriciens, qui ont basé leur calcul sur des expériences faites pendant la paix.

Si, par exemple, nous voulions apprécier l'effet destructeur des armes à feu d'après les hommes mis hors de combat dans les grandes batailles qui se sont livrées depuis 160 ans, nous trouverions que depuis l'emploi des armes rayées les pertes sont relativement moindres qu'alors qu'on se servait d'armes non rayées.

Voici un tableau des principales batailles livrées depuis le commencement du xviie siècle jusques et y compris celles de la campagne de 1859, indiquant le nombre des combattants présents à chacune de ces batailles, les hommes mis hors de combat, et enfin les pertes relatives que les armées ont essuyées dans ces batailles.

NOM de la bataille.	BELLIGÉRANTS.	FORCE des armées.	MORTS et blessés.	PERTES relatives.
Hochstedt. . .	Allemands et Anglais .	56,000	11,000	
	Bavarois et français. .	60,000	15,000	
	Totaux. . .	116,000	26,000	1/5
Ramillies . . .	Alliés	60,000	3,635	
	Bavarois et Français .	62,000	6,200	
	Totaux. . .	122,000	9,835	1/12
Malplaquet. . .	Alliés	80,000	20,000	
	Français	70,000	14,000	
	Totaux. . .	150,000	34,000	1/5
Fontenoy . . .	Français	56,000	5,257	
	Alliés	50,000	7,000	
	Totaux. . .	106,000	12,257	1/9
Rosbach . . .	Prussiens.	22,000	541	
	Impériaux	63,000	3,020	
	Totaux. . .	85,000	3,561	1/24
Leuthen . . .	Prussiens.	30,000	6,000	
	Impériaux	80,000	6,500	
	Totaux. . .	110,000	12,500	1/9
Arcole	Français	18,000	4,500	
	Autrichiens	23,000	6,212	
	Totaux. . .	41,000	10,712	1/4
Marengo . . .	Français	28,169	4,700	
	Autrichiens	30,837	6,481	
	Totaux. . .	59,006	11,181	1/6

Austerlitz	Français	65,000	9,000	
	Alliés	85,643	11,000	
	Totaux	148,643	20,000	1/8
Eylau	Français	70,000	26,000	
	Russes et Prussiens	63,584	20,000	
	Totaux	133,584	46,000	1/3
Friedland	Français	75,000	5,500	
	Russes	67,000	25,000	
	Totaux	142,000	30,500	1/5
Essling	Autrichiens	75,000	20,636	
	Français	106,500	24,500	
	Totaux	181,500	45,136	1/4
Wagram	Français	217,451	24,000	
	Autrichiens	205,000	25,000	
	Totaux	422,451	49,000	1/9
Borodino	Français	126,838	22,000	
	Russes	126,800	45,213	
	Totaux	253,638	67,243	1/4
Bautzen	Français	199,300	14,000	
	Russes et Prussiens	112,514	13,000	
	Totaux	311,814	27,000	1/12
Leipsick	Alliés	290,450	41,590	
	Français	175,000	38,000	
	Totaux	465,450	79,590	1/7
Waterloo	Alliés	170,000	20,000	
	Français	70,000	19,400	
	Totaux	240,000	39,400	1/7
Magenta	Alliés	65,000	5,000	
	Autrichiens	85,000	5,000	
	Totaux	150,000	10,000	1/15
Solferino	Alliés	165,000	17,000	
	Autrichiens	170,000	13,000	
	Totaux	335,000	30,000	1/11

Ce tableau, dont les éléments ont été puisés en grande partie dans l'ouvrage de Kausler, fait voir que toutes les batailles livrées avec les anciens fusils, à part celle de Rosbach, ont été plus meurtrières que celles de Magenta et de Solferino, livrées avec des armes rayées. Cependant personne ne contestera que l'armement en usage aujourd'hui ne soit infiniment supérieur à celui dont on se servait à Hochstedt, à Leuthen, à Marengo, à Leipsick ou à Waterloo.

De ces données historiques peut-on déduire qu'il faille abandonner le perfectionnement des armes à feu? Non sans doute; mais s'il est urgent de suivre pas à pas les progrès de la science technologique et de perfectionner l'instruction du tir, il est bien plus urgent encore de développer l'esprit militaire, qui fait la force réelle des armées.

Des considérations qui précèdent, on peut donc conclure, que si le perfectionnement des armes à feu n'a pas sensiblement modifié la tactique des combats, l'emploi de la vapeur oblige à apporter de notables modifications dans les dispositions à prendre pour la guerre défensive en général, et pour la défense des États surtout.

PIÈCES JUSTIFICATIVES.

I

Exposé du gouvernement français, communiqué au Sénat et au Corps législatif, le 26 avril 1859.

L'état de l'Italie, aggravé par les mesures administratives adoptées dans le royaume Lombard-Vénitien, avait déterminé le gouvernement autrichien à faire, dès le mois de décembre dernier, des armements, qui n'ont pas tardé à présenter un caractère assez menaçant pour éveiller en Piémont les plus sérieuses inquiétudes.

Le gouvernement de l'Empereur n'a pu voir surgir ces difficultés sans se montrer vivement préoccupé des conséquences qu'elles pouvaient avoir pour la paix de l'Europe. N'étant point dans le cas d'intervenir directement pour proposer lui-même les moyens de les prévenir, il s'est toutefois empressé d'accueillir les ouvertures qui lui ont été faites. Plein de confiance dans les sentiments du gouvernement de Sa Majesté Britannique, aussi bien que dans les lumières de son ambassadeur à Paris, le gouvernement de l'Empereur a sincèrement applaudi à la mission que M. le comte Cowley est allé remplir à Vienne, comme à une première tentative propre à préparer un rapprochement ; et il s'est félicité, avec une satisfaction non moins réelle, d'apprendre que les idées échangées entre M. l'ambassadeur d'Angleterre et le gouvernement autrichien étaient de nature à fournir des éléments de négociations.

La proposition de se réunir en congrès, présentée dans le même moment par la Russie, répondait à cette situation de la manière la plus heureuse, en appelant les cinq puissances à participer également à la discussion d'une question d'intérêt européen ; le gouvernement de l'Empereur n'a pas hésité à faire connaître qu'il adhérait à cette proposition.

En y adhérant de même, le gouvernement anglais a jugé utile de préciser les bases des délibérations éventuelles du congrès. Ces bases sont les suivantes :

1° Déterminer les moyens par lesquels la paix peut être maintenue entre l'Autriche et la Sardaigne ;

2° Établir comment l'évacuation des États Romains par les troupes françaises et autrichiennes peut être le mieux effectuée ;

3° Examiner s'il convient d'introduire des réformes dans l'administration intérieure de ces États et des autres États de l'Italie, dont l'administration offrirait des défauts, qui tendraient évidemment à créer un état permanent et dangereux de trouble et de mécontentement, et quelles seraient ces réformes ;

4° Substituer aux traités entre l'Autriche et les duchés une confédération des États de l'Italie entre eux, pour leur protection mutuelle tant intérieure qu'extérieure.

Le gouvernement de l'Empereur a mis à acquiescer sans réserve à ces bases de la négociation le même empressement qu'il avait montré à accepter la proposition d'un congrès.

Le gouvernement autrichien avait, de son côté, donné son assentiment à la réunion d'un congrès, en l'accompagnant de quelques observations, mais sans y mettre de conditions formelles et absolues, et tout devait faire espérer que les négociations pourraient s'ouvrir dans un délai rapproché.

Le cabinet de Vienne avait parlé du désarmement préalable de la Sardaigne, comme d'une mesure indispensable pour assurer le calme des délibérations, et il en fit plus tard une condition absolue de sa participation au congrès. Cette demande ayant soulevé des objections unanimes, le cabinet de Vienne y substitua la proposition du désarmement général et immédiat, en l'ajoutant comme un cinquième point aux bases des négociations.

Ainsi, messieurs, tandis que la France avait successivement accepté, sans hésitation, toutes les propositions qui lui avaient été présentées, l'Autriche, après avoir paru disposée à se prêter aux négociations, soulevait des difficultés inattendues.

Le gouvernement de l'Empereur n'en a pas moins persévéré dans les sentiments de conciliation qu'il avait pris pour règle de sa conduite. Le cabinet anglais, continuant de s'occuper avec la plus loyale sollicitude des moyens de faire disparaître les retards que la question du désarmement apportait à la réunion du congrès, avait pensé que l'on satisferait au cinquième point mis en avant par l'Autriche, si l'on admettait immédiatement le principe du désarmement général, en convenant d'en régler l'exécution à l'ouverture même des délibérations des plénipotentiaires.

Le gouvernement de Sa Majesté a consenti à accepter cette combinaison. Il restait, toutefois, à déterminer si, dans cet état de choses, il était nécessaire que la Sardaigne elle-même souscrivît préalablement au principe du désarmement général. Il ne paraissait pas qu'une pareille condition pût être imposée au gouvernement sarde, s'il était laissé en dehors des délibérations du congrès; mais cette considération même offrait les éléments d'une combinaison nouvelle qui, entièrement conforme aux principes de l'équité, ne semblait pas devoir soulever d'objections. Le gouvernement de l'Empereur déclara au gouvernement anglais qu'il était disposé à engager le cabinet de Turin à donner lui-même son assentiment au principe du désarmement général, pourvu que tous les États italiens fussent invités à faire partie du congrès.

Vous savez déjà, messieurs, que, modifiant cette suggestion de manière à concilier toutes les susceptibilités, le gouvernement de Sa Majesté Britannique a présenté une dernière proposition basée sur le principe du désarmement général simultané et immédiat. L'exécution devait en être réglée par une commission, dans laquelle le Piémont serait représenté. Les plénipotentiaires se réuniraient aussitôt que cette commission serait elle-même rassemblée, et les États italiens seraient invités par le congrès à siéger avec les représentants des cinq grandes puissances, de la même manière qu'au congrès de Laybach, en 1821.

Le gouvernement de l'Empereur a voulu manifester de nouveau ses dispositions conciliantes, en adhérant à cette proposition, qui a été, de même, acceptée sans délai par les cours de Prusse et de Russie, et à laquelle le gouvernement piémontais s'est également déclaré prêt à se conformer.

Toutefois, au moment même où le gouvernement de l'Empereur croyait pouvoir nourrir l'espoir d'une entente définitive, nous avons appris que la cour d'Autriche refusait d'accepter la proposition du gouvernement de Sa Majesté Britannique et adressait une sommation directe au gouvernement sarde. Pendant que, d'un côté, le cabinet de Vienne persiste à ne pas consentir à l'admission des États italiens au congrès, dont il rend ainsi la réunion impossible, de l'autre, il demande au Piémont de s'engager à mettre son armée sur le pied de paix et à licencier les volontaires, c'est-à-dire à concéder sans délai et isolément à l'Autriche ce qu'il a déjà accordé aux puissances, sous la seule réserve de s'en entendre avec elles.

Je n'ai pas besoin de faire ressortir le caractère de cette démarche, ni d'insister plus longuement pour mettre en lumière les sentiments de modération dont le gouvernement de l'Empereur n'a cessé, au contraire, de se montrer animé. Si les efforts réitérés des quatre puissances pour sauvegarder la paix ont rencontré des obstacles, notre conduite l'atteste hautement, ces obstacles ne sont point venus de la France. Enfin, messieurs, si la guerre doit sortir des complications présentes, le gouvernement de Sa Majesté aura la ferme conviction d'avoir fait tout ce que sa dignité lui permettait pour prévenir cette extrémité, et ce n'est point sur lui qu'on pourra en faire peser la responsabilité. Les protestations que les gouvernements de la Grande-Bretagne, de la Russie et de la Prusse ont adressées à la cour d'Autriche attestent qu'on nous rend déjà, à cet égard, une entière justice.

En présence de cet état de choses, si la Sardaigne est menacée, si, comme tout le fait présumer, son territoire est envahi, la France ne peut pas hésiter à répondre à l'appel d'une nation alliée à laquelle l'unissent des intérêts communs et des sympathies traditionnelles, rajeunies par une récente confraternité d'armes et par l'union contractée entre les deux maisons régnantes.

Aussi, messieurs, le gouvernement de l'Empereur, fort de la constante modération et de l'esprit de conciliation dont il n'a jamais cessé de s'inspirer, attend avec calme le cours des événements, ayant la confiance que sa conduite, dans les différentes péripéties qui viennent de se succéder, rencontrera l'assentiment unanime de la France et de l'Europe.

II

Composition et répartition des armées belligérantes telles qu'elles étaient constituées vers la fin de la campagne.

Armée française.

Commandant en chef : l'empereur Napoléon III (commandant en chef les forces alliées).

Major général : maréchal Vaillant.

Aide-major général : de Martimprey, général de division.

Sous-aide-major général : Baret de Rouvray, général de brigade.

Commandant du grand quartier général : Rose,   id.

Commandant de l'artillerie : Lebœuf, général de division.

Commandant du génie : Frossard, général de division.

Intendant général : Paris de Bollardière, intendant général.

Grand prévôt : Damiguet de Vernon, colonel de gendarmerie.

Vaguemestre général : Dalché de la Rive de Desplanels, lieutenant-colonel de gendarmerie.

Commandant militaire à Gênes : Herbillon, général de division.

GARDE IMPÉRIALE.

Commandant : Regnault de Saint Jean-d'Angély, général de division.

Chef d'état-major : Raoult, colonel.

Commandant de l'artillerie : de Sévelinges, général.

1re DIVISION D'INFANTERIE.

Commandant : Mellinet, général de division ; chef d'état-major : de Tanlay, colonel.

1re *brigade* (général Cler) : régiment de zouaves ; 1er régiment de grenadiers.

2e *brigade* (général Wimpffen) : 2e et 3e régiments de grenadiers.

2e DIVISION D'INFANTERIE.

Commandant : Camou, général de division ; chef d'état-major : Besson, colonel.

1re *brigade* (général Manèque) : bataillon de chasseurs, 1er et 2e régiments de voltigeurs.

2e *brigade* (général Decaen) : 3e et 4e régiments de voltigeurs.

DIVISION DE CAVALERIE.

Commandant : Morris, général de division ; chef d'état-major général : Pajol, colonel.

1re *brigade* (général Marion) : 1er et 2e régiments du cuirassiers.

2e *brigade* (général de Champéron) : dragons et lanciers.

3e *brigade* (général de Cassaignolles) : régiments de chasseurs et de guides.

Artillerie : 4 batteries à cheval ; 2 mixtes.

Génie : les 2 compagnies.

Équipages : 1re et 2e compagnies.

PREMIER CORPS.

Commandant : maréchal Baraguay-d'Hilliers.
Chef d'état-major général : Foltz, général de brigade.
Commandant de l'artillerie : Forgeot, général de brigade.
Commandant du génie : Bouteilloux, général de brigade.

1re DIVISION D'INFANTERIE.

Commandant : Forey, général de division ; chef d'état-major : d'Auvergue, lieutenant-colonel.

1re *brigade* (général Beuret) : 17e bataillon de chasseurs, 74e et 84 régiments.

2e *brigade* (général Blanchard) : 91e et 98e régiments de ligne.

Artillerie : 6e batterie du 8e régiment ; 14e batterie du 10e régiment.

Génie : 3e compagnie du 2e bataillon du 2e régiment du génie.

Train des équipages : 2e compagnie du 1er escadron.

2e DIVISION D'INFANTERIE.

Commandant : de Ladmirault, général de division ; chef d'état-major : Hecquard, lieutenant-colonel.

1re *brigade* (général Niol) : 10e bataillon de chasseurs ; 18e et 21e régiments de ligne.

2e *brigade* (général de Négrier) : 61e et 100e régiments de ligne.

Artillerie : 15e batterie du 10e régiment ; 7e batterie du 11e régiment.

Génie : 5e compagnie du 1er bataillon du 1er régiment du génie.

Train des équipages : 1re compagnie du 5e escadron.

3e DIVISION D'INFANTERIE.

Com mandant : Bazaine, général de division ; chef d'état-major : Letellier Valazé, lieutenant-colonel.

1re *brigade* (général Goze) : 1er régiment de zouaves ; 33e et 34e régiments de ligne.

2e *brigade* (général Dumont) : 37e et 75e régiments de ligne.

Artillerie : 12e batterie du 12e régiment ; 9e batterie du 13e régiment.

Génie : 6e compagnie du 2e bataillon du 1er régiment du génie.

Train des équipages : 2e compagnie du 3e escadron.

DIVISION DE CAVALERIE.

Commandant : Desveaux, général de division ; chef d'état-major : Dupin, lieutenant-colonel.

1re *brigade* (général Genestet de Planhol) : 5e régiment de hussards ; 1er régiment de chasseurs d'Afrique.

2e *brigade* (général de Forton) : 2e et 3e régiments de chasseurs d'Afrique.

Réserve d'artillerie : 8e batterie du 16e régiment ; 11e batterie du 8e régiment ; 8e batterie du 9e régiment ; 17e batterie principale du 5e régiment.

DEUXIÈME CORPS.

Commandant : de Mac-Mahon, général de division.

Chef d'état-major général : Lebrun, général.

Commandant de l'artillerie : Auger, général de brigade.

Commandant du génie : Lebaron, colonel.

1re DIVISION D'INFANTERIE.

Commandant : de la Motterouge, général de division ; chef d'état-major : de Lavaucoupet, colonel.

1re *brigade* (général Lefèvre) : régiment de tirailleurs algériens ; 45e et 65e de ligne.

2e *brigade* (général Polhes) : 70e et 71e de ligne.

Artillerie : 12e batterie du 7e régiment, 11e batterie du 11e régiment.

Génie : 4e compagnie du 2e bataillon du 2e régiment du génie.

Train des équipages : 2e compagnie du 5e escadron.

2e DIVISION D'INFANTERIE.

Commandant : Espinasse, général de division ; chef d'état-major : Poulle, colonel.

1re *brigade* (général Gault) : 11e bataillon de chasseurs ; 2e régiment de zouaves ; 72e régiment de ligne.

2e *brigade* (général de Castagny) : 1er et 2e régiments étrangers.

Artillerie : 2e batterie du 9e régiment ; 13e batterie du 13e régiment.

Génie : 2e compagnie du 2e bataillon du 1er régiment.

Général Gaudin de Villaine : 7ᵉ et 4ᵉ régiments de chasseurs.

Réserve d'artillerie : 11ᵉ batterie du 10ᵉ régiment ; 14ᵉ batterie du 11ᵉ régiment ; 5ᵉ et 6ᵉ batteries du 14ᵉ régiment ; 16ᵉ batterie principale du 2ᵉ régiment.

TROISIÈME CORPS.

Commandant : maréchal Canrobert.

Chef d'état-major général : de Senneville, colonel.

Commandant de l'artillerie : Courtois Roussel d'Urbal, général de brigade.

1ʳᵉ DIVISION D'INFANTERIE.

Commandant : Bourbaki, général de division ; chef d'état-major : Martenot de Cordoue, lieutenant-colonel.

1ʳᵉ *brigade* (général Vergé) : 10ᵉ bataillon de chasseurs ; 11ᵉ et 14ᵉ régiments de ligne.

2ᵉ *brigade* (général Ducrot) : 46ᵉ et 59ᵉ régiments de ligne.

Artillerie : 7ᵉ batterie du 9ᵉ régiment ; 12ᵉ batterie du 11ᵉ régiment.

Génie : 1ʳᵉ compagnie du 1ᵉʳ bataillon du 2ᵉ régiment.

Train des équipages : 1ʳᵉ compagnie du 2ᵉ escadron.

2ᵉ DIVISION D'INFANTERIE.

Commandant : Trochu, général de division ; chef d'état-major : de Place, lieutenant-colonel.

1ʳᵉ *brigade* (général Bataille) : 19ᵉ bataillon de chasseurs ; 43ᵉ et 44ᵉ régiments de ligne.

2ᵉ *brigade* (général Collineau) : 64ᵉ et 88ᵉ régiments de ligne.

Artillerie : 7ᵉ batterie du 7ᵉ régiment ; 10ᵉ batterie du 8ᵉ régiment.

Génie : 5ᵉ compagnie du 1ᵉʳ bataillon du 3ᵉ régiment.

Train des équipages : 3ᵉ compagnie du 4ᵉ escadron.

3ᵉ DIVISION D'INFANTERIE.

Commandant : Renaud, général de division ; chef d'état-major : Anselme, colonel.

1re *brigade* (général Picard) : 8e bataillon de chasseurs; 23e et 41e régiments de ligne.

2e *brigade* (général Janin) : 56e et 90e régiments de ligne.

Artillerie : 9e batterie du 8e régiment; 11e batterie du 12e régiment.

Génie: 3e compagnie du 1er bataillon du 2e régiment.

Train des équipages : 1re compagnie du 4e escadron.

DIVISION DE CAVALERIE.

Commandant : Partouneaux, général de division; chef d'état-major : de Gaujal, lieutenant-colonel.

1re *brigade* (général de Clérambault) : 2e et 7e régiments de hussards.

2e *brigade* (général Dalmas de Lapérouse) : 6e et 8e régiments de hussards.

Artillerie : 6e batterie du 15e régiment.

Réserve d'artillerie : 5e et 8e batteries du 7e régiment; 3e et 7e batteries du 17e régiment; 17e batterie principale du 1er régiment.

QUATRIÈME CORPS.

Commandant : Niel, général de division.

Chef d'état-major général : Espivent de la Villeboisnet, colonel.

Commandant de l'artillerie : Soleille, général de brigade.

Commandant du génie : Jourjon, colonel.

1re DIVISION D'INFANTERIE.

Commandant : Vinoy, général de division; chef d'état-major : Osmont, colonel.

1re *brigade* (général de Martimprey) : 6e bataillon de chasseurs; 52e et 73e régiments de ligne.

2e *brigade* (général de La Charrière) : 85e et 86e régiments de ligne.

Artillerie : 12e batterie du 8e régiment; 9e batterie du 9e régiment.

Génie : 7e compagnie du 2e bataillon du 3e régiment.

2e DIVISION D'INFANTERIE.

Commandant : de Failly, général de division; chef d'état-major : de Rosières, colonel.

1re *brigade* (général O'Farrell) : 15e bataillon de chasseurs ; 2e et 55e régiments de ligne.

2e *brigade* (général Saurin) : 56e et 75e régiments de ligne.

Artillerie : 7e batterie du 10e régiment ; 12e batterie du 15e régiment.

Génie : 3e compagnie du 2e bataillon du 5e régiment.

3e DIVISION D'INFANTERIE.

Commandant : de Luzy de Pélissac, général de division ; chef d'état-major : Pissis, colonel.

1re brigade (général Douay) : 5e bataillon de chasseurs ; 30e et 49e régiments de ligne.

2e *brigade* (général Lenoble) : 6e et 8e régiments de ligne.

Artillerie : 13e batterie du 12e régiment ; 7e batterie du 15e régiment.

Génie : 3e compagnie du 1er bataillon du 1er régiment.

BRIGADE DE CAVALERIE.

Général Richepanse : 2e et 10e régiments de chasseurs.

Réserve d'artillerie : 15e batterie du 12e régiment ; 10e batterie du 15e régiment ; 2e batterie du 15e régiment ; 5e batterie du 15e régiment ; 18e batterie principale du 3e régiment.

CINQUIÈME CORPS.

Commandant : le prince Napoléon.

Chef d'état-major général : de Beaufort d'Hautpoul, général de brigade.

Commandant de l'artillerie : Fiereck, général de brigade.

Chef d'état-major : colonel de Vercly.

Commandant du génie : Coffinières, général de brigade.

1re DIVISION D'INFANTERIE.

Commandant : d'Autemarre, général de division ; chef d'état-major : Desusleau de Malroy, lieutenant-colonel.

1re *brigade* (général Neigre) : 3e régiment de zouaves ; 75e et 89e régiments de ligne.

2e *brigade* (général Corréard) : 93e et 99e régiments de ligne.

Artillerie (commandant Saunier) : 13e batterie du 7e régiment, 13e batterie du 8e régiment.

Génie : 2e compagnie du 1er bataillon du 2e régiment.

2e DIVISION D'INFANTERIE.

Commandant : Ulrich, général de division ; chef d'état-major : Regnard, colonel.

1re *brigade* (général Grandchamp) : 14e bataillon de chasseurs ; 18e et 26e régiments de ligne.

2e *brigade* (général Cauvin du Bourguet) : 80e et 82e régiments de ligne.

Artillerie (commandant Ganivet) : 5e et 6e batteries du 3e régiment.

Génie : 3e compagnie du 1er bataillon du 3e régiment.

BRIGADE DE CAVALERIE.

Général de Lapeyrouse : 6e et 8e régiments de hussards.

Réserve d'artillerie (colonel Princeteau) : 4e batterie du 14e régiment, 15e batterie du 11e régiment, 15e batterie du 13e régiment, 1re batterie du 14e régiment, 5e batterie du 17e régiment.

Parc d'artillerie (lieutenant-colonel Ferri-Pisani) : 13e batterie principale du 3e régiment, 18e batterie principale du 4e régiment.

Armée sarde.

Commandant en chef : le Roi.

Ad latus : général La Marmora.

Chef d'état-major : lieutenant-général della Rocca.

Sous-chefs d'état-major : colonel Rhigini et lieutenant-colonel Govone.

Commandant de l'artillerie : général-major Pastore.

Commandant du génie : général Ménabrée.

1re DIVISION.

Commandant : lieutenant-général de Castelborgo (1); chef d'état-major : major Borson.

1re *brigade* (major-général Scozia di Calliono) : 1er et 2e régiments de grenadiers de Sardaigne.

2e *brigade* (major-général Perrier) : 1er et 2e régiments de Savoie.

Bersagliers : 3e et 4e bataillons.

Artillerie : batteries de campagne n°s 10, 11, 12.

2e DIVISION.

Commandant : lieutenant-général Fanti; chef d'état-major : colonel Avogadro di Casanova.

1re *brigade* (major-général Mollard) (2) : 3e et 4e régiments Piémont.

2e *brigade* (major-général Cerale) : 5e et 6e régiments Aoste.

Bersagliers : 1er et 9e bataillons.

Cavalerie : 1er et 2 chevau-légers; Novare et Aoste.

Artillerie : batteries n°s 13, 14, 15.

3e DIVISION.

Commandant : général Durando (remplacé par Mollard); chef d'état-major : lieutenant-colonel Ricotti-Magnani.

1re *brigade* (major-général Arnaldi) : 7e et 8e régiments Cuneo.

2e *brigade* (major-général Morozzo della Rocca) : 13e et 14e régiments Pinerolo.

Bersagliers : 2e et 10 bataillons.

Cavalerie : deux escadrons Alexandrie.

Artillerie : batteries n°s 4 et 9.

4e DIVISION.

Commandant : général Cialdini; chef d'état-major : lieutenant-colonel Cugia.

---

(1) Après la bataille de Magenta, ce général, avec son chef d'état-major, passa au commandement de la place de Milan. Il fut remplacé à la 1re division par le général Durando, avec le lieutenant-colonel Porrino pour chef d'état-major.

(2) Passé plus tard au commandement de la 3e division, en remplacement du général Durando, passé à la 1re.

1re *brigade* (major-général Villamarina) : 9e et 10e régiments Reine.

2e *brigade* (major-général Broglia di Montbello) : 15e et 16e régiments Savone.

Bersagliers : 6e et 7e bataillons.

Cavalerie : régiment Montferrat.

Artillerie : batteries nos 7 et 8.

5e DIVISION.

Commandant : lieutenant-général Cucchiari; chef d'état-major : lieutenant-colonel Cadorna.

1re *brigade* (major-général di Pettinengo) : 11e et 12e régiments Casale.

2e *brigade* (major-général de Treville) : 17e et 18e régiments Acqui.

Bersagliers : 5e et 8e bataillons.

Cavalerie : Saluces et 1/2 Alexandrie.

Artillerie : batteries nos 16, 17, 18.

DIVISION DE CAVALERIE.

Commandant : lieutenant-général de Sambuy (remplacé plus tard par de Sonaz); chef d'état-major : capitaine Gervaix de Sonnaz.

Régiments : Nice, Piémont-Royal, Savoie, Gênes.

Batteries à cheval nos 1 et 2.

Armée autrichienne (1).

Commandant en chef : l'empereur François-Joseph.

Chef d'état-major : feld-maréchal-lieutenant Hess.

Sous-chef d'état-major : colonel Kühn (?).

Commandant de la cavalerie : X...

---

(1) L'armée autrichienne d'opération a subi pendant la guerre plusieurs modifications importantes. D'abord sur le pied normal de trois corps, elle s'est augmentée successivement de sept autres corps. Dans la première période de la campagne, elle formait une armée sous le commandement du feld-maréchal-lieutenant Giulay. Dans la dernière période, elle formait deux armées, commandées la première par Wimpffen, la seconde par Schlick, sous les ordres supérieurs de l'empereur. Nous donnons ici, surtout d'après Rustow, la répartition de l'armée telle qu'elle était lors du commandement direct de l'empereur.

Commandant de l'artillerie : X...
Commandant du génie : X...

Ier CORPS F.-M.-L. Clam-Gallas.

Division F.-M.-L. Stankowics (précédemment Cordon).
Brigade G.-M. Hoditz. Régiment-archiduc Ernest infanterie n° **48**; bataillon de chasseurs n° **14**.
Brigade G.-M. Reniczek. Régiment italien Wernhardt-infanterie n° **16**; 2e bataillon du Banat.
Division F.-M.-L. Montenuovo.
Brigade G.-M. Pastori. Régiment-Wasa n° **5**; bataillon de chasseurs n° **2**.
Brigade G.-M. Brunner. Régiment Thun n° **29**; 1er bataillon du Banat.
2 escadrons des hussards Haller n° **12**.

IIme CORPS F.M.L. prince Edouard de Liechtenstein.

Division F.-M.-L. Jellachich.
Brigade G.-M. Szabo. Régiment archiduc Guillaume n° **12**; bataillon de chasseurs n° **7**.
Brigade G.-M. Wachter (précédemment Kudelka). Régiment prince Alexandre de Hesse n° **40**; bataillon de chasseurs n° **21**.
Division F.-M.-L. Herdy.
Brigade G.-M. Kintzl. Régiment italien Sigismond n° **45**.
Brigade G.-M. Baltin. Régiment Hartmann n° **9**; bataillon de chasseurs n° **10**.
Régiment de hussards n° **12**, 4 escadrons.

IIIme CORPS F.-M.-L. prince de Schwarzenberg.

Division F.-M.-L. Schönberger (précédemment Handl).
Brigade G.-M. Polhorny (précédemment Ramming). Régiment archiduc Etienne n° **58**; bataillon de chasseurs n° **15**.
Brigade G.-M. Dienstl (précédemment Dürfeld). Régiment roi des Belges n° **27**; bataillon de chasseurs n° **13**.
Division F.-M.-L. Martini (précédemment Ruckstuhl).
Brigade G.-M. Wetzlar. Régiment Lichtenstein n° **5**; 1 bataillon de frontières Ottocans.
Brigade G.-M. Hartung. Régiment Hesse n° **14**; bataillon de chasseurs n° **23**.
Régiment hussards Prusse n° **10**.

IVme CORPS F.-M.-L. archiduc Charles-Ferdinand.

(Ce corps, formé de détachements d'autres corps et entre autres du 6e, resta dans le Tyrol, à l'exception d'une brigade qui prit part à la bataille de Solferino.)

Vme CORPS F.-M.-L. comte de Stadion.

Division F.-M.-L. Sternberg.

Brigade G.-M. Koller. Régiment Ferdinand Este n° 32; 1 bataillon frontières Ogulins.

Brigade G.-M. Festetiez. Régiment Reischach n° 21; bataillon de chasseurs n° 6.

Division F.-M.-L. Palffy (précédemment Paumgarten).

Brigade G.-M. Gaal. Régiment archiduc Ch.-L. n° 3; 1 bataillon de frontières Liccans.

Brigade G.-M. Bils. Régiment Kinsky n° 47; 2e bataillon frontières Ogulins.

Brigade G.-M. Puchner (précédemment Dormus). Régiment Culoz n° 31; 4e bataillon de chasseurs de l'empereur.

4 escadrons uhlans Sicile.

VIIme CORPS F.-M.-L. baron Zobel.

Division F.-M.-L. prince de Hesse (précédemment Reischach).

Brigade G.-M. Wüssin (précédemment Lebzeltern). Régiment Empereur n° 1.

Brigade G.-M. Gablentz. Régiment Gruber n° 54; 3e bataillon de chasseurs de l'Empereur.

Division F.-M.-L. Lilia

Brigade G.-M. Wiegl. Régiment archiduc Léopold n° 53.

Brigade Dorndorf (plus tard Wallon). Régiment Wimpffen n° 22; 1 bataillon frontières Ottocans.

4 escadrons des hussards Empereur.

VIIIme CORPS F.-M.-L. comte Benedeck.

Division F.-M.-L. Lang.

Brigade G.-M. Lippert. Régiment archiduc Reynier n° 59; bataillon de chasseurs n° 9.

Brigade G.M. Tauber (précédemment Boer). Régiment von Wiegl; bataillon de chasseurs n° 3.

Brigade G.-M. Philippovich. Régiment Hohenlœ n° 17; 5e bataillon des chasseurs de l'Empereur.

Division F.-M.-L. Berger.

Brigade G.-M. Waterwliet. Régiment Prohaska n° 7; 2e bataillon de chasseurs de l'Empereur.

Brigade G.-M. Roden. Régiment prince de Saxe n° 11; 2ᵉ bataillon frontières Szluines.

Brigade G.-M. Reichlin (détachée du 6ᵉ corps). Les quatre bataillons Hartmann n° 9, Constantin n° 18, roi des Belges n° 27 et le 24ᵉ bataillon des chasseurs.

4 escadrons du régiment des hussards Empereur.

IXᵐᵉ CORPS F.-Z.-M. comte Schafgottsche.

Dɪᴠɪsɪᴏɴ F.-M.-L. Mandl.

Brigade G.-M. Castiglione. Régiment Rodolphe n° 19 ; 2ᵉ bataillon frontières Gradiscains.

Brigade G.-M. Augustin. Régiment prince de Prusse n° 34; bataillon de chasseurs n° 16.

Dɪᴠɪsɪᴏɴ F.-M.-L. de Crenneville.

Brigade G.-M. Blumerkron. Régiment archiduc François-Charles n° 52; bataillon de chasseurs n° 4.

Brigade G.-M. Fehlmayer. Régiment archiduc Louis-Joseph n° 8; bataillon frontières Titler.

4 escadrons des uhlans Sicile n° 12.

XIᵐᵉ CORPS F.-M.-L. von Wiegl.

Dɪᴠɪsɪᴏɴ F.-M.-L. Blomberg.

Brigade G.-M. Dobrzenski. Régiment roi de Hanovre n° 42; bataillon de chasseurs n° (?)

Brigade G.-M. Host. Régiment grand-duc de Mecklenbourg n° 57; 2ᵉ bataillon frontières Peterwardein.

Brigade G.-M. Baltin. Régiment Hartmann n° 9; 2ᵉ bataillon frontières Gradiscans (?).

Dɪᴠɪsɪᴏɴ F.-M.-L. Schwarzel.

Brigade G.-M. Sebottendorf. Régiment archiduc Joseph n° 37; bataillon de chasseurs n° 10.

Brigade G.-M. Greschke. Régiment Khevenhüller n° 35 ; 2° bataillon volontaires viennois.

4 escadrons uhlans de l'Empereur.

CORPS DE CAVALERIE DE RÉSERVE.

Dɪᴠɪsɪᴏɴ F.-M.-L. Sedwitz.

Brigade G.-M. Vopaterny. Régiment hussards Bavière n° 3 et prince de Wurtemberg n° 11.

Brigade G.-M. Lauingen. Régiment dragons Empereur n° 3 et Stadion n° 1.

Division F.-M.-L. Mensdorff.

Brigade G.-M. Zichy. Régiment uhlans Civallart n° 1 et Empereur n° 4.

Brigade G.-M. prince de Holstein. Régiment dragons Savoie n° 5 et Horvath n° 6.

III

Combat de Montebello.

PREMIER CORPS. — PREMIÈRE DIVISION.

Rapport officiel de M. le général Forey, transmis par S. Exc. le maréchal Baraguay-d'Hilliers à S. M. l'Empereur.

Voghera, le 20 mai 1859, minuit.

Monsieur le maréchal,

J'ai l'honneur de vous rendre compte du combat que ma division a livré aujourd'hui.

Averti à midi et demi qu'une forte colonne autrichienne, avec du canon, avait occupé Casteggio et avait repoussé de Montebello les grand'gardes de cavalerie piémontaise, je me suis porté immédiatement aux avant-postes, sur la route de Montebello, avec deux bataillons du 74e, destinés à relever deux bataillons du 84e, cantonnés sur cette route, en avant de Voghera, à hauteur de la Madura.

Pendant ce temps, le reste de ma division prenait les armes ; une batterie d'artillerie (6e du 8e régiment) marchait en tête.

Arrivé au pont jeté sur le ruisseau dit Fossazzo, extrême limite de nos avant-postes, je fis mettre en batterie une section d'artillerie, appuyée à droite et à gauche par deux bataillons du 84e, bordant le ruisseau avec leurs tirailleurs.

Pendant ce temps, l'ennemi avait poussé de Montebello sur Ginestrello, et ayant été informé qu'il se dirigeait sur moi en deux colonnes, l'une par la grande route, l'autre par la chaussée du chemin de fer, j'ordonnai au bataillon de gauche du **74ᵉ** de couvrir la chaussée à Cascina-Nuova, et à l'autre bataillon de se porter à droite de la route, en arrière du **84ᵉ**.

Ce mouvement était à peine terminé, qu'une vive fusillade s'engageait sur toute la ligne entre nos tirailleurs et ceux de l'ennemi qui marchait sur nous, soutenant ses tirailleurs par des têtes de colonnes débouchant de Genestrello. L'artillerie ouvrit son feu sur elles avec succès ; l'ennemi y riposta.

J'ordonnai alors à ma droite de se porter en avant. L'ennemi se retira devant l'élan de nos troupes ; mais, s'apercevant que je n'avais qu'un bataillon à la gauche de la route, il dirigea contre lui une forte colonne. Grâce à la vigueur et à la fermeté de ce bataillon, commandé par le colonel Cambriels, et à des charges heureuses de la cavalerie piémontaise, admirablement conduite par le général de Sonnaz, les Autrichiens durent se retirer.

A ce moment, le général Blanchard, suivi du **98ᵉ** et d'un bataillon du **91ᵉ** (les deux autres étaient restés à Oriolo, où ils ont eu un engagement), me rejoignait et recevait l'ordre d'aller relever le bataillon du **74ᵉ**, chargé de défendre la chaussée du chemin de fer et de s'établir fortement à Cascina-Nuova.

Rassuré de ce côté, je poussai de nouveau ma droite en avant, et m'emparai, non sans une résistance sérieuse, de la position de Gneestrello. Jugeant alors qu'en suivant avec le gros de l'infanterie la ligne des crêtes, et la route avec mon artillerie protégée par la cavalerie piémontaise, je m'emparerais plus facilement de Montebello, j'organisai ainsi mes colonnes d'attaque sous les ordres du général Beuret :

Le **17ᵉ** bataillon de chasseurs, soutenu par le **84ᵉ** et le **74ᵉ** disposés en échelons, s'élancèrent sur la partie sud de Montebello, où l'ennemi s'était fortifié.

Il s'engagea alors un combat corps à corps dans les rues du village, qu'il fallut enlever maison par maison. C'est pendant ce combat que le général Beuret a été blessé mortellement à mes côtés.

Après une résistance opiniâtre, les Autrichiens durent céder devant l'élan de nos troupes, et, bien que retranchés dans le cimetière, ils se virent encore arracher à la baïonnette cette dernière position aux cris mille fois répétés de : Vive l'Empereur !

Il était alors six heures et demie ; je jugeai qu'il était prudent de ne pas pousser plus loin le succès de la journée, et j'arrêtai mes troupes derrière le mouvement de terrain sur lequel est situé le cimetière, garnissant la crête avec quatre pièces de canon et de nombreux tirailleurs, qui refoulèrent les dernières colonnes autrichiennes dans Casteggio.

Peu de temps après, je vis les colonnes autrichiennes évacuer Casteggio, en y laissant une arrière-garde, et se retirer par la route de Casatisma.

Je ne saurais trop me louer, monsieur le maréchal, de l'entrain de nos troupes dans cette journée ; tous, officiers, sous-officiers et soldats, ont rivalisé d'ardeur. Je n'oublierai pas non plus les officiers de mon état-major, qui m'ont parfaitement secondé.

J'aurai l'honneur de vous adresser ultérieurement les noms de ceux qui se sont le plus particulièrement distingués.

Je ne connais point encore le chiffre exact de nos pertes ; elles sont nombreuses, surtout en officiers supérieurs, qui ont payé largement de leur personne. Je les évalue approximativement au chiffre de 600 à 700 hommes tués ou blessés.

Celles de l'ennemi ont dû être considérables, à en juger par le nombre des morts trouvés, surtout dans le village de Montebello.

Nous avons fait environ 200 prisonniers, parmi lesquels se trouvent un colonel et plusieurs officiers.

Plusieurs caissons d'artillerie sont également tombés en notre pouvoir.

Pour moi, monsieur le maréchal, je suis heureux que ma division ait été la première engagée avec l'ennemi. Ce glorieux baptême, qui réveille un des beaux noms de l'Empire, marquera, je l'espère, une de ces étapes signalées dans l'ordre du jour de l'Empereur.

Je suis avec respect, monsieur le maréchal, votre très-humble et très-obéissant serviteur,

Le général commandant la 1re division
du 1er corps,

FOREY.

P. S. D'après les renseignements qui me viennent de tous côtés, les forces de l'ennemi ne sauraient être au-dessous de 15 à 18,000 hommes ; et, si j'en croyais les rapports des prisonniers, elles dépasseraient de beaucoup ce chiffre.

IV

Combat de Montebello.

Rapport du général commandant la deuxième armée, feldzeugmestre comte Giulay à l'empereur.

Sire,

Je m'empresse de faire à Votre Majesté mon rapport sur le premier combat d'importance que les troupes de Votre Majesté ont livré dans la présente campagne. Comme il ressort déjà des premiers rapports incomplets qui servent de base à celui-ci, tous les détachements de la brave armée qui ont pris part à la lutte ont donné de brillantes preuves de leur bravoure éprouvée et de leur fermeté.

Ainsi que je l'ai déjà annoncé par dépêche télégraphique, le 19 de ce mois, au premier aide de camp général de Votre Majesté, j'ordonnai pour le 20 une grande reconnaissance forcée sur la rive droite du Pô, parce que les rapports des espions, aussi bien que les observations faites par les avant-postes placés le long de la Sesia et du Pô, firent supposer que l'ennemi avait l'intention de faire, avec des forces considérables, un mouvement contre Plaisance en passant par Voghera. Dans la nuit du 19 au 20, trois brigades du 5e corps d'armée furent dirigées dans ce but par Pavie, vers la tête de pont de Vaccarizza, qui se trouvait déjà occupée par la brigade Boer, faisant partie du 8e corps.

J'avais placé pour cette expédition, sous les ordres du commandant du 5e corps, le lieutenant feld-maréchal Urban, qui, par des expéditions antérieures, avait déjà reconnu le pays entre Stradella, Vaccarizza et Voghera, et qui se trouvait précisément à cet effet avec une brigade du 5e corps d'armée (général Braun), et une brigade de sa propre division de réserve (général-major Schaffgotsche) entre la tête de pont de Vaccarizza et Broni. L'expédition, commandée par le lieutenant feld-maréchal Stadion, se composait ainsi de la division Baumgarten (brigades Gaal, Bels et prince de Hesse), du 5e bataillon de la brigade Braun, du 9e corps, ainsi que de la brigade Schaffgotsche, complétée par les troupes de la garnison dé Plaisance (régiment Hess), pour remplacer les parties de cette brigade qui y étaient restées.

Le lieutenant feld-maréchal Stadion a commencé, le 20, au matin, son mouvement en avant de la tête de pont.

Le lieutenant feld-maréchal Urban s'était porté sur la grande route vers Casteggio, faisant battre préalablement la montagne, à gauche, par le 3e bataillon de chasseurs.

Le lieutenant feld-maréchal Baumgarten suivait dans la plaine avec la brigade Biels du côté de Casatisma, et la brigade Gaal dans la direction de Robecco.

Leur réserve, composée de deux bataillons et demi, ainsi que le corps du train d'artillerie, s'avançaient vers Barbianello. La brigade prince de Hesse formait l'aile droite et marchait par Vérone sur Bronduzzo. Le lieutenant feld-maréchal Stadion avait ordonné que de cette position, qui avait été atteinte environ à onze heures, on commençât l'attaque vers midi; le lieutenant feld-maréchal Urban devait s'emparer des localités de Casteggio et Montebello, afin de gagner de là une base pour menacer davantage Voghera et contraindre ainsi l'ennemi à déployer ses forces.

Le général-major Gaal devait suivre, comme réserve, le lieutenant feld-maréchal Urban. Lorsque l'ennemi eut abandonné Montebello, le lieutenant feld-maréchal Urban poussa par cette localité jusqu'à Genestrello; il y trouva un ennemi, supérieur en nombre, qui lui opposa une sanglante résistance, que surmontèrent pourtant les braves chasseurs des 3e et 4e bataillons des régiments Hess et don Miguel, lesquels, malgré des pertes considérables, eurent bientôt enlevé le plateau et la ferme de Genestrello.

Mais l'ennemi déploya bientôt des forces tellement supérieures et les augmentait encore par les renforts continuels que lui amenaient les chemins de fer, que le lieutenant feld-maréchal Urban, ainsi que la brigade Gaal qui était arrivée sur ces entrefaites pour l'appuyer, combattant avec de grandes pertes, mais héroïquement, furent repoussés sur Montebello. Dans l'intervalle, le lieutenant feld-maréchal Stadion avait fait rapprocher la brigade Biels et la brigade Hess de l'aile droite de la ligne. C'est contre le général-major Gaal qui venait de rallier le général Braun avec un bataillon Hess et un bataillon Rossbach, que l'ennemi déploya une supériorité de forces toujours croissante. Montebello fut évacué après une résistance opiniâtre. L'ennemi, tenu en respect par des pertes plus grandes encore et par la bonne tenue des troupes, ainsi que par le déploiement fait d'avance des réserves de la brigade Biels, ne continua pas la poursuite, et le corps, qui déjà à Casteggio n'avait plus été bien harcelé, arriva à la nuit à la tête du pont et se retira, le 21, au matin, sur l'autre rive du Pô.

Ainsi qu'il résulte de divers rapports incomplets, il y eut engagé, à Genestrello, sous le feldzeugmestre Urban, le 3e bataillon de chasseurs, le

3e bataillon don Miguel, 2 bataillons de Rossbach, le bataillon de grena-diers Hess, 2 pièces de 6, 4 pièces de 12 du 8e régiment de Hall. C'est là où le combat fut le plus sanglant, les pertes les plus grandes, le nombre des ennemis le triple des nôtres.

Au combat de Montebello, il y eut 2 1/2 compagnies Rossbach, 1 bataillon de grenadiers et 1 bataillon de ligne de ce régiment, le 2e bataillon d'in-fanterie Hess, 2 bataillons d'infanterie Archiduc-Charles, le bataillon de confinaires Liccans, 1 escadron de hussards Hall, 4 pièces de 6 et 2 pièces de 12. Une grande partie des troupes engagées à Genestrelle prit égale-ment part pendant la retraite au combat contre un ennemi encore deux fois supérieur en nombre.

Le prince de Hess commandait le régiment Culóz, 1 bataillon Zóbel, 4 pièces de 12, 5 escadrons de uhlans Sicile. Des combats s'engagèrent près de Calcababbio et Causone de Lausi. On y vit plusieurs fois de ces beaux exemples où l'infanterie chargeait la cavalerie à la baïonnette, et au moment de l'attaque 70, à pas de distance, l'infanterie tirant la première salve, les hussards et les uhlans rivalisaient dans le choix heureux de la manière de combattre particulière à chaque arme ; l'artillerie s'avançait tout près de l'ennemi, et l'effet de son feu n'en était que plus terrible, en même temps qu'il diminuait ses propres pertes.

C'est une chose étonnante combien peu de blessures l'artillerie a faites dans nos rangs ; presque partout l'ennemi tirait au-dessus de nous, qui étions trop près de lui. L'infanterie ennemie tirait très-juste. Sa cavalerie ne mérite pas qu'on en porte un jugement aussi favorable. Elle a été partout mise en déroute par nos hussards et nos uhlans, et cédait au premier choc sérieux. La liste ci-jointe de nos pertes complétera ce qui, dans le présent rapport, n'est indiqué que superficiellement, quant à la plus ou moins grande part que chaque division a prise à la lutte effective.

Le bruit du canon avait appelé vers Casteggio le lieutenant feld-maréchal Crenneville, posté près de Broni avec une partie de la brigade Felmayer. Le lieutenant feld-maréchal Stadion lui fit prendre position près de Borgo-San-Giuletta, pour recevoir au besoin la brigade Bils, qui était destinée à couvrir la retraite. Il résulte des rapports qu'il n'y a pas eu de poursuite ; en conséquence, le lieutenant feld-maréchal Crenneville revint le soir même à Stradella. Le flanc droit a été, pendant la marche en avant et la retraite, protégé par le général-major prince de Hess, avec autant de pru-dence que de résolution.

Du côté de l'ennemi, il paraît y avoir eu en ligne tout le corps d'armée du maréchal Baraguay-d'Hilliers et une brigade piémontaise.

Les troupes françaises qui ont été au feu se composaient de 12 régiments d'infanterie, quelques bataillons de chasseurs et un régiment de cavalerie ; les Piémontais avaient fourni une brigade et le régiment de cavalerie Novare ; les réserves étaient nombreuses et grossissaient sans cesse.

Le lieutenant feld-maréchal Stadion évalue au moins à 40,000 hommes le nombre des combattants ennemis.

Le résultat de la reconnaissance, qui justifie ma position actuelle, me paraît en conséquence bien récompenser l'entreprise, malgré les grands sacrifices qu'elle a coûtés.

J'attends encore les rapports détaillés. Le lieutenant feld-maréchal comte Stadion signale provisoirement la bravoure de toutes les troupes qui ont pris part au combat. Les régiments Archiduc-Charles, Hess, don Miguel, Rossbach, Culoz, hussards Hall et le 8e bataillon de chasseurs, et en général toutes les troupes qui ont été engagées dans la lutte, ont ajouté une belle page à leur histoire et à l'histoire militaire de l'Autriche.

Je ne soumettrai à Votre Majesté les noms des chefs qui se sont distingués que lorsque j'aurai reçu les rapports détaillés de chaque corps de troupes. Malheureusement ce glorieux combat nous a coûté de grands sacrifices.

On a transporté à Pavie 600 blessés, parmi lesquels 20 officiers. Le major Buttner, de l'état-major général, qui se trouvait précisément en mission particulière à Vaccarizza et s'est joint à la colonne, a succombé, ainsi que le major du 3e bataillon de chasseurs ; le lieutenant-colonel Spielberg et le major Piers, du régiment d'infanterie Archiduc-Charles, sont portés absents et sont probablement morts ; en tout cas ils sont restés blessés sur le champ de bataille ; le général-major Braun est blessé.

Je ne manquerai pas de transmettre au plus tôt à Votre Majesté les rapports détaillés ; mais je puis dès à présent dire avec orgueil que, par leur bravoure et l'esprit qui les anime, les troupes se sont montrées dignes de la faveur de Votre Majesté, et qu'elles considéreront l'approbation de leur empereur et chef comme le plus noble encouragement à de nouveaux exploits.

Au quartier général de l'armée à Galasco, le 28 mai 1859.

Le feldzeugmestre,

GIULAY.

V

Combat de Palestro.

Rapport envoyé au ministère de la guerre de France.

Palestro, le 31 mai.

Vers les neuf heures du matin, le 3ᵉ régiment de zouaves venait d'établir son bivac sur la droite de ce village et sur la rive droite du canal *della Calcina*, ayant devant lui cet obstacle, lorsque quelques coups de canon, suivis d'une fusillade assez vive, engagée avec des bersagliers et autres troupes sardes déployées devant le 3ᵉ zouaves en tirailleurs, annoncèrent l'approche de l'ennemi. Le colonel fit prendre les armes à son régiment et le porta à environ 500 mètres sur sa droite, du côté où la fusillade était le plus vivement engagée.

Les Autrichiens, qui avaient pris l'offensive, s'avancèrent rapidement.

On fit d'abord déployer quatre compagnies en tirailleurs dans les blés qui couvraient les hommes, et le régiment fut formé en colonne d'attaque.

La fusillade s'engagea aussitôt très-vivement. En ce moment, le colonel s'aperçut qu'une forte colonne, appuyée par de l'artillerie, cherchait à tourner la position, ainsi que le village de Palestro.

Il lança alors tout le régiment contre les masses ennemies.

Après avoir franchi rapidement le canal qui était en avant d'eux, profond d'un mètre environ, les zouaves abordèrent résolûment l'ennemi à la baïonnette, et enlevèrent de suite trois pièces de canon, qui leur avaient fait essuyer un feu meurtrier.

En voyant les zouaves sur les hauteurs où étaient les pièces, l'ennemi s'enfuit en désordre. Deux autres pièces de canon, qu'il avait en arrière, furent enlevées comme les premières.

De là, la colonne d'attaque s'élança sur le gros de l'ennemi, dans la direction du pont de Confienza sur la rivière de la Busca.

Ce pont était fortement défendu par deux pièces d'artillerie.

Les Autrichiens, qui avaient imprudemment engagé une partie de leurs masses en avant de cette rivière, furent violemment refoulés par le choc impétueux de nos hommes; ils furent presque tous anéantis, dans l'impossibilité où ils s'étaient mis d'effectuer leur retraite.

Plus de 600 restèrent prisonniers entre nos mains ; un grand nombre, que l'on peut évaluer à 800, se noyèrent en cherchant à passer la rivière de la Busca. Beaucoup d'autres furent tués sur place.

Quoique le pont de la Busca fût obstrué par deux pièces de canon et les chevaux attelés à ces pièces (trois étaient tués), le colonel fit passer des hommes sur l'autre rive, et, après en avoir formé une colonne assez forte, il continua son mouvement en avant.

L'ennemi, soutenu par ses réserves, continua sa retraite en bon ordre, en nous abandonnant encore deux pièces de canon.

Il fut poursuivi jusqu'à la rivière de Rizza–Biraza, au village de Robbio.

Là s'arrêta le mouvement en avant. L'ennemi, déjà éloigné, continuait à effectuer rapidement sa retraite.

Le 3e zouaves a pris neuf canons, fait environ 700 prisonniers, dont 9 officiers.

De notre côté, les pertes ont été sensibles.

46 tués, dont 1 capitaine.

229 blessés, dont 15 officiers.

20 disparus (ces hommes ont roulé dans la rivière de la Rizza-Biraza en y précipitant les Autrichiens).

VI

Document autrichien sur le combat de Palestro.

(Cette pièce a été trouvée à Abbiategrasso, après la bataille de Magenta ; elle était datée : 3 juin, à minuit, signé : H. DE REDREN.)

Le 30 mai, dans l'après-midi, une division piémontaise attaqua vivement nos avant-postes entre Vercelli et Palestro.

Le bataillon de grenadiers du régiment de Léopold (brigade Wiegl du 7e corps) tint Palestro durant quelque temps, mais se retira devant des forces supérieures. Une colonne de deux compagnies, envoyée en soutien avec deux pièces, fut repoussée et perdit ses canons. On fit encore avancer un bataillon, qui ne put davantage soutenir le feu. Alors, la division Lilia du 7e corps, composée des brigades Wiegl et Dorndorf, prit position à Robbio.

A l'arrivée de ces nouvelles, le quartier général se transporta, dans la nuit du 30 au 31, à Mortara.

La division Jellachich du 2ᵉ corps (les brigades Szabo et Kudelka) fut dirigée de Cergnano vers Robbio, pour soutenir la division Lilia, pendant que la division Herdy, du même corps, allait dans la nuit à Mortara, où elle arrivait à cinq heures du matin (le 31).

Le 31, le feld-maréchal-lieutenant Zobel devait reprendre Palestro avec les deux brigades de son corps (le 7ᵉ) et celles du 2ᵉ corps.

Il désignait la brigade Dorndorf pour attaquer de front ;

La brigade Wiegl pour déborder, par un chemin latéral sur la droite de notre ligne, la gauche de l'ennemi ;

La brigade Szabo (partant de Rosasco) pour tourner l'ennemi par sa propre droite ;

Enfin, la brigade Kudelka pour former la réserve.

Le combat commença vers neuf heures. Malgré la bravoure de la colonne Wiegl, celle-ci ne parvint pas à déboucher, parce que la route, très-peu large, ne permettait de placer que deux pièces, tandis que l'ennemi avait ouvert avec succès le feu de quatre obusiers. Le général eut le bras droit traversé, et, néanmoins, resta encore quatre heures sur le champ de bataille.

La brigade Dorndorf s'avança jusqu'au village, malgré le feu nourri de l'ennemi, mais fut repoussée avec perte de 750 hommes.

La brigade Szabo avait commencé sa marche sous la protection d'une batterie de 12, lorsqu'elle fut inopinément assaillie de flanc et par derrière par trois bataillons de zouaves vers Rivoltella. Le 7ᵉ bataillon de chasseurs s'ouvrit le chemin, mais perdit 500 hommes. Les bataillons d'infanterie se retirèrent très-vite, mais la batterie, qui s'était engagée dans un chemin de traverse, ne put sauver qu'une pièce.

Après la retraite de la brigade Dorndorf, le feld-maréchal fit avancer celle de Kudelka, laissée en réserve, comme j'ai dit. Kudelka arriva au village, mais fut, à son tour, repoussé par des forces supérieures.

Le combat durait depuis quatre heures et les pertes étaient très-grandes, surtout en officiers, lorsque les premières nouvelles parvinrent au quartier général (une heure de l'après-midi).

VII

Combat de Turbigo.

Rapport adressé à l'empereur par le général de Mac-Mahon, commandant le 2e corps.

Au quartier général de Turbigo, le 3 juin.

Sire,

Ainsi que j'ai eu l'honneur d'en instruire Votre Majesté par un premier rapport que je lui ai adressé ce matin, l'ennemi a fait sauter le pont de San-Martino hier, vers cinq heures du soir, en se retirant sur la rive gauche du Tessin.

Ce matin, à la pointe du jour, le général Espinasse s'est porté, avec une brigade, sur la tête de pont que les Autrichiens avaient abandonnée à son approche. Il y a trouvé trois obusiers, deux canons de campagne et plusieurs chariots de munitions.

D'après les ordres de Votre Majesté, le 2e corps a quitté Novare ce matin, à huit heures et demie, pour se porter sur Turbigo et y franchir le Tessin sur le pont qui y a été jeté la nuit dernière, sous la protection de la division des voltigeurs de la garde impériale.

Au moment de mon arrivée à Turbigo, j'ai trouvé une brigade de cette division sur la rive droite du Tessin, occupant le village et ses abords, de manière à nous assurer la libre possession du pont, et surveillant la vallée en aval du village.

L'autre brigade de la division Camou était sur la rive droite.

La tête de colonne de la 1re division du 2e corps franchissait le pont vers une heure et demie. Au moment où, m'étant porté en avant de Turbigo, je reconnaissais le terrain et que je visitais les hauteurs de Robecchetto pour y établir les troupes, je m'aperçus tout à coup que j'avais, à quelque 500 mètres de moi, une colonne autrichienne qui, paraissant venir de Buffalora, marchait sur Robecchetto avec l'intention évidente d'occuper ce village.

Robecchetto se trouve sur la rive gauche du Tessin, à l'est et à 2 kilomètres de Turbigo. C'est un village considérable, qui peut être aisément défendu, et qu'il serait incontestablement très-utile d'occuper fortement pour un corps ennemi qui viendrait de Milan ou de Magenta, avec l'intention de barrer le passage à Turbigo. Ce village est assis sur un vaste plateau horizontal qui domine de 15 à 20 mètres la vallée du Tessin. On y arrive, lorsqu'on sort de Turbigo, par deux chemins praticables à l'artillerie : l'un qui aboutit à l'une de ses rues par la partie sud du village, l'autre par la partie ouest.

Le chemin qui vient de Magenta et de Buffalora y pénètre par la partie est. C'est ce dernier que suivait la colonne autrichienne.

J'ordonnai au général de la Motterouge, qui n'avait alors avec lui que le régiment des tirailleurs algériens, ses autres régiments étant encore sur la rive gauche de la rivière, de porter ses trois bataillons de tirailleurs sur Robecchetto, et de les disposer en trois colonnes d'attaque de la manière suivante :

Le 1er bataillon formant la droite, en colonne par division, précédé de deux compagnies de tirailleurs, destinées à se porter sur le village en l'attaquant par le sud ;

Le 3e bataillon formant la gauche, disposé de la même façon, destiné à pénétrer dans le village en l'attaquant par l'ouest ;

Le 2e bataillon, au centre et un peu en arrière des 1er et 3e, formant un échelon en réserve, prêt à appuyer les deux autres bataillons, était aussi disposé en colonne et précédé de tirailleurs.

Les trois colonnes, marchant à intervalle de déploiement, devaient, au commandement général, converger sur Robecchetto, et, en y pénétrant par la rue principale qui la traverse de l'ouest à l'est, chercher à le tourner aussi par la partie est, de manière à menacer la retraite de l'ennemi.

Pendant que le général de la Motterouge se mettait en mesure d'exécuter ces mouvements avec le régiment des tirailleurs algériens, je prenais moi-même les dispositions nécessaires pour faire arriver à lui les autres régiments de sa division. Le 45e de ligne, second régiment de la 1re brigade, recevait l'ordre de marcher dans les traces du régiment des tirailleurs algériens.

La 2e brigade, composée des 65e et 70e de ligne, recevait, un peu plus tard, l'ordre de se porter sur le village de Robecchetto par la route de Castano, afin de flanquer l'attaque convergente faite par les tirailleurs algériens.

Vers deux heures, le général de la Motterouge marchait avec ses trois bataillons sur Robecchetto, suivi d'une batterie de la réserve générale de l'armée, dirigée par le général Auger en personne.

Les colonnes de tirailleurs algériens, enlevées avec la plus grande vigueur, à la voix du général de la Motterouge et à celle de leur colonel, marchèrent résolûment sur Robecchetto sans faire usage de leur feu.

Accueillis à l'entrée du village par une très-vive fusillade, nos tirailleurs se précipitèrent tête baissée sur les Autrichiens, qui en défendaient les abords. Dans l'intérieur du village seulement ils firent usage de leur feu, et puis aussitôt se précipitèrent à la baïonnette sur tous ceux qui essayaient de résister et de leur barrer le passage. En dix minutes, l'ennemi était délogé du village et en retraite sur la route par laquelle il était venu.

A la sortie du village, il voulut user de son artillerie et nous envoya une douzaine de coups à mitraille qui n'arrêtèrent en rien l'élan de nos soldats.

Notre artillerie riposta par des coups heureux qui ébranlèrent tout à fait les colonnes ennemies et les mirent alors dans une déroute complète.

Les tirailleurs les poursuivirent au pas de course jusqu'à 2 kilomètres en avant de Robecchetto, et en tuèrent un grand nombre.

Le général Auger, en faisant prendre à la batterie quatre positions successives et très-heureusement choisies, leur fit aussi beaucoup de mal.

C'est dans une de ces positions que le général Auger, croyant apercevoir dans les blés une pièce autrichienne ayant quelque peine à suivre le mouvement de retraite de l'ennemi, se précipita au galop sur elle et s'en empara. Près de la pièce, gisait à terre le commandant de la batterie, coupé en deux par un de nos boulets.

Pendant que ceci se passait vers Robecchetto, une tête de colonne de cavalerie autrichienne se présentait sur notre gauche, venant de Castano. Je portai un bataillon du 65ᵉ et deux pièces de canon à sa rencontre. Deux boulets suffirent pour la décider à se retirer précipitamment.

L'ennemi a éprouvé des pertes considérables. Le champ de bataille est couvert de ses morts et d'une quantité considérable d'effets de toute nature qu'il a laissés entre nos mains : effets de campement, sacs complets qu'il a jetés sur le lieu du combat pour fuir avec plus d'agilité. Nous avons ramassé des armes, carabines et fusils. Nous avons fait peu de prisonniers, ce qui s'explique par la nature du terrain sur lequel l'engagement a eu lieu.

De notre côté, nous avons eu un capitaine tué (M. Vaneechout), 4 officiers blessés, dont un colonel d'état-major (M. de Laveaucoupet), 7 soldats tués et 38 blessés, parmi lesquels 4, m'a-t-on dit, des voltigeurs de la garde, qui a eu ses tirailleurs engagés avec l'ennemi en arrière de Robecchetto.

Je ne puis encore, sire, donner à Votre Majesté des détails précis sur cette affaire, qui, une fois de plus depuis notre entrée en campagne, montre tout ce qu'elle peut attendre de nos braves soldats.

Je n'ai point encore reçu les rapports particuliers qui doivent signaler ceux qui se sont le plus particulièrement distingués. Tous ont fait bravement et dignement leur devoir ; mais je signalerai, dès à présent, à Votre Majesté le général de la Motterouge comme ayant fait preuve d'un élan irrésistible ; le général Auger, pour le fait que j'ai relaté plus haut et qui, aux termes de notre législation militaire, mérite une citation à l'ordre général de l'armée ; le colonel de Laveaucoupet, qui, en combattant corps à corps avec les tirailleurs autrichiens, a reçu un coup de baïonnette à la tête ; le colonel Laure, des tirailleurs algériens, pour l'impulsion intelligente avec laquelle il a conduit ses bataillons à l'ennemi.

Je suis avec le plus profond respect, sire, de Votre Majesté, le très-humble, très-obéissant et très-fidèle sujet,

Le général de division commandant en chef
le 2ᵉ corps,

De Mac-Mahon.

VIII

Bataille de Magenta.

(BULLETIN FRANÇAIS.)

Quartier général de San-Martino, le 3 juin 1859.

L'armée française, réunie autour d'Alexandrie, avait devant elle de grands obstacles à vaincre. Si elle marchait sur Plaisance, elle avait à faire le siége de cette place et à s'ouvrir de vive force le passage du Pô, qui en cet endroit n'a pas moins de 900 mètres de largeur, et cette opération si difficile devait être exécutée en présence d'une armée ennemie de plus de 200,000 hommes.

Si l'Empereur passait le fleuve à Valenza, il trouvait l'ennemi concentré sur la rive gauche à Mortara, et il ne pouvait l'attaquer dans cette position que par des colonnes séparées, manœuvrant au milieu d'un pays coupé de canaux et de rizières. Il y avait donc des deux côtés un obstacle presque insurmontable : l'Empereur résolut de le tourner, et il donna le change aux Autrichiens en massant son armée sur la droite et en lui faisant occuper Casteggio et même Robbio sur la Trebia.

Le 31 mai, l'armée reçut l'ordre de marcher par la gauche, et franchit le Pô à Casale, dont le pont était resté en notre possession ; elle prit aussitôt la route de Verceil où le passage de la Sesia fut opéré pour protéger et couvrir notre marche rapide sur Novare. Les efforts de l'armée furent dirigés vers la droite sur Robbio, et deux combats glorieux pour les troupes sardes, livrés de ce côté, eurent encore pour effet de faire croire à l'ennemi que nous marchions sur Mortara. Mais pendant ce temps, l'armée française s'était portée vers Novare, et elle y avait pris position sur le même emplacement où dix ans auparavant le roi Charles-Albert avait combattu. Là, elle pouvait faire tête à l'ennemi, s'il se présentait.

Ainsi, cette marche hardie avait été protégée par 100,000 hommes campés sur notre flanc droit à Olengo, en avant de Novare. Dans ces circonstances, c'était donc à la réserve que l'Empereur devait confier l'exécution du mouvement qui se faisait en arrière de la ligne de bataille.

Le 2 juin, une division de la garde impériale fut dirigée vers Turbigo, sur le Tessin, et n'y trouvant aucune résistance, elle y jeta trois ponts.

L'Empereur, ayant recueilli des renseignements qui s'accordaient à lui faire connaître que l'ennemi se retirait sur la rive gauche du fleuve, fit passer le Tessin en cet endroit par le corps d'armée du général de Mac-Mahon, suivi le lendemain par une division de l'armée sarde.

Nos troupes avaient à peine pris position sur la rive lombarde, qu'elles y furent attaquées par un corps autrichien venu de Milan par le chemin de fer. Elles le repoussèrent victorieusement sous les yeux de l'Empereur.

Dans la même journée du 2 juin, la division Espinasse s'étant avancée sur la route de Novare à Milan jusqu'à Trecate, d'où elle menaçait la tête de pont de Buffalora, l'ennemi évacua précipitamment les retranchements qu'il avait établis sur ce point et se replia sur la rive gauche en faisant sauter le pont de pierre qui traverse le fleuve en cet endroit. Toutefois, l'effet de ses fourneaux de mine ne fut pas complet, et les deux arches de pont qu'il s'était proposé de renverser s'étant seulement affaissées sur elles-mêmes sans s'écrouler, le passage ne fut pas interrompu.

La journée du 4 avait été fixée par l'Empereur pour la prise de possession définitive de la rive gauche du Tessin. Le corps d'armée du général de Mac-Mahon, renforcé de la division des voltigeurs de la garde impériale et suivi de toute l'armée du roi de Sardaigne, devait se porter de Turbigo sur Buffalora et Magenta, tandis que la division des grenadiers de la garde impériale s'emparerait de la tête du pont de Buffalora sur la rive gauche, et que le corps d'armée du maréchal Canrobert s'avancerait sur la rive droite pour passer le Tessin au même point.

L'exécution de ce plan d'opérations fut troublée par quelques-uns de ces incidents avec lesquels il faut compter à la guerre. L'armée du roi fut retardée dans son passage de la rivière, et une seule de ses divisions put suivre d'assez loin le corps du général de Mac-Mahon.

La marche de la division Espinasse souffrait aussi des retards, et, d'un autre côté, lorsque le corps du maréchal Canrobert sortit de Novare pour rejoindre l'Empereur, qui s'était porté de sa personne à la tête du pont de Buffalora, ce corps trouva la route tellement encombrée, qu'il ne put arriver que fort tard au Tessin.

Telle était la situation des choses, et l'Empereur attendait, non sans anxiété, le signal de l'arrivée du corps du général de Mac-Mahon à Buffalora, lorsque, vers les deux heures, il entendit de ce côté une fusillade et une canonnade très-vives : le général arrivait.

C'était le moment de le soutenir en marchant vers Magenta. L'Empereur lança aussitôt la brigade de Wimpffen contre les positions formidables occupées par les Autrichiens en avant du pont; la brigade Cler suivit le mouvement. Les hauteurs qui bordent le Naviglio (grand canal) et le village de Buffalora furent promptement emportés par l'élan de nos troupes : mais elles se trouvèrent alors en face de masses considérables qu'elles ne purent enfoncer et qui arrêtèrent leurs progrès.

Cependant le corps d'armée du maréchal Canrobert ne se montrait point, et, d'un autre côté, la canonnade et la fusillade qui avaient signalé l'arrivée du général de Mac-Mahon avaient complétement cessé. La colonne du général avait-elle été repoussée, et la division des grenadiers de la garde allait-elle avoir à soutenir, à elle seule, tout l'effort de l'ennemi?

C'est ici le moment d'expliquer la manœuvre que les Autrichiens avaient faite. Lorsqu'ils eurent appris, dans la nuit du 2 juin, que l'armée française avait surpris le passage du Tessin à Turbigo, ils avaient fait repasser rapidement ce fleuve, à Vigevano, par trois de leurs corps d'armée, qui brûlèrent les ponts derrière eux. Le 4 au matin, ils étaient devant l'Empereur au nombre de 125,000 hommes, et c'est contre ces forces si disproportionnées que la division des grenadiers de la garde, avec laquelle se trouvait l'Empereur, avait seule à lutter.

Dans cette circonstance critique, le général Regnault de Saint-Jean d'Angély fit preuve de la plus grande énergie, ainsi que les généraux qui commandaient sous ses ordres. Le général de division Mellinet eut deux chevaux tués sous lui; le général Cler tomba mortellement frappé; le général de Wimpffen fut blessé à la tête; les commandants Desmé et Maudhuy, des grenadiers de la garde, furent tués, les zouaves perdirent 200 hommes, et les grenadiers subirent des pertes non moins considérables.

Enfin, après une longue attente de quatre heures, pendant laquelle la division Mellinet soutint sans reculer les attaques de l'ennemi, la brigade Picard, le maréchal Canrobert en tête, arriva sur le lieu du combat. Peu après parut la division Vinoy, du corps du général Niel, que l'Empereur avait fait appeler, puis enfin les divisions Renaud et Trochu, du corps du maréchal Canrobert.

En même temps, le canon du général de Mac-Mahon se faisait de nouveau entendre dans le lointain. Le corps du général, retardé dans sa marche, et moins nombreux qu'il n'aurait dû l'être, s'était avancé en deux colonnes sur Magenta et Buffalora.

L'ennemi ayant voulu se porter entre ces deux colonnes pour les couper, le général de Mac-Mahon avait rallié celle de droite sur celle de gauche, vers Magenta, et c'est ce qui explique comment le feu avait cessé, dès le début de l'action, du côté de Buffalora.

En effet, les Autrichiens, se voyant pressés sur leur front et sur leur gauche, avaient évacué le village de Buffalora et porté la plus grande partie de leurs forces contre le général de Mac-Mahon, en avant de Magenta. Le 45e de ligne s'élança avec intrépidité à l'attaque de la ferme de Cascina-Nuova, qui précède le village, et qui était défendue par deux régiments hongrois. 1500 hommes de l'ennemi y déposèrent les armes, et le drapeau fut enlevé sur le cadavre du colonel. Cependant la division de la Motte-rouge se trouvait pressée par des forces considérables qui menaçaient de la séparer de la division Espinasse. Le général de Mac-Mahon avait disposé en seconde ligne les treize bataillons des voltigeurs de la garde, sous le commandement du brave général Camou, qui, se portant en première ligne, soutint au centre les efforts de l'ennemi et permit aux divisions de la Motte-rouge et Espinasse de reprendre vigoureusement l'offensive.

Dans ce moment d'attaque générale, le général Auger, commandant l'artillerie du 2e corps, fit mettre en batterie, sur la chaussée du chemin de fer, quarante bouches à feu, qui, prenant en flanc et d'écharpe les Autrichiens défilant en grand désordre, en firent un carnage affreux.

A Magenta, le combat fut terrible. L'ennemi défendit ce village avec acharnement. On sentait de part et d'autre que c'était là la clef de la position. Nos troupes s'en emparèrent maison par maison, en faisant subir aux Autrichiens des pertes énormes. Plus de 10,000 des leurs furent mis hors de combat, et le général de Mac-Mahon leur fit environ 5000 prisonniers, parmi lesquels un régiment tout entier, le 2e chasseurs à pied, commandé par le colonel Hauser. Mais le corps du général eut lui-même beaucoup à souffrir : 1300 hommes furent tués ou blessés. A l'attaque du village, le général Espinasse et son officier d'ordonnance, le lieutenant Froidefond, étaient tombés frappés à mort. Comme lui, à la tête de leurs troupes, étaient tombés les colonels Drouhot, du 65e de ligne, et de Chabrière, du 2e régiment étranger.

D'un autre côté, les divisions Vinoy et Renaud faisaient des prodiges de valeur sous les ordres du maréchal Canrobert et du général Niel. La division Vinoy, partie de Novare dès le matin, arrivait à peine à Trecate, où elle devait bivaquer, quand elle fut appelée par l'Empereur. Elle marcha au pas de course jusqu'à Ponte-di-Magenta, en chassant l'ennemi des positions qu'il occupait et en lui faisant plus de 1000 prisonniers; mais, engagée avec des forces supérieures, elle eut à subir beaucoup de pertes : 11 officiers furent tués et 50 blessés; 650 sous-officiers et soldats furent mis hors de combat. Le 85e de ligne eut surtout à souffrir : le commandant Delort, de ce régiment, se fit bravement tuer à la tête de son bataillon, et les autres officiers supérieurs furent blessés. Le général de Martimprey fut atteint d'un coup de feu en conduisant sa brigade.

Les troupes du maréchal Canrobert firent aussi des pertes regrettables. Le colonel de Senneville, son chef d'état-major, fut tué à ses côtés; le colonel Charlier, du 90e, fut mortellement atteint de cinq coups de feu, et plusieurs officiers de la division Renaud furent mis hors de combat, pendant que le village de Ponte-di-Magenta était pris et repris sept fois de suite.

Enfin, vers huit heures et demie du soir, l'armée française restait maîtresse du champ de bataille, et l'ennemi se retirait en laissant entre nos mains quatre canons, dont un pris par les grenadiers de la garde, deux drapeaux et 7000 prisonniers. On peut évaluer à 20,000 environ le nombre des Autrichiens mis hors de combat. On a trouvé sur le champ de bataille 12,000 fusils et 50,000 sacs.

Les corps autrichiens qui ont combattu contre nous, sont ceux de Clam-Gallas, Zobel, Schwarzenberg et Liechtenstein. Le feld-maréchal Giulay commandait en chef.

Ainsi, cinq jours après le départ d'Alexandrie, l'armée alliée avait livré trois combats, gagné une bataille, débarrassé le Piémont des Autrichiens et ouvert les portes de Milan. Depuis le combat de Montebello, l'armée autrichienne a perdu 25,000 hommes tués ou blessés, 10,000 prisonniers et 17 canons.

IX

Rapport du général Regnault de Saint-Jean d'Angély, commandant en chef la garde impériale.

Au pont de San-Martino, le 5 juin 1859.

Sire,

D'après les ordres de Votre Majesté, la 2e brigade de grenadiers de la garde, sous le commandement du général de Wimpffen, est partie de Trecate, le 4 juin, à 8 heures du matin, pour aller occuper la tête de pont de San-Martino, qui se trouvait évacuée par les Autrichiens. Ceux-ci, en opérant leur retraite la veille, avaient tenté de faire sauter le pont du Tessin. Mais cette opération avait mal réussi; et, bien que deux arches fussent fortement endommagées, elles étaient cependant encore praticables aux fantassins et même à l'artillerie en faisant quelques réparations.

Les grenadiers traversèrent le pont et allèrent reconnaître la rive opposée, sur laquelle l'ennemi ne montrait que peu de forces.

A dix heures du matin, la brigade du général Cler, deux escadrons de chasseurs à cheval de la garde sous les ordres du général de Cassaignolles, trois batteries d'artillerie à pied, et deux batteries d'artillerie à cheval, se mirent en marche de Trecate pour se rendre à la tête de pont de San-Martino, où les troupes arrivèrent à onze heures et demie.

A ce moment il y eut quelques coups de canon et de fusil échangés entre les Autrichiens et deux bataillons du général de Wimpffen, appuyés par une section d'artillerie à pied. Les tirailleurs autrichiens et quelques pièces qu'ils avaient montrées furent rejetés au delà du pont du Naviglio. Vers une heure de l'après-midi, j'ordonnai de cesser ce combat sans objet, et il n'y eut plus que de rares coups de fusil échangés entre nos grenadiers, qui s'étaient rapprochés du pont de San-Martino, et les tirailleurs ennemis, qui avaient réoccupé leurs anciennes positions en avant du pont du Naviglio.

A une heure et demie, Votre Majesté entendit la canonnade engagée vers la droite de la position de l'ennemi, et en conclut que le corps d'armée du général de Mac-Mahon et la division de voltigeurs de la garde aux ordres du général Camou avaient exécuté leur mouvement tournant.

Laisser ce corps d'armée seul aux prises avec toutes les forces ennemies eût pu rendre plus difficile, ou même indécis, le résultat de l'attaque si bien combinée du général de Mac-Mahon. Afin de diviser l'attention et les forces de l'ennemi, Votre Majesté, connaissant la prochaine arrivée des corps du général Niel et du maréchal Canrobert, ordonna à la division de grenadiers de la garde, forte de moins de 5,000 hommes, d'attaquer de front la position de l'ennemi.

Cette position forme un vaste demi-cercle de collines appuyant sa droite au village de Buffalora, son centre à Magenta et sa gauche à Rebecco. Toute cette ligne est couverte par un canal large et profond, le Naviglio Grande, coulant à mi-côte, entre deux digues fort escarpées, et franchissables seulement sur trois ponts vis-à-vis les trois villages. En avant et en arrière du pont de Magenta, se trouvent quatre grandes maisons de granit (les bâtiments de la station et de la douane); ces maisons occupées par l'ennemi défendaient l'approche du canal et empêchaient ensuite de le franchir.

Le terrain à droite et à gauche de la grande route qui mène du pont de San-Martino à celui de Magenta est coupé de fossés remplis d'eau et de rizières inondées qui rendaient très-difficile la marche de l'infanterie en dehors de la route. A gauche, une chaussée étroite conduit au pont de Buffalora ; à droite, la levée du chemin de fer mène à celui de Rebecco. Pour enlever cette formidable position, je fis attaquer à gauche le village de Buffalora par le 2ᵉ de grenadiers sous les ordres du colonel d'Alton, et je fis marcher à droite sur la chaussée du chemin de fer le 3ᵉ de grenadiers commandé par le colonel Metman. Le régiment de zouaves fut massé dans un pli de terrain près de la grande route, et mis à l'abri du feu de l'ennemi ; la route elle-même, à hauteur des zouaves, fut occupée par deux pièces d'artillerie qui soutenaient avec avantage le feu de l'artillerie ennemie.

A droite, le 3ᵉ de grenadiers, dirigé par le général de Wimpffen, enleva à l'ennemi une redoute qui couvrait le pont de Rebecco, le rejeta au delà du canal, et, grâce à la vigueur de ce régiment, tous les efforts faits par les Autrichiens pour reprendre ce poste important furent victorieusement repoussés pendant le reste de la journée.

Une fois ce poste enlevé, le lieutenant-colonel de Tryon, avec un bataillon du 3ᵉ grenadiers, se jeta rapidement à gauche et vint attaquer les deux premières maisons qui couvraient l'approche du pont de Magenta ; après une vive fusillade, il parvint à s'en emparer, mais sa troupe était trop faible pour déboucher du pont, qui était vigoureusement défendu par des forces très-supérieures. Alors, les zouaves commandés par le colonel Guignard, et dirigés par le général Cler, appuyèrent l'attaque du 3ᵉ grenadiers, forcèrent le passage du pont, s'établirent dans la maison de droite et durent lutter quelque temps encore avant d'enlever la maison de gauche, d'où partait une fusillade meurtrière. Enfin, après une demi-heure d'un combat opiniâtre, ce poste fut enlevé de vive force, et rien ne s'opposa plus au libre passage du pont.

Peut-être eût-il été prudent de s'arrêter à ce succès et de se borner à la possession de cette sorte de tête de pont en attendant l'arrivée des corps d'armée du général Niel et du maréchal Canrobert ; cette mesure était d'autant plus nécessaire que le général de Mac-Mahon avait suspendu son attaque ; mais, entraînées par leur fougue habituelle, nos troupes, à peine fortes de trois bataillons, sortirent du poste qu'elles avaient conquis et se portèrent sur Magenta, centre de la position ennemie. Bientôt, elles se trouvèrent en présence de forces supérieures, et des colonnes ennemies, couvertes de tirailleurs, vinrent menacer leur droite et leur gauche. A ce moment, le général de Cassaignolles, à la tête de 110 chasseurs de la garde, chargea à plusieurs reprises et avec une remarquable énergie sur la gauche, et, malgré la difficulté du terrain planté d'arbres et de vignes, il parvint à sabrer les tirailleurs ennemis et à arrêter la marche offensive de ses colonnes.

Mais l'ennemi, favorisé par la nature du terrain peu praticable à la cavalerie, reprit bientôt l'offensive, et le faible détachement de chasseurs de la garde se retira entre les deux maisons qui forment la tête du pont de Magenta, où il fut bientôt rejoint par l'artillerie et l'infanterie, qui s'étaient portées sur le centre de la position ennemie.

Les deux fermes, à droite et à gauche du pont, furent fortement occupées par le 3e de grenadiers et les zouaves ; la cavalerie fut renvoyée au delà du pont.

Il était quatre heures du soir, l'ennemi se croyait victorieux.

Il importait au succès de la journée de conserver le débouché du pont sur le Naviglio, pour permettre aux corps d'armée du général Niel et du maréchal Canrobert d'aborder l'ennemi aussitôt qu'ils arriveraient.

Votre Majesté ordonna de défendre le poste avec la plus grande énergie, en attendant l'arrivée des renforts qui approchaient. Les ordres de Votre Majesté furent exécutés : les zouaves, les grenadiers du 3e, ainsi que ceux du 1er régiment, qui étaient venus les soutenir, résistèrent à toutes les attaques dans les postes qui leur étaient confiés.

Vers cinq heures du soir, la brigade Picard parut à portée du pont ; les grenadiers et les zouaves, reprenant alors l'offensive, s'élancent à la baïonnette, repoussent encore une fois l'ennemi vers Magenta, et assurent un libre débouché aux deux corps d'armée qui arrivaient. La division Vinoy, du corps de Niel, entra alors en action. Les opérations du général Niel furent secondées par les feux de l'artillerie de la garde, dirigés avec habileté sur les réserves ennemies abritées derrière les villages de Castello, de Barsi et de Rebecco.

Pendant les opérations dont je viens de rendre compte, le régiment du colonel d'Alton s'était emparé de Buffalora, vigoureusement défendu, et, secondé par le 73e de ligne du corps d'armée du général de Mac-Mahon, il s'y était maintenu jusqu'à la fin de la journée contre l'attaque de forces supérieures.

Tous les régiments de la division Mellinet, la cavalérie et l'artillerie, ont dignement fait leur devoir. Toutefois, l'enlèvement d'une position que l'art et la nature semblaient rendre inexpugnable, position défendue par des forces très-supérieures en nombre, n'a pu être obtenu qu'au prix de pertes considérables. Parmi les pertes les plus regrettables, je dois signaler à Votre Majesté celle du brave général Cler, officier du plus grand mérite, qui a reçu la mort en menant les zouaves à la charge.

Dans l'attaque de Buffalora par le 2e de grenadiers, les commandants de Maudhuy et Desmé de Lisle ont trouvé une mort glorieuse; le général de Wimpffen, en conduisant l'attaque de droite, a été légèrement blessé à la figure.

Le général Mellinet, qui, pendant tout le cours de l'action, m'a secondé avec une rare valeur, a eu deux chevaux tués sous lui.

Je mettrai plus tard sous les yeux de Votre Majesté les noms des officiers qui se sont fait le plus remarquer et qui me paraissent plus particulièrement dignes de récompense.

Bien que M. le général Lebœuf ne soit pas sous mon commandement, je manquerais à un devoir si je ne signalais pas l'énergique assistance que cet officier général m'a prêtée en dirigeant le feu de mon artillerie pendant le plus chaud de l'action. Son zèle seul l'amenait au milieu de nous : c'est un officier général qu'on est sûr de rencontrer partout où se présente le danger.

Le général commandant en chef la garde impériale,

REGNAULT DE SAINT-JEAN D'ANGÉLY.

X

Rapport du général de Mac-Mahon, commandant en chef le 2ᵉ corps.

Au quartier général, à Magenta, le 6 juin.

Sire,

Hier j'ai eu l'honneur d'adresser à Votre Majesté un premier rapport succinct sur les opérations du 2ᵉ corps dans la journée du 4; je le complète ce matin, ayant reçu les rapports particuliers des commandants de division.

Conformément aux ordres de Votre Majesté, le 2ᵉ corps et la division des voltigeurs de la garde impériale ont quitté Turbigo, le 4, à dix heures du matin, pour se porter sur Magenta.

La première division du 2ᵉ corps (division de la Motterouge) est partie de Turbigo par Robecchetto, Malvaggio, Casate et Buffalora, pendant que la division Espinasse se dirigeait sur le même point par Buscate, Inveruno, Mesero et Marcallo.

La division Camou, des voltigeurs de la garde, marchait dans les traces de la division la Motterouge. Arrivé à Cuggiono, je m'aperçus que la tête de cette division (il était midi environ) avait l'ennemi devant elle à Casate. Les renseignements que j'ai recueillis dans la journée d'hier indiquent qu'il y avait sur ce point deux régiments autrichiens.

Je les fis attaquer sur-le-champ par le régiment de tirailleurs algériens. Le village étant enlevé, ce régiment s'établit à 200 mètres en avant. Je le fis arrêter sur ce point et je fis déployer la 1ʳᵉ division, la droite à la Cascina-Valizio, la gauche vers la Cascina-Malastalla, pendant que l'ennemi, de son côté, réunissait des forces à Buffalora et à Cascina-Guzzafame.

Il m'était démontré, par les dispositions que prenait l'ennemi, que j'allais avoir devant moi des forces considérables.

Pendant que la division la Motterouge formait sa ligne de bataille, je faisais avancer la division de voltigeurs de la garde en seconde ligne. Cette division était composée de treize bataillons, ceux-ci par bataillons en masse, à intervalles de déploiement.

Sur ma gauche, je faisais dire au général Espinasse de hâter son mouvement sur Mesero et Marcallo.

Vers deux heures, cet officier général m'informait qu'il avait lui-même l'ennemi devant lui à Marcallo.

Je lui prescrivis aussitôt d'enlever ce village, puis de s'établir, sa gauche appuyée à Marcallo, sa droite dans la direction de Cascina-Guzzafame. Dès que j'eus la certitude que ces dispositions préparatoires étaient achevées, je fis attaquer vigoureusement Buffalora par la division la Motterouge, soutenue par la division Camou.

La position de Buffalora, si les renseignements que j'ai reçus sont exacts, se trouvait occupée par 15,000 Autrichiens, ayant en arrière d'eux, entre Buffalora et Magenta, un corps de 20,000 hommes.

L'ennemi avait sur son front, devant le village de Buffalora, une forte batterie d'artillerie et une batterie de fuséens.

La position fut attaquée vigoureusement par le régiment de tirailleurs indigènes et le 45ᵉ de ligne, pendant que les grenadiers de la garde, débouchant par San-Martino, attaquaient également Buffalora et obligeaient l'ennemi à battre en retraite vers Magenta.

Le village de Buffalora étant dépassé par mes troupes, je fis sur-le-champ un quart de conversion à gauche pour former une ligne de bataille appuyée, la droite au chemin de Buffalora à Magenta, la gauche à Cascina-Nova, se ralliant de ce côté avec la division Espinasse, vers Marcallo.

Dès que la division la Motterouge eut achevé de prendre son ordre de bataille, et que la division Camou eut débouché sur la gauche de Buffalora, je fis marcher directement toute la ligne sur Magenta, alors très-fortement occupé par l'ennemi.

A Cascina-Nova, le 45ᵉ de ligne s'engagea, avec la plus grande intrépidité, contre les forces qui s'étaient établies dans l'intérieur et autour de cette grande ferme. Deux régiments hongrois, qui défendaient cette position, furent obligés de céder à notre élan ; 1,500 hommes environ déposèrent les armes. Un drapeau fut enlevé par le 45ᵉ sur le cadavre du colonel d'un de ces régiments.

Le mouvement se prolongeant en avant vers Cascina-Guzzafame, la division la Motterouge se trouva avoir devant elle des forces considérables qui manœuvraient dans l'intention évidente de s'opposer à la jonction de mes deux divisions et d'isoler complétement la division Espinasse.

En ce moment, je ralentis un peu le mouvement de la division la Motterouge, laissant seulement ses tirailleurs s'engager avec l'ennemi, afin de donner le temps aux bataillons de la division de se former en bon ordre, et aux treize bataillons de la division Camou de prendre également leur ligne de bataille à 200 mètres en arrière de la division la Motterouge.

Ceci fait, j'ordonnai au général de la Motterouge de faire effort sur-

Magenta et de faire prendre pour point de direction à tous ses bataillons le clocher de cette ville, en menaçant par son extrême droite, composée du 45e, la droite de l'ennemi.

Pendant ce temps, la division Espinasse, marchant de Marcallo par Cascina-Medici, abordait l'ennemi par sa droite. Le mouvement convergent des deux divisions s'opéra avec un ensemble et un élan des plus remarquables. La division la Motterouge, se sentant appuyée par les voltigeurs de la garde, et ceux-ci ayant en avant une première ligne formée de régiments dont ils connaissaient toute l'ardeur, les deux troupes rivalisèrent d'entrain pour concourir au même but. L'acharnement de l'ennemi, dans Magenta, fut extrême. Des deux côtés, on sentait que Magenta était réellement la clef de la position. Dans ce moment d'attaque générale, le général Auger, commandant l'artillerie du 2e corps, avait suivi le mouvement de la division la Motterouge, établissant successivement les batteries de cette division et celles de la réserve sur la droite de ma ligne de bataille, afin de répondre vigoureusement à l'artillerie ennemie établie au débouché de la ville sur la route de Buffalora.

Vers sept heures, le gros des forces ennemies dessina son mouvement de retraite vers Rebecco, Castellazzo et Corbetta. Une partie s'engagea sur le chemin qui conduit de Magenta à Ponte di Magenta.

En ce moment, notre artillerie, avec quarante pièces en batterie sur le chemin de fer parallèle à la direction de la ligne de retraite de l'ennemi, put prendre en flanc et d'écharpe les colonnes autrichiennes qui défilaient de ce côté dans le plus grand désordre. Celles-ci durent éprouver des pertes considérables, reçues qu'elles étaient dans ce moment avec la plus grande vigueur par l'une des divisions du 4e corps, dont un des régiments, le 52e de ligne, avait concouru un instant à l'attaque de Magenta.

La ville de Magenta, tombée en notre pouvoir vers sept heures et demie, était encore en ce moment même remplie de nombreux détachements ennemis retranchés et barricadés dans toutes les maisons, se défendant avec intrépidité, mais auxquels toute retraite était devenue impossible. A huit heures, le feu cessa des deux côtés, et ces détachements durent mettre bas les armes. L'attaque de la ville par la division Espinasse, faite en même temps que celle de la division la Motterouge, fait le plus grand honneur aux régiments de la 2e division.

Le 2e de zouaves et le 2e étrangers s'y sont fait remarquer tout particulièrement.

Le champ de bataille entièrement couvert des cadavres de l'ennemi, jonché de ses armes et de ses effets de toute espèce, indique à la fois combien nos troupes ont été vigoureuses et combien les pertes de l'ennemi ont été grandes.

A l'heure qu'il est, j'estime à 5 ou 6,000 le nombre des prisonniers que j'ai fait diriger sur San-Martino.

Il y a plus de 10,000 fusils sur le champ de bataille ; nos pertes, quoique sensibles, sont relativement peu considérables.

Le général Espinasse, chargeant de sa personne à la tête d'un de ses bataillons, est tombé mortellement frappé, ainsi qu'un de ses officiers d'ordonnance, dans la ville de Magenta.

Brillamment comme lui, à la tête de leurs troupes, sont tombés les colonels Drouhot, du 65e de ligne, de Chabrière, du 2e régiment étranger.

Je ne dois pas omettre de signaler les services que nous a rendus notre cavalerie dans cette journée. Elle a chargé plusieurs fois la cavalerie ennemie, qui cherchait à s'engager dans les intervalles de nos colonnes.

Notamment, mon peloton d'escorte a chargé trois fois sur des partis de uhlans. Nulle part la cavalerie autrichienne n'a tenu devant la nôtre.

D'après les renseignements fournis par un officier d'ordonnance du général Jellachich, qui a été fait prisonnier, l'ennemi avait devant nous quatre corps d'armée de 30,000 hommes chacun, sur le papier, mais n'ayant, en réalité, que 25,000 combattants.

Ces corps seraient ceux de Clam-Gallas, Liechtenstein, Benedeck et Zobel, commandés en chef par le feld-maréchal Giulay.

Je n'ai pas besoin, sire, de vous dire combien j'ai à me féliciter de la vigueur et de l'énergie de toutes les troupes que j'ai l'honneur de commander, à quelques armes qu'elles appartiennent. J'y comprends, bien entendu, la division de voltigeurs de la garde qui a été mise un instant sous mes ordres, et dont le concours m'a été très-utile.

Si j'éprouve un regret, c'est de ne pouvoir dans ce rapport vous donner les noms des officiers et des soldats, en très-grand nombre, qui méritent d'être mis à l'ordre de l'armée.

Les officiers généraux, sans exception, sont tous dans cette catégorie, et j'en puis dire autant de tous les chefs de corps.

J'ai dirigé hier sur San-Martino trois canons autrichiens qui ont été enlevés à l'ennemi dans la journée du 4 juin.

Je suis avec le plus profond respect,

Sire,

De Votre Majesté

Le très-humble et très-obéissant serviteur et sujet,

Le général commandant en chef le 2e corps,

DE MAC-MAHON.

XI

Rapport du maréchal Canrobert, commandant en chef le 3ᵉ corps.

Le maréchal commandant le 3ᵉ corps partit de Novare le 4 juin ; dès qu'il a eu passé le pont du Tessin (cinq heures du soir), et pris les ordres de l'Empereur, il s'est porté rapidement sur le lieu du combat, où la brigade Picard, de la division Renaud, arrivée à quatre heures du soir, s'était placée à la droite des grenadiers de la garde qui avaient enlevé avec tant de vaillance des positions vraiment formidables.

A l'arrivée du maréchal, la brigade Picard, aidée de quelques bataillons de la division Vinoy, avait déjà pris et repris plusieurs fois le village de Ponte di Magenta; mais la disposition du terrain qui s'étend entre ce village et la jetée du chemin de fer présente un contre-fort très-rapproché de cette jetée, la dominant, et dont l'occupation était de ce côté une sorte de clef de position.

Le maréchal le fait occuper par plusieurs compagnies que placent M. le général Courtois d'Hurbal et M. le capitaine de Molènes, un de ses officiers d'ordonnance ; puis il prolonge sa marche jusqu'au village même de Ponte di Magenta, qui, après avoir été pris et repris trois fois, avait encore à être défendu une quatrième contre le retour des Autrichiens.

Le général Picard, le colonel Bellecourt, du 85ᵉ, et beaucoup d'officiers, qui donnent aux troupes l'exemple de l'entrain et de la ténacité dans l'entrain, le font reprendre de nouveau.

L'ennemi sentait l'importance de ce point, qui, s'il fût resté en son pouvoir, le menait sur le flanc même de notre ligne de communication avec le pont du Tessin. Cette circonstance explique sa ténacité dans les attaques successives et l'irrésistible entrain des nôtres dans les retours offensifs pour reprendre la position.

La brigade Janin, ayant à sa tête le général Renaud, avait enfin pu déboucher et se porter rapidement sur la ligne autrichienne, s'appuyant à Ponte di Magenta, dans la portion de ce village placée sur la rive gauche du canal Naviglio. Prise et reprise plusieurs fois, cette portion du village, isolée par le pont du Naviglio que l'ennemi avait fait sauter, reste en possession du général Renaud, qui s'y établit définitivement.

La division Trochu, qui n'apparaît sur le théâtre de la lutte que vers huit heures du soir avec sa première brigade, s'établit dans le village de Ponte di Magenta et corrobore notre succès par une occupation des plus solides.

De grands éloges doivent être donnés à la troupe, qui, malgré sa faiblesse numérique, les fatigues d'une marche pénible, a constamment suivi l'exemple de ses chefs à tous les degrés de la hiérarchie, et chargé chaque fois énergiquement l'ennemi à la baïonnette.

Le succès a été glorieux, mais chèrement acheté : plus de 1,100 hommes ont été frappés. Parmi les officiers tués, j'ai la douleur de citer M. le colonel de Senneville, mon chef d'état-major général, officier supérieur accompli; le colonel Charlier, du 90e, tué à la tête de ses soldats; le capitaine d'état-major Baligand, excellent officier, aide de camp de M. le général Jannin. Parmi les blessés se trouvent l'intendant Mallarmé, le colonel Auzouy, du 23e de ligne, le colonel d'état-major de Cornély, mon premier aide de camp, contusionné par la chute d'un cheval tué sous lui; le capitaine d'état-major Armand, l'un de mes aides de camp, blessé légèrement d'une balle au menton; le sous-lieutenant de Lostanges, atteint d'un léger coup de sabre à la tête.

Nous avons pris à l'ennemi plusieurs centaines de prisonniers, qui ont été immédiatement dirigés sur San-Martino.

Tout porte à croire qu'en face de nous la perte de l'ennemi a été au moins triple de la nôtre.

M. le comte de Vimercati, officier piémontais, mis à ma disposition par l'Empereur, m'a été très-utile.

Le maréchal de France commandant en chef
le 3e corps,

CANROBERT.

XII

Rapport du général Niel, commandant en chef le 4e corps.

Au quartier général de Ponte di Magenta, 5 juin 1859.

Sire,

Je n'ai pu encore réunir tous les documents relatifs à la part que la division Vinoy, du 4e corps, a prise à la bataille qui a été livrée hier au débouché du pont du Tessin ; mais je pense que Votre Majesté lira avec intérêt le résumé des renseignements que j'ai déjà pu me procurer.

Au moment où elle venait de prendre son bivac à Trecate, arrivant de Novare, la division Vinoy a été appelée par l'Empereur. La distance de Trecate à Ponte-Novo di Magenta a été presque entièrement parcourue au pas de course, et j'ai eu à calmer plutôt qu'à exciter la rapidité de la marche. Il était temps que cette division arrivât. La grande supériorité des forces de l'ennemi faisait éprouver des pertes à la garde impériale, qui était vivement pressée dans sés positions. J'ai dû envoyer des renforts sur les points les plus menacés. Les troupes de la division, combattant par groupes de deux ou trois bataillons, ont été plusieurs fois dans des positions critiques. En ligne, nous étions menacés d'être percés ; et, quand nous formions des colonnes d'attaque, nous étions enveloppés.

L'ennemi a été chassé de toutes les positions que nous voulions occuper, qui sont restées jonchées de ses morts et de ses blessés. La 2e division a fait plus de 1,000 prisonniers.

Un combat si vif a entraîné des pertes sensibles. D'après les rapports qui me sont arrivés jusqu'à ce moment, et qui sont bien près d'être exacts, la division Vinoy a eu 11 officiers tués et 50 blessés ; le nombre de sous-officiers et soldats tués ou blessés est de 650. Le 85e est le corps qui a le plus souffert ; le commandant Delord, de ce régiment, s'est fait bravement tuer à la tête de son bataillon, et tous les autres officiers supérieurs ont été mis hors de combat. Le général de Martimprey a été blessé à la tête de sa brigade.

J'aurai beaucoup d'actes de bravoure à faire connaître, mais je crois devoir signaler dès aujourd'hui à Votre Majesté la brillante conduite du général Vinoy. Il est impossible d'allier à un plus haut degré l'ardeur qui électrise le soldat et la présence d'esprit qui fait parer aux cas difficiles et imprévus.

Tout le monde, sire, a bien fait son devoir dans la 2e division du 4e corps. On y était heureux de combattre sous les yeux de Votre Majesté.

Je suis avec le plus profond respect,

Sire,

De Votre Majesté,

Le plus dévoué serviteur et sujet.

Le général de division aide de camp de l'Empereur commandant le 4e corps.

NIEL.

XIII

*Rapport du commandant de la 2e armée, feldzeugmestre comte Giulay,
à l'empereur d'Autriche, sur la bataille de Magenta.*

Sire,

Je m'empresse de transmettre, avec le plus profond respect, à Votre Majesté, par le colonel Weiszirmmel, de l'état-major général, un rapport sommaire sur la bataille de Magenta, et je le ferai suivre d'une description détaillée de cet événement glorieux pour les armes de Votre Majesté, bien que le succès n'ait pas couronné nos efforts.

Le 4 juin, à sept heures du matin, le lieutenant feld-maréchal comte de Clam me fit savoir qu'avec environ 7,000 hommes de son corps et le 2e corps il occupait la position de Magenta, et que de fortes masses ennemies s'avançaient vers cette tête de pont, que le même lieutenant-feld-maréchal avait abandonnée peu de jours auparavant, comme ne pouvant pas être défendue.

A l'heure où je reçus cet avis (huit heures un quart du matin), il y avait du 7e corps la division Reischach à Corbetto, le lieutenant feld-maréchal Lillia à Castelletto, le 3e corps à Abbiate-Grasso, le 5e également en marche pour se rendre à Abbiate-Grasso, le 8e corps en marche de Binasco à Bestazzo, le 9e corps aux abords du Pô, au-dessous de Pavie. Je transmis aux corps l'ordre de se porter de suite encore plus en avant, et je dirigeai le 3e et le 5e corps d'armée sur le flanc droit de l'ennemi, en cas que l'ennemi dût réellement tenter une attaque en partant de San-Martino. Il était déjà venu à ma connaissance, le jour précédent, que l'ennemi avait passé le Tessin à Turbigo.

C'était de ce côté que j'attendais son attaque principale. Auparavant déjà la division Cordon, du 1er corps, avait été envoyée à Turbigo : cependant elle avait dû s'en retirer en partie; et, plus tard, lorsque Buffalora fut perdu, elle dut également se retirer de là, parce que l'ennemi l'attaquait dans cette dernière position.

J'ordonnai au lieutenant feld-maréchal comte Clam de défendre Magenta, et je fis hâter à tous les corps leur marche en avant.

A midi, l'ennemi commença l'attaque. Disposant de forces supérieures, il parvint à prendre la digue du Naviglio et Ponte di Magenta. Il fit à cette occasion des pertes énormes; cependant les digues et le terrain coupé lui permirent de s'établir dans cette position vers deux heures. A cette heure-là, je m'étais rendu à Magenta avec mon état-major, et je prenais mes dispositions.

Au moment où la première ligne commençait à céder, la division du lieutenant feld-maréchal baron Reischach reçut l'ordre de reprendre à l'ennemi Ponte di Magenta. Je me rendis à cheval à Rebecco pour indiquer au 3e corps d'armée la direction du flanc droit de l'ennemi. Peu de temps après mon arrivée en cet endroit, on m'annonçait la reprise héroïque de Ponte di Magenta et la prise d'un canon rayé.

Sûres de la victoire, les colonnes du 3e corps se portèrent alors en avant, le général-major Ramming sur la rive orientale du Naviglio, la brigade Hartung entre le canal et Carpegnago, la brigade Dürfeld derrière les deux comme réserve.

Lorsque ces brigades s'avancèrent pour l'attaque, la division du lieutenant feld-maréchal Reischach était aussi rejetée en arrière, bien que cette division, notamment la brigade du général-major Lebzeltern, qui précédait héroïquement le régiment d'infanterie *Empereur* dans une attaque contre Buffalora, ait repoussé vaillamment plusieurs assauts.

L'ennemi faisait constamment avancer en ligne des troupes fraîches; l'apparition du 15e corps sur le flanc de l'armée alliée fit au commencement un très-bon effet. La brigade du général-major Hartung, appuyée par le général-major Dürfeld, s'élança plusieurs fois contre Ponte-Vecchio di Magenta; ce point fut pris, perdu, puis repris, et enfin il resta au pouvoir de l'ennemi. Des monceaux de cadavres témoignent de l'opiniâtreté dont on a fait preuve de part et d'autre dans cette lutte.

La brigade général-major Ramming, après plusieurs attaques du brave régiment *Roi des Belges* contre Rebecco, dut aussi se retirer et s'arrêta devant cette localité. Vers le soir, le 5e corps arriva sur le champ de bataille; la brigade Prince de Hesse essaya en vain, bien que combattant avec une rare bravoure, de repousser l'ennemi, qui s'avançait vers Magenta. Magenta, qui était encore tenu par les troupes épuisées du lieutenant feld-maréchal comte Clam et du lieutenant feld-maréchal prince Liechtenstein, dut enfin être évacué devant les attaques d'un ennemi supérieur en nombre qui arrivait aussi du côté du nord. La division du lieutenant feldmaréchal Lillia reçut alors l'ordre de se porter sur Corbetto, et d'occuper, comme réserve, ce point, par où devait s'effectuer la retraite.

Le soir étant venu, je fis aussi occuper fortement Rebecco et tout préparer pour attaquer de nouveau le matin du 5. Les énormes pertes de l'ennemi permettaient aussi d'espérer qu'on le trouverait ébranlé, et la bravoure que nos troupes avaient montrée dans toutes les attaques permettait d'espérer que leur choc aurait culbuté l'ennemi.

Nous avions fait des prisonniers de presque tous les régiments de l'armée française; il semblait, en conséquence, qu'elle eût engagé ses dernières réserves, tandis que, de notre côté, nous avions encore le 5° et le 8° corps d'armée et une division du 3° qui n'avaient pas combattu; ces troupes pouvaient, arrivant toutes fraîches, peser d'un grand poids dans la balance. J'avais bien calculé tout cela, et je n'attendais plus, tout en achevant de prendre mes dispositions pour l'attaque, que d'avoir reçu l'avis que les troupes occupaient leurs positions, et le chiffre des pertes qu'elles avaient faites.

C'est à ce moment solennel que j'appris que les troupes du 1er et du 2° corps d'armée, qui avaient le plus souffert du premier choc de l'ennemi, s'étaient déjà portées en arrière, et qu'elles ne pourraient arriver sur le champ de bataille qu'en faisant une marche de nuit très-fatigante. Ces troupes s'étaient déjà remises en route dès trois heures du matin, de sorte qu'à l'heure où il m'eût été possible de les envoyer de nouveau en avant, elles opéraient déjà leur marche en arrière. Dans de telles circonstances, je dus chercher à maintenir intacts, pour couvrir les autres, les corps qui se trouvaient encore prêts à combattre; il me fallut ordonner la retraite.

Le 5, de bonne heure, le brave régiment d'infanterie Grand-Duc de Hesse attaqua encore une fois Ponte di Magenta, pour faciliter le mouvement de retraite. Ce fut, dit le lieutenant feld-maréchal prince Schwarzenberg dans son rapport, le dernier effort d'un brave régiment qui, le jour précédent, avait eu 25 officiers blessés, avait perdu 1 officier d'état-major et 9 capitaines, sans jamais une seule fois hésiter à l'attaque ni plier dans la retraite.

L'ennemi fut laissé à Magenta, puis la retraite fut ordonnée. Je crois pouvoir dire en toute assurance que l'ennemi, malgré ses forces supérieures, a payé cher la possession de Magenta, et qu'il rendra à l'armée de Votre Majesté cette justice que ce n'est pas sans avoir soutenu une lutte héroïque qu'elle a cédé à une armée vaillante et supérieure en nombre.

Je ne suis pas en mesure de donner de plus grands détails sur le combat, attendu que, dans les conditions actuelles, je ne pourrais exiger de recevoir en temps utile les rapports des troupes. Je crois n'être pas loin de la vérité en fixant à 4 ou 5,000 le chiffre de nos morts et de nos blessés, et l'ennemi en a certainement perdu moitié plus. Parmi les blessés se trouvent le lieutenant feld-maréchal Reischach, blessé d'un coup de feu à la hanche, et les généraux Lebzeltern et Dürfeld, blessés tous deux au bras. Je ne manquerai pas, dès que j'aurai reçu les rapports des chefs de corps, d'envoyer à Votre Majesté une relation plus détaillée, et de lui donner les noms de ceux qui se sont particulièrement distingués.

Quartier général de Belgiojoso, le 6 juin 1859.

Feldzeugmestre,
GIULAY.

XIV

Combat de Melegnano.

Rapport du maréchal Baraguay-d'Hilliers, commandant en chef le 1er corps.

Melegnano, le 10 juin 1859.

Sire,

Votre Majesté m'a donné l'ordre, hier, de me porter avec le 1er corps sur la route de Lodi, de chasser l'ennemi de San-Giuliano et de Melegnano, en me prévenant que, pour cette opération, elle m'adjoignait le 2e corps, commandé par le maréchal de Mac-Mahon.

Je me suis porté immédiatement à San-Donato pour m'entendre avec le maréchal, et nous sommes convenus qu'il attaquerait avec sa 1re division San-Giuliano ; qu'après en avoir déposté l'ennemi, il se dirigerait sur Carpianello pour passer le Lombro dont les abords sont très-difficiles, et que de là il se dirigerait sur Mediglia.

La 2e division devait prendre, à San-Martino, la route qui, par Trivulzo et Casa-Nova, la conduisait à Bettola et se dirigeait sur la gauche de Mediglia, de manière à tourner la position de Melegnano.

Il fut convenu que le 1er corps se dirigerait tout entier sur la grande route de Melegnano, enverrait à droite, au point indiqué sur la carte « Betolma, » la 1re division qui, passant par Civesio, Viboldone, irait à Mezzano, établirait sur ce point une batterie de 12 pièces pour battre Pedriano d'abord, et plus tard le cimetière de Melegnano, où l'ennemi s'était retranché et où il avait établi de fortes batteries ;

Que la 2e division du 1er corps, après avoir quitté San-Giuliano, se porterait sur San-Brera et y établirait également une batterie de 12 pièces pour battre le cimetière et enfiler la route de Melegnano à Lodi ;

Qu'enfin la 3ᵉ division du même corps se dirigerait directement sur Melegnano et enlèverait la ville, concurremment avec les 1ʳᵉ et 2ᵉ divisions, dès que le feu de notre artillerie y aurait jeté du désordre.

La 1ʳᵉ division, laissant Melegnano sur sa gauche, eut ordre de se porter sur Cerro, la 2ᵉ et la 3ᵉ sur Sordio, où elles devaient se mettre en rapport avec le 2ᵉ corps qui, par Dresano et Casalmajocco, s'y dirigeait également.

Pour que ces combinaisons pussent avoir un plein succès, il fallait que le temps ne manquât pas à leur développement, et, en me prescrivant d'opérer le jour même de mon départ de San-Pietro l'Olmo, Votre Majesté rendait ma tâche plus difficile, car la tête de la 3ᵉ division du 1ᵉʳ corps ne put entrer en ligne qu'à trois heures et demie, tant la route était embarrassée par les convois des 2ᵉ et 4ᵉ corps. Cependant, à deux heures et demie je donne l'ordre au maréchal de Mac-Mahon de marcher sur San-Giuliano : il n'y trouva pas l'ennemi, passa le Lombro à gué, quoiqu'un pont fût indiqué sur la carte à Carpianello, et continua son mouvement sur Mediglia.

A cinq heures et demie, la 3ᵉ division du 1ᵉʳ corps arriva à environ 1,200 mètres de Melegnano, occupé par l'ennemi, qui avait élevé une barricade à environ 500 mètres en avant sur la route, et avait établi des batteries à l'entrée même de la ville, derrière une coupure, à hauteur des premières maisons. J'ordonnai au général Bazaine de disposer sa division pour l'attaque : un bataillon de zouaves fut jeté en avant et sur les flancs en tirailleurs. L'ennemi nous accueillit par une canonnade qui pouvait devenir dangereuse parce que ses boulets enfilaient la route sur laquelle nous devions marcher en colonne. Notre artillerie répondit avec succès à celle des Autrichiens, et le général Forgeot, avec deux batteries et les tirailleurs de la 1ʳᵉ division à Mezzano, appuya sur notre droite l'attaque que nous allions faire. Je fis mettre les sacs à terre et lancer au pas de course sur la batterie ennemie le 2ᵉ bataillon de zouaves, suivi par toute la 1ʳᵉ brigade. Les Autrichiens avaient garni d'une nuée de tirailleurs les premières maisons de la ville, la coupure de la route et le cimetière, et cependant ils ne purent résister à l'élan de notre attaque, battirent en retraite à droite et à gauche, firent une vigoureuse résistance dans les rues, au château, derrière les haies et les murs des jardins, et furent complétement chassés de la ville à neuf heures du soir.

La 2ᵉ division, à son arrivée près de Melegnano, prit à gauche de la 3ᵉ, suivit la rivière et prit ou tua les ennemis que nous avions déjà chassés du haut de la ville et dépassés. Le maréchal de Mac-Mahon put même envoyer aux Autrichiens des balles et des boulets sur la route de Lodi : il s'était porté, au bruit de notre fusillade, à Cologno.

La résistance de l'ennemi a été vigoureuse. On s'est plusieurs fois abordé à la baïonnette : dans l'un des retours offensifs des Autrichiens, l'aigle du 33ᵉ, un instant en péril, a été bravement défendue.

Les pertes de l'ennemi sont considérables : les rues et les terrains avoisinant la ville étaient jonchés de leurs morts : 1,200 blessés autrichiens ont été portés à nos ambulances ; nous avons fait de 800 à 900 prisonniers et pris une pièce de canon. Nos pertes s'élèvent à 953 hommes tués ou blessés ; mais, comme dans tous les engagements précédents, les officiers ont été frappés dans une large proportion : le général Bazaine et le général Gose ont été contusionnés ; le colonel du 1ᵉʳ de zouaves a été tué ; le colonel et le lieutenant-colonel du 33ᵉ ont été blessés ; il y a en tout 13 officiers tués et 56 officiers blessés.

J'ai l'honneur d'envoyer à l'Empereur, avec l'état de ces pertes, les propositions faites par les généraux de division et approuvées par moi. Je le prie d'y avoir égard et de traiter le 1ᵉʳ corps avec sa bienveillance habituelle.

Je lui recommanderai particulièrement le colonel Anselme, mon chef de l'état-major, proposé pour général de brigade ; le commandant Foy, dont le cheval a été blessé, et qui est proposé pour lieutenant-colonel ; le commandant Melin, proposé pour officier de la Légion d'honneur ; le capitaine de Rambaud, pour lequel j'ai demandé déjà de l'avancement, mon porte-guidon, qui a été blessé à mes côtés.

Je suis avec respect,

De Votre Majesté,

Sire,

Le très-humble et très-fidèle sujet,

Le maréchal,

BARAGUAY-D'HILLIERS.

XV

Document autrichien sur le combat de Melegnano,

publié par la *Gazette de Vienne*.

Vérone, 13 juin, 4 heures après-midi.

Nous sommes maintenant en mesure de donner de plus amples détails sur le combat d'arrière-garde de Melegnano, ainsi que sur l'évacuation de Plaisance.

Le 8 de ce mois, la brigade Roden, appartenant à la division d'arrière-garde Berger, du 8e corps d'armée, se trouvait à Melegnano.

A cinq heures et demie de l'après-midi, trois colonnes ennemies venant de Milan s'avancèrent contre cette localité. La colonne d'attaque qui s'avançait sur la grand'route était forte de trois bataillons, six pièces d'artillerie et une division de cavalerie. Des deux autres colonnes, celle de l'aile droite était de même force avec 10 canons, parmi lesquels il y avait aussi des fusées à la Congrève; celle de l'aile gauche était un peu plus faible et avait deux canons.

A cinq heures trois quarts, l'ennemi commença l'attaque par une vive canonnade. La batterie de la brigade Roden répondit au feu de l'artillerie ennemie, qui était plus que double de la nôtre, et elle le fit d'une manière si persistante et si efficace qu'elle causa à l'ennemi de grandes pertes.

Au bout d'une demi-heure, pendant laquelle la brigade Roden avait de nouveau pénétré dans la localité de Melegnano, l'ennemi fit une forte attaque d'infanterie contre le flanc droit de la brigade, menaçant ainsi sa communication par le pont du Lambro et sa ligne de retraite vers Lodi avec des forces tellement supérieures que les détachements entrés à Melegnano durent être rappelés. La batterie tint bon au feu jusqu'au dernier moment; pendant ce temps la brigade Boer, qui s'était tenue en arrière de Melegnano, était venue appuyer les troupes engagées; elle prit position près du Castello-Bernardi et occupa ce domaine, choisi comme point de jonction, jusqu'au moment où les derniers blessés furent transportés; elle y reçut les détachements qui se retiraient de Melegnano, tandis que l'ennemi, passé sur la rive gauche du Lambro, balayait la route dans le sens de sa longueur à partir de la Capuccini.

Une violente pluie d'orage, et sans doute aussi l'intention de marcher sur Pavie, engagèrent l'ennemi à cesser bientôt le combat; la division Berger continua, sans être plus dérangée, sa marche vers Lodi en sa qualité d'arrière-garde du 8e corps.

Dans ce combat, comme toujours, nos troupes se sont héroïquement battues; le rapport du commandant de l'armée fait ressortir surtout la bravoure éclatante des officiers, qui, donnant l'exemple à leurs troupes, étaient toujours les premiers au combat, et trop souvent, hélas, trouvaient aussi les premiers la mort des héros.

Nous n'avons pas encore le détail des pertes faites au combat de Melegnano, et, en conséquence, nous ne pouvons pas donner dès à présent les noms des officiers tués et blessés; nous les ferons ultérieurement connaître.

Notre perte en morts et blessés s'élève à 250 hommes; parmi les premiers se trouve le général-major Boer, qui, gravement blessé, a succombé pendant qu'on le transportait à Lodi.

L'évacuation de Plaisance, décidée et ordonnée concurremment avec les mouvements de l'armée, a été effectuée le 9 et le 10. On a fait sauter les forts et les blockhaus des ouvrages en terre, ainsi qu'un pilier et deux arches du pont de la Trebbia. La plus grande partie des canons a été chargée sur des chalans et remorquée par des vapeurs dont les pionniers formaient l'équipage; il en restait quelques-uns pour lesquels il manquait de moyens de transport; on a encloué les uns et on a fait éclater les autres.

La garnison a marché vers Pizzighettone, et de là elle s'est réunie à l'armée.

Lorsque toute l'artillerie et les munitions furent transportées à Mantoue, et qu'on eut brûlé le pont de l'Adda, Pizzighettone fut aussi évacuée le 11.

XVI

Bataille de Solferino.

Bulletin des alliés.

Quartier général de Cavriana, 28 juin 1859.

Après la bataille de Magenta et le combat de Melegnano, l'ennemi avait précipité sa retraite sur le Mincio en abandonnant l'une après l'autre les lignes de l'Adda, de l'Oglio et de la Chiese. On devait croire qu'il allait concentrer toute sa résistance derrière le Mincio, et il importait que l'armée alliée occupât le plus tôt possible les points principaux des hauteurs qui s'étendent de Lonato jusqu'à Volta, et qui forment au sud du lac de Garda une agglomération de mamelons escarpés. Les derniers rapports reçus par l'Empereur indiquaient, en effet, que l'ennemi avait abandonné ces hauteurs et s'était retiré derrière le fleuve.

D'après l'ordre général donné par l'Empereur le 23 juin au soir, l'armée du roi devait se porter sur Pozzolengo; le maréchal Baraguay-d'Hilliers sur Solferino; le maréchal duc de Magenta sur Cavriana; le général Niel sur Guidizzolo, et le maréchal Canrobert sur Medole. La garde impériale devait se diriger sur Castiglione, et les deux divisions de cavalerie de la ligne devaient se porter dans la plaine entre Solferino et Medole. Il avait été décidé que les mouvements commenceraient à deux heures du matin, afin d'éviter l'excessive chaleur du jour.

Cependant, dans la journée du 23, plusieurs détachements ennemis s'étaient montrés sur différents points et l'Empereur en avait reçu avis; mais comme les Autrichiens ont l'habitude de multiplier les reconnaissances, Sa Majesté ne vit dans ces démonstrations qu'un exemple de plus du soin et de l'habileté qu'ils mettent à s'éclairer et à se garder.

Le 24 juin, dès cinq heures du matin, l'Empereur étant à Montechiaro, entendit le bruit du canon dans la plaine et se dirigea en toute hâte vers Castiglione, où devait se réunir la garde impériale.

Pendant la nuit, l'armée autrichienne, qui s'était décidée à prendre l'offensive, avait passé le Mincio à Goito, Valeggio, Monzambano et Peschiera, et elle occupait de nouveau les positions qu'elle venait tout récemment d'abandonner. C'était le résultat du plan dont l'ennemi avait poursuivi l'exécution depuis Magenta, en se retirant successivement de Plaisance, de Pizzighettone, de Crémone, d'Ancône, de Bologne et de Ferrare; en évacuant, en un mot, toutes ses positions, pour accumuler ses forces sur le Mincio. Il avait, en outre, accru son armée de la plus grande partie des troupes composant les garnisons de Vérone, de Mantoue et de Peschiera; et c'est ainsi qu'il avait pu réunir neuf corps d'armée, forts ensemble de 250 à 270,000 hommes, qui s'avançaient vers la Chiese, en couvrant la plaine et les hauteurs.

Cette force immense paraissait s'être partagée en deux armées : celle de droite, d'après les notes trouvées, après la bataille, sur un officier autrichien, devait s'emparer de Lonato et de Castiglione; celle de gauche devait se porter sur Montechiaro. Les Autrichiens croyaient que toute notre armée n'avait pas encore passé la Chiese, et leur intention était de nous rejeter sur la rive droite de cette rivière.

Les deux armées, en marche l'une contre l'autre, se rencontrèrent donc inopinément. A peine les maréchaux Baraguay-d'Hilliers et de Mac-Mahon avaient-ils dépassé Castiglione, qu'ils se trouvèrent en présence de forces considérables qui leur disputèrent le terrain. Au même instant, le général Niel se heurtait contre l'ennemi à la hauteur de Medole. L'armée du Roi, en route pour Pozzolengo, rencontrait de même les Autrichiens en avant de Rivoltella, et, de son côté, le maréchal Canrobert trouvait le village de Castel-Goffredo occupé par la cavalerie ennemie.

Tous les corps de l'armée alliée étant alors en marche à une assez grande distance les uns des autres, l'Empereur se préoccupa tout d'abord de les relier afin qu'ils pussent se soutenir mutuellement. A cet effet, Sa Majesté se porta immédiatement auprès du maréchal duc de Magenta, qui était à droite dans la plaine et qui s'était déployé perpendiculairement à la route qui va de Castiglione à Goito.

Comme le général Niel ne paraissait pas encore, Sa Majesté fit hâter la marche de la cavalerie de la garde impériale et la mit sous les ordres du duc de Magenta, comme réserve, pour opérer dans la plaine, sur la droite du 2e corps. L'Empereur envoya en même temps au maréchal Canrobert l'ordre d'appuyer le général Niel autant que possible, tout en lui recommandant de se garder à droite contre un corps autrichien, qui, d'après les avis donnés à Sa Majesté, devait se porter de Mantoue sur Assola.

Ces dispositions prises, l'Empereur se rendit sur les hauteurs, au centre de la ligne de bataille, où le maréchal Baraguay-d'Hilliers, trop éloigné de l'armée sarde pour pouvoir se relier avec elle, avait à lutter, dans un terrain des plus difficiles, contre des troupes qui se renouvelaient sans cesse.

Le maréchal était néanmoins arrivé jusqu'au pied de la colline abrupte au sommet de laquelle est bâti le village de Solferino, que défendaient des forces considérables, retranchées dans un vieux château et dans un grand cimetière, entourés l'un et l'autre de murs épais et crénelés. Le maréchal avait déjà perdu beaucoup de monde et avait dû payer plus d'une fois de sa personne en portant lui-même en avant les troupes des divisions Bazaine et Ladmirault. Exténuées de fatigue et de chaleur, et exposées à une vive fusillade, ces troupes ne gagnaient du terrain qu'avec beaucoup de difficulté. En ce moment, l'Empereur donna l'ordre à la division Forey de s'avancer, une brigade du côté de la plaine, l'autre sur la hauteur, contre le village de Solferino, et la fit soutenir par la division Camou, des voltigeurs de la garde. Il fit marcher avec ces troupes l'artillerie de la garde, qui, sous la conduite du général de Sévelinges et du général Lebœuf, alla prendre position à découvert, à trois cents mètres de l'ennemi. Cette manœuvre décida du succès au centre.

Pendant que la division Forey s'emparait du cimetière et que le général Bazaine lançait ses troupes dans le village, les voltigeurs et les chasseurs de la garde impériale grimpaient jusqu'au pied de la tour qui domine le château et s'en emparaient. Les mamelons des collines qui avoisinent Solferino étaient successivement enlevés, et à trois heures et demie, les Autrichiens évacuaient la position sous le feu de notre artillerie couronnant les crêtes, et laissaient entre nos mains 1,500 prisonniers, 14 canons et 2 drapeaux. La part de la garde impériale dans ce glorieux trophée était de 43 canons et un drapeau.

Pendant cette lutte et au plus fort du feu, quatre colonnes autrichiennes, s'avançant entre l'armée du Roi et le corps du maréchal Baraguay-d'Hilliers, avaient cherché à tourner la droite des Piémontais. Six pièces d'artillerie, habilement dirigées par le général Forgeot, avaient ouvert un feu très-vif sur le flanc de ces colonnes et les avaient forcées à rebrousser chemin en désordre.

Tandis que le corps du maréchal Baraguay-d'Hilliers soutenait la lutte à Solferino, le corps du duc de Magenta s'était déployé dans la plaine de Guidizzolo, en avant de la ferme de Casa-Morino, et sa ligne de bataille, coupant la route de Mantoue, dirigeait sa droite vers Medole. A neuf heures du matin, il fut attaqué par une forte colonne autrichienne, précédée d'une nombreuse artillerie qui vint se mettre en batterie à 1,000 ou 1,200 mètres de notre front. L'artillerie des deux premières divisions du 2e corps, s'avançant immédiatement sur la ligne des tirailleurs, ouvrit un feu très-vif contre le front des Autrichiens, et, dans le même instant, les batteries à cheval des divisions Desveaux et Partouneaux, se portant rapidement sur la droite, prirent d'écharpe les canons ennemis, qui furent ainsi réduits au silence et bientôt forcés à se reporter en arrière. Immédiatement après, les divisions Desveaux et Partouneaux chargèrent les Autrichiens et leur firent 600 prisonniers.

Cependant une colonne de deux régiments de cavalerie autrichienne avait cherché à tourner la gauche du 2e corps, et le duc de Magenta avait dirigé contre elle six escadrons de chasseurs. Trois charges heureuses de notre cavalerie repoussèrent celle de l'ennemi, qui laissa dans nos mains bon nombre d'hommes et de chevaux.

A deux heures et demie, le duc de Magenta prit l'offensive à son tour, et donna au général de la Motterouge l'ordre de se porter sur sa gauche, du côté de Solferino, pour enlever San-Cassiano et les autres positions occupées par l'ennemi.

Le village fut tourné de deux côtés et emporté avec une vigueur irrésistible par les tirailleurs algériens et par le 45e. Les tirailleurs furent lancés aussitôt après sur le contre-fort principal qui relie Cavriana à San-Cassiano, et qui était défendu par des forces considérables. Un premier mamelon, couronné par une espèce de redoute, tomba rapidement au pouvoir des tirailleurs ; mais l'ennemi, par un vigoureux retour offensif, parvint à les en déloger. Ils s'en emparèrent de nouveau avec l'aide du 45ᵉ et du 72ᵉ, et furent repoussés une fois encore. Pour soutenir cette attaque, le général de la Motterouge dut faire marcher sa brigade de réserve, et le duc de Magenta fit avancer son corps tout entier.

En même temps, l'Empereur donnait l'ordre à la brigade Manèque, des voltigeurs de la garde, appuyée par les grenadiers du général Mellinet, de se porter de Solferino contre Cavriana.

L'ennemi ne put résister plus longtemps à cette double attaque soutenue par le feu de l'artillerie de la garde, et, vers cinq heures du soir, les voltigeurs et les tirailleurs algériens entraient en même temps dans le village de Cavriana.

En ce moment, une effroyable tempête, qui éclata sur les deux armées, obscurcit le ciel et suspendit la lutte : mais, dès que l'orage eut cessé, nos troupes reprirent l'œuvre commencée et chassèrent l'ennemi de toutes les hauteurs qui dominent le village. Bientôt après, le feu de l'artillerie de la garde changeait la retraite des Autrichiens en une fuite précipitée.

Pendant cette affaire, les chasseurs à cheval de la garde, qui flanquaient la droite du duc de Magenta, eurent à charger la cavalerie autrichienne qui menaçait de le tourner.

A six heures et demie l'ennemi battait en retraite dans toutes les directions.

Mais bien que la bataille fût gagnée au centre, où nos troupes n'avaient pas cessé de faire des progrès, la droite et la gauche restaient encore en arrière. Cependant, les troupes du 4ᵉ corps avaient pris, elles aussi, une large et glorieuse part à la bataille de Solferino.

Parties de Carpenedolo à trois heures du matin, elles se dirigeaient sur Medole, appuyées par la cavalerie des divisions Desveaux et Partouneaux, lorsque, à deux kilomètres en avant de Medole, les escadrons de chasseurs qui éclairaient la marche du corps rencontrèrent les uhlans. Ils les chargèrent avec impétuosité, mais ils furent arrêtés par l'infanterie et l'artillerie ennemies, qui défendaient le village. Le général de Luzy prit aussitôt ses dispositions d'attaque. Pendant qu'il faisait tourner Medole à droite et à gauche par deux colonnes, il s'avançait lui-même de front, précédé par son artillerie qui canonnait le village. Cette attaque, exécutée avec une grande vigueur, eut un plein succès : à sept heures, l'ennemi se retirait de Medole, et nous lui avions enlevé deux canons et fait bon nombre de prisonniers.

La division Vinoy, qui suivait la division de Luzy, se porta, au sortir de Medole, dans la direction d'une maison isolée, nommée Casa-Nova, qui est située dans la plaine sur la route de Mantoue, à deux kilomètres de Guidizzolo. L'ennemi se trouvait en forces considérables de ce côté, et un combat acharné s'y engagea, pendant que la division de Luzy marchait vers Ceresara d'une part, et vers Rebecco de l'autre.

En ce moment, l'ennemi tenta de tourner la gauche de la division Vinoy par l'intervalle que laissaient entre eux le 2e et le 4e corps; il s'approcha jusqu'à 200 mètres du front de nos troupes, mais il fut alors arrêté par le feu de 42 pièces d'artillerie, dirigées par le général Soleille. Le canon de l'ennemi vint aussitôt prendre part à la lutte, et la soutint une grande partie de la journée, bien qu'avec une infériorité manifeste.

La division de Failly arriva à son tour, et le général Niel, réservant la seconde brigade de cette division, porta la première entre Casa-Nova et Rebecco, vers le hameau de Baite, pour relier le général de Luzy au général Vinoy. Le but du général Niel était de se porter vers Guidizzolo dès que le duc de Magenta se serait emparé de Cavriana, et il espérait couper ainsi à l'ennemi la route de Volta et de Goito; mais il fallait, pour exécuter ce plan, que les troupes du corps du maréchal Canrobert vinssent remplacer à Rebecco celles du général de Luzy.

Le 3e corps, parti de Mezzano à deux heures et demie du matin, avait passé la Chiese à Visano et était arrivé à sept heures à Castel-Goffredo, petite ville enceinte de murs que la cavalerie de l'ennemi occupait encore. Tandis que le général Jannin tournait la position au sud, général Renaud l'abordait de front, faisant enfoncer la porte par les sapeurs du génie, et pénétrait dans la ville en chassant devant lui les cavaliers ennemis.

Vers neuf heures du matin, la division Renaud, arrivée à hauteur de Medole, se reliait sur sa gauche avec le général de Luzy, du côté de Ceresara, et sur sa droite faisait face à Castel-Goffredo, de manière à surveiller les mouvements du corps détaché dont le départ de Mantoue avait été annoncé.

Cette appréhension paralysa, pendant la plus grande partie du jour, le corps d'armée du maréchal Canrobert, qui ne jugea pas prudent de prêter tout d'abord au 4e corps l'appui que lui demandait le général Niel.

Néanmoins, vers les trois heures de l'après-midi, rassuré sur sa droite, et ayant jugé par lui-même la position du général Niel, le maréchal Canrobert fit appuyer la division Renaud sur Rebecco, et donna ordre au général Trochu de porter sa première brigade entre Casa-Nova et Baite, sur le point où se dirigeaient les plus redoutables attaques de l'ennemi. Ce renfort de troupes fraîches permit au général Niel de lancer, dans la direction de Guidizzolo une partie des divisions de Luzy et de Failly. Cette colonne s'avança jusqu'aux premières maisons du village; mais, trouvant devant elle des forces supérieures établies dans une bonne position, elle fut contrainte de s'arrêter.

Le général Trochu s'avança alors pour soutenir l'attaque avec la brigade Bataille, de sa division. Il marcha à l'ennemi par bataillons serrés, en échiquier, l'aile droite en avant, avec autant d'ordre et de sang-froid que sur un champ de manœuvres. Il enleva à l'ennemi une compagnie d'infanterie et deux pièces de canon, et déjà il était arrivé à demi-distance de la Casa-Nova à Guidizzolo, lorsque éclata l'orage qui vint mettre fin à cette terrible lutte, que le concours du 3e et du 4e corps menaçait de rendre si funeste à l'ennemi.

Au milieu des péripéties de ce combat de douze heures, la cavalerie a été d'un puissant secours pour arrêter les efforts de l'ennemi du côté de la Casa-Nova. A plusieurs reprises, les divisions Partouneaux et Desvaux ont chargé l'infanterie autrichienne et rompu ses carrés. Mais c'est surtout notre nouvelle artillerie qui produisit sur l'ennemi les effets les plus terribles. Ses coups allaient l'atteindre à des distances d'où les plus gros calibres étaient impuissants à riposter, et jonchaient la plaine de cadavres.

Le 4e corps a enlevé aux Autrichiens un drapeau, sept pièces de canon et deux mille prisonniers.

De son côté, l'armée du Roi, placée à notre extrême gauche, avait eu également sa rude et belle journée.

Elle s'avançait, forte de quatre divisions, dans la direction de Peschiera, de Pozzolengo et de Madona della Scoperta, lorsque, vers sept heures du matin, son avant-garde rencontra les avant-postes ennemis entre San-Martino et Pozzolengo.

Le combat s'engagea; mais de gros renforts autrichiens accoururent et firent reculer les Piémontais jusqu'en arrière de San-Martino, et menacèrent même de couper leur ligne de retraite. Une brigade de la division Mollard arriva alors en toute hâte sur le lieu du combat, et monta à l'assaut des hauteurs où l'ennemi venait de s'établir. Deux fois elle en atteignit le sommet en s'emparant de plusieurs pièces de canon, mais deux fois aussi elle dut céder au nombre et abandonner sa conquête.

L'ennemi gagnait du terrain, malgré quelques charges brillantes de la cavalerie du roi, quand la division Cucchiari, débouchant sur le champ de bataille par la route de Rivoltella, vint soutenir le général Mollard. Les troupes sardes s'élancèrent une troisième fois sous un feu meurtrier: l'église et toutes les cascines de la droite furent emportées, et huit pièces de canon furent enlevées : mais l'ennemi parvint encore à les dégager et à reprendre ses positions.

En ce moment, la 2ᵉ brigade du général Cucchiari, qui s'était formée en colonne d'attaque à gauche de la route de Lugano, marcha contre l'église de San-Martino, regagna le terrain perdu, et emporta les hauteurs pour la quatrième fois, sans réussir cependant à s'y maintenir, car écrasée par la mitraille et placée en face d'un ennemi qui, renforcé sans cesse, revenait sans cesse à la charge, elle ne put attendre le secours que lui apportait la 2ᵉ brigade du général Mollard, et les Piémontais, épuisés, firent retraite en bon ordre sur la route de Rivoltella.

C'est alors que la brigade d'Aoste, de la division Fanti, qui s'était portée d'abord vers Solferino pour donner la main au maréchal Baraguay-d'Hilliers, fut envoyée par le roi pour appuyer les généraux Mollard et Cucchiari dans l'attaque de San-Martino. Elle fut un moment arrêtée par la tempête, mais, vers cinq heures du soir, cette brigade et la brigade Pignerol, soutenues par une forte artillerie, marchèrent à l'ennemi sous un feu terrible et atteignirent les hauteurs. Elles s'en emparèrent pied à pied, cascine par cascine, et parvinrent à s'y maintenir en combattant avec acharnement. L'ennemi commença à plier, et l'artillerie piémontaise, gagnant les crêtes, put bientôt les couronner de 24 pièces de canon, que les Autrichiens cherchèrent vainement à enlever. Deux brillantes charges de la cavalerie du roi les dispersèrent; la mitraille porta le désordre dans leurs rangs, et les troupes sardes restèrent enfin maîtresses des formidables positions que l'ennemi avait défendues, une journée entière, avec tant d'acharnement.

D'un autre côté, la division Durando était restée aux prises avec les Autrichiens depuis cinq heures et demie du matin. A cette heure, son avant-garde avait rencontré l'ennemi à Madona della Scoperta, et les troupes sardes y avaient soutenu jusqu'à midi les efforts d'un ennemi supérieur en nombre qui les avait enfin obligées à se replier; mais, renforcées alors par la brigade de Savoie, elles reprirent l'offensive, et, repoussant les Autrichiens à leur tour, elles s'emparèrent de Madona della Scoperta. Après ce dernier succès, le général de la Marmora dirigea la division Durando vers San-Martino, où elle ne put arriver à temps pour concourir à la prise de la position, car elle rencontra sur la route une colonne autrichienne avec laquelle elle eut à lutter pour s'ouvrir passage; et, quand elle eut triomphé de cet obstacle, le village de San-Martino était au pouvoir des Piémontais. Le général de la Marmora avait dirigé, d'autre part, la brigade de Piémont de la division Fanti vers Pozzolengo. Cette brigade enleva avec une grande vigueur les positions ennemies en avant du village, et, s'étant rendue maîtresse de Pozzolengo après une vive attaque, elle repoussa les Autrichiens et les poursuivit jusqu'à une certaine distance, en leur faisant essuyer de grandes pertes.

Celles de l'armée sarde furent malheureusement très-considérables et ne s'élevèrent pas à moins de 49 officiers tués, 167 blessés, 642 sous-officiers et soldats tués, 3,405 blessés, 1,250 hommes disparus; total, 5,525 manquant à l'appel. Cinq pièces de canon étaient restées aux mains de l'armée du Roi comme trophée de cette sanglante victoire qu'elle avait remportée contre un ennemi supérieur en nombre, dont les forces paraissent n'avoir pas été moindres de 12 brigades.

Les pertes de l'armée française se sont élevées au chiffre de 12,000 hommes tués ou blessés et de 720 officiers hors de combat, dont 150 tués. Parmi les blessés, on compte les généraux de Ladmirault, Forey, Auger, Dieu et Douay; 7 colonels et 6 lieutenants-colonels ont été tués.

Quant aux pertes de l'armée autrichienne, elles n'ont pu être estimées encore, mais elles ont dû être très-considérables, à en juger par le nombre des morts et des blessés qu'ils ont abandonnés sur toute l'étendue du champ de bataille, qui n'a pas moins de 5 lieues de front. Ils ont laissé dans nos mains 30 pièces de canon, un grand nombre de caissons, 4 drapeaux et 6,000 prisonniers.

La résistance que l'ennemi a opposée à nos troupes pendant seize heures peut s'expliquer par l'avantage que lui donnaient la supériorité du nombre et les positions presque inexpugnables qu'il occupait.

Pour la première fois, d'ailleurs, les troupes autrichiennes combattaient sous les yeux de leur souverain, et la présence des deux empereurs et du roi, en rendant la lutte plus acharnée, devait la rendre aussi plus décisive.

L'empereur Napoléon n'a pas cessé un seul instant de diriger l'action, en se portant sur tous les points où ses troupes avaient à déployer les plus grands efforts et à triompher des obstacles les plus difficiles. A diverses reprises, les projectiles de l'ennemi ont frappé dans les rangs de l'état-major et de l'escorte qui suivaient Sa Majesté.

A neuf heures du soir on entendait encore, dans le lointain, le bruit du canon qui précipitait la retraite de l'ennemi, et nos troupes allumaient les feux du bivac sur le champ de bataille qu'elles avaient si glorieusement conquis.

Le fruit de cette victoire est l'abandon par l'ennemi de toutes les positions qu'il avait préparées sur la rive droite du Mincio pour en disputer les approches.

XVII

Rapport du maréchal Regnault de Saint-Jean d'Angély, commandant en chef la garde impériale.

Cavriana, 25 juin 1859.

Sire,

Le 24 juin, la garde impériale était campée, les deux divisions d'infanterie à Montechiaro, les huit batteries d'artillerie et la division de cavalerie à Castenedolo.

Votre Majesté lui donna l'ordre de partir de ces deux positions pour se rendre à Castiglione.

L'infanterie partit de Montechiaro à cinq heures du matin, l'artillerie partit à la même heure de Castenedolo et rejoignit la gauche des deux divisions d'infanterie à Montechiaro, vers sept heures moins un quart.

La division de cavalerie ne devait partir qu'à neuf heures du matin de Castenedolo et marcher librement, afin de ménager ses chevaux.

Vers six heures du matin, une canonnade bien nourrie s'engagea avec l'ennemi, qui avait pris position au delà de Castiglione et s'était décidé à livrer bataille.

Votre Majesté ordonna alors à la garde d'accélérer son mouvement. L'ordre fut expédié de suite à la cavalerie de partir avant l'heure qui lui avait été désignée : à huit heures, elle put monter à cheval, et, vers neuf heures et demie, elle arriva sur le lieu du combat, où elle fut mise à la disposition de M. le maréchal de Mac-Mahon, d'après les ordres de Votre Majesté.

Les deux divisions d'infanterie de la garde avaient débouché de Castiglione par la route de Guidizzolo, mais Votre Majesté ayant jugé que le point décisif de la bataille était l'enlèvement de la position de Solferino, vivement défendue par l'ennemi, donna l'ordre à sa garde de se porter à gauche, afin de se trouver en situation d'appuyer l'attaque du maréchal Baraguay-d'Hilliers contre Solferino.

La division de voltigeurs, commandée par le général Camou, fut placée en ligne déployée derrière le 1er corps, et, à 500 mètres en arrière, la division Mellinet fut formée en colonne double par division à distance de déploiement.

La division Forey ayant éprouvé des pertes sensibles dans l'attaque de la position del Monte, la brigade Manèque, composée des chasseurs à pied de la garde, des 1er et 2e voltigeurs, fut portée à son secours et enleva ces positions aux cris de : *Vive l'empereur!*

Au même moment, deux bataillons du 2e voltigeurs, lancés sur la tour et le couvent de Solferino, les enlevèrent avec un remarquable élan.

Ces bataillons ont ensuite occupé les crêtes de la position del Monte et y ont été soutenus par l'artillerie de la garde à cheval, qui vint se mettre en batterie sur la grande route de Cavriana. Bientôt l'ennemi chercha à reprendre cette importante position, et le petit nombre de troupes qui étaient sur ce point n'aurait pas permis de la conserver, si Votre Majesté, en se rendant parfaitement compte de l'état des choses, n'avait envoyé immédiatement l'ordre à la division de grenadiers, commandés par le général Mellinet, de soutenir les batteries de la garde et la brigade Manèque. Cet ordre, promptement exécuté par le général Mellinet, permit à la brigade Manèque et à l'artillerie de la garde non-seulement de conserver la position un instant menacée, mais encore de gagner du terrain en avant, en s'emparant successivement des positions de l'ennemi.

La brigade Manèque arriva ainsi à quelque distance de Cavriana, position importante entourée de vieilles fortifications, où l'ennemi pouvait renouveler, dans la ville et dans le château, la longue résistance qu'il avait opposée à Solferino.

Votre Majesté envoya l'ordre à l'artillerie de la garde de battre cette position, et à la brigade Manèque de l'enlever. Cet ordre fut exécuté avec vigueur et intelligence sous les yeux de Votre Majesté.

Le village de Cavriana venait d'être enlevé vers cinq heures du soir, lorsqu'un violent orage éclata et suspendit un instant les opérations. Mais à peine avait-il cessé que les voltigeurs de la garde reprirent l'œuvre commencée et chassèrent l'ennemi des hauteurs qui dominent le village où le quartier général de Votre Majesté devait être établi, et terminèrent ainsi la journée.

La brigade Manèque a enlevé un drapeau, des prisonniers et 13 pièces de canon aux Autrichiens.

Pendant toute cette affaire, l'artillerie de la garde s'est fait remarquer par la précision de son tir et le choix successif de ses positions. Partout où elle a eu à contre-battre des batteries ennemies, elle a fait taire leur feu en peu de temps.

La cavalerie, commandée par le général Morris, est venue, dès son arrivée sur le champ de bataille, et d'après les ordres de Votre Majesté, se placer sous le commandement du maréchal de Mac-Mahon, qui opérait dans un pays de plaine où, dans certains cas, elle pourrait trouver l'occasion de faire un bon service.

En attendant l'arrivée du corps du général Niel, qui devait se lier par sa gauche au maréchal de Mac-Mahon, elle fut employée à couvrir la droite du 2e corps, et, à cet effet, le général Morris disposa ses trois brigades par échelons et les fit couvrir par une ligne de tirailleurs.

Le général Morris attendait avec impatience l'occasion de faire agir sa cavalerie; elle se présenta vers trois heures et demie. Une colonne de cavalerie autrichienne ayant paru, il la fit charger en flanc par les chasseurs à cheval. Les Autrichiens, refoulés, se retirèrent à droite vers leurs batteries, dont le feu arrêta notre poursuite.

Je viens d'exposer la part que la garde a prise à la bataille de Solferino. Là, comme à Magenta, elle a agi sous les yeux et l'impulsion directe de Votre Majesté, qui a pu juger par Elle-même du courage et du dévouement absolu qu'elle mettait à exécuter ses ordres.

Je ferai connaître plus tard à Votre Majesté les noms des officiers qui se sont le plus particulièrement distingués, et je les proposerai pour des récompenses.

Je suis avec le plus profond respect,

Sire,

De Votre Majesté

Le très-humble et très-obéissant serviteur,

Le maréchal de France commandant en chef
la garde impériale,

Regnault de Saint-Jean d'Angély.

P. S. Je dois signaler à Votre Majesté M. Moneglia, lieutenant de chasseurs à pied, qui a pris, dans le village de Solferino, quatre pièces de canon attelées, commandées par un colonel, qui lui a remis son épée.

XVIII

Rapport du maréchal Baraguay-d'Hilliers, commandant en chef le 1ᵉʳ corps.

Pozzolengo, le 25 juin 1859.

Sire,

Votre Majesté m'avait donné l'ordre de me porter, le 24, d'Esenta à Solferino. Je fis partir, à deux heures du matin, par la route de la montagne, la division Ladmirault avec quatre pièces d'artillerie, et par celle de la plaine, à trois heures, les divisions Forey et Bazaine, avec leur artillerie, l'artillerie de réserve et les bagages.

A peine la tête de cette dernière colonne était arrivée aux Fontanes, que la division Forey engagea deux compagnies de chasseurs avec l'ennemi, le débusqua sans trop de difficulté des hauteurs du Monte di Valscura, et, avec deux bataillons du 74ᵉ, le chassa du village du Grole, où la résistance fut plus sérieuse.

A ce moment, la 2ᵉ division, à gauche de la 1ʳᵉ, était ralliée dans une vallée assez large, bordée des deux côtés de collines élevées s'étendant par des positions successives et étagées jusqu'à Solferino. Le général de Ladmirault disposa sa division en trois colonnes : celle de droite, composée de deux compagnies de chasseurs et de quatre bataillons, confiée à M. le général Douay; celle de gauche, composée comme la première, sous les ordres du général de Négrier, et se réserva la colonne du centre, composée de quatre compagnies de chasseurs, de quatre bataillons et de l'artillerie.

Les divisions Forey et Ladmirault s'avancèrent parallèlement sur Solferino : la première à droite, attaquant le mont Fenile; la deuxième à gauche, enlevant à l'ennemi les premiers mamelons boisés de sa position.

L'occupation du mont Fenile par le 84ᵉ permit à la 6ᵉ batterie du 8ᵉ régiment de s'y établir et de protéger le mouvement de la 1ʳᵉ brigade, commandée par le général Dieu, qui descendit le revers du mont Fenile et se porta dans la direction de Solferino en chassant de crête en crête les troupes ennemies dont le nombre s'accroissait sans cesse. Cette brigade prit position devant des forces supérieures, et dirigea le feu de son artillerie sur les hauteurs couronnées par une tour en bois de cyprès. Ce fut pendant cette canonnade que le général Dieu, gravement blessé, dut remettre son commandement à M. le colonel Cambriels, du 84e.

Votre Majesté arriva elle-même près des batteries de la division Forey, et, après avoir examiné la position, donna l'ordre de porter en avant avec quatre pièces de la réserve du premier corps, la brigade d'Alton, déployée par bataillon, à demi-distance en colonne par peloton. Le général Forey se mit à la tête de cette brigade, qui s'avança avec élan, mais qui fut accueillie par un feu de mitraille et de mousqueterie si violent de front et d'écharpe, qu'elle dut arrêter son mouvement. Votre Majesté envoya aussitôt la brigade Manèque, des voltigeurs de la garde, soutenir la 1re division, qui, ranimée par ce secours, battit la charge, se reporta en avant, attaqua l'ennemi au cri de : *Vive l'Empereur!* et, après une lutte opiniâtre, s'empara du mamelon aux Cyprès et de la tour qui domine Solferino.

La division Ladmirault avait commencé son attaque en même temps que la division Forey; elle mit d'abord son artillerie en batterie, et, après une canonnade qui avait ébranlé l'ennemi, elle s'élança et enleva à la baïonnette les premières positions; mais bientôt ses charges firent démasquer des bataillons entiers fournissant le feu le plus serré et le plus meurtrier, et elle n'avança plus qu'à grand'peine et pied à pied. Le général Ladmirault fut atteint d'un coup de feu à l'épaule, se retira un instant pour se faire panser, reprit le commandement et lança ses quatre bataillons de réserve, qui imprimèrent à notre attaque une nouvelle impulsion : frappé d'une nouvelle balle, le général de Ladmirault fut contraint de remettre son commandement au général de Négrier. L'opiniâtre résistance de l'ennemi, les forces considérables qu'il nous opposait, et les difficultés que présentaient à la 2e division le terrain très-rétréci des attaques et les feux croisés du mamelon aux Cyprès et du cimetière crénelé contre lequel plusieurs charges au pas de course avaient vainement été tentées, me forcèrent à engager la division Bazaine. Le 1er régiment de zouaves, et, bientôt après, le 34e vinrent appuyer la 2e division; l'ennemi couvrit nos colonnes de feux d'artillerie, de mousqueterie et de fusées, et tenta à plusieurs reprises des retours offensifs sur nos deux flancs. Le 37e fut aussi lancé en avant.

Le cimetière arrêtait tous nos efforts; voyant qu'il était indispensable de démolir cet obstacle, je donnai l'ordre d'y faire brèche en portant à découvert, à 300 mètres du mur, dans un poste très-périlleux, une batterie d'artillerie du 10e régiment, commandée par M. le capitaine de Canecaude. La demi-batterie de montagne et d'autres pièces des divisions concentrèrent leur tir dans la même direction. Après un feu bien dirigé et très-nourri, les murs du cimetière, des maisons et du château étant suffisamment ébréchés, et l'artillerie ennemie du mamelon des Cyprès ayant été éteinte par l'artillerie du général Forey et par la 9e batterie du 10e régiment de la 3e division, le général Bazaine lança sur le cimetière le 3e bataillon du 78e, commandé par le chef de bataillon Lafaille, et fit sonner et battre la charge dans les deux divisions : toutes les troupes s'élancèrent et emportèrent le village et le château, au moment même où la 1re division apparaissait sur le sommet de la tour et au bois des Cyprès.

Je crois remplir un devoir en rendant témoignage de la bravoure et de la fermeté de la brigade de la garde que Votre Majesté a envoyée soutenir la 1re division dans un moment difficile ; une batterie de la garde, conduite par le général Lebœuf, et lançant dans le village une grêle d'obus, a puissamment secondé notre attaque.

Le 1er corps a tué à l'ennemi 800 ou 1,000 hommes environ, lui a blessé beaucoup de monde, lui a fait 1,200 prisonniers, pris quatre canons, deux caissons et deux drapeaux. Il n'a pas obtenu ce succès sans éprouver de pertes regrettables. Les généraux de Ladmirault et Dieu ont été blessés dangereusement, le généralement Forey légèrement. Les colonels de Taxis, Brincourt, Pinard et Barry ont été blessés, ainsi que les lieutenants-colonels Vallet, Maire, Hémard et Servier. Le lieutenant-colonel Ducoin et les chefs de bataillon Kléber, de Saint-Paër Angevin et Guillaume ont été tués. Les chefs de bataillon Brun, Meuriche, de Pontgibaud, Lebreton, Laguerre, Lesèble, Mocquery, Gouzy Lespinasse et Foy ont été blessés. Le nombre des officiers hors de combat est de 234, et celui des soldats tués ou blessés s'élève à 4,000 environ.

J'ai adressé à Votre Majesté des mémoires de proposition, non-seulement pour pourvoir aux emplois vacants, mais encore pour les récompenses à accorder à de braves soldats qui ont bien mérité de la patrie et de l'Empereur dans cette grande journée où les deux armées se sont rencontrées sur un vaste terrain dont Solferino occupait au centre un des points du plus difficile accès. Votre Majesté, qui était elle-même sur le lieu du combat, a vu et apprécié les obstacles que le 1er corps a eus à vaincre, les forces nombreuses que l'ennemi lui a opposées et la ténacité de la défense, augmentée encore, dit-on, par la présence du général en chef autrichien à Solferino.

Après la prise du village, les troupes étaient à peine reformées, que, sur l'ordre de Votre Majesté, la 1re division s'est portée sur les crêtes, dans la direction de Cavriana ; la 3e division a poursuivi l'ennemi pendant une lieue dans la plaine, et, couvrant du feu de ses batteries les colonnes autrichiennes en retraite, leur a fait éprouver de grandes pertes et capturé de nombreux prisonniers. Parties d'Esenta à deux et trois heures du matin, mes divisions n'ont pris leurs bivacs qu'à neuf heures du soir.

Pendant le combat et au plus fort du feu, vers midi, nous aperçûmes quatre colonnes autrichiennes qui cherchaient à tourner la droite de l'armée piémontaise; six pièces d'artillerie, dirigées par M. le général Forgeot, forcèrent, par un feu très-juste et très-vif, ces colonnes à rebrousser chemin en désordre.

Je ne saurais assez louer le zèle et la vigueur de tous les officiers des divisions du 1er corps et de l'état-major général, et particulièrement des généraux Forey, de Ladmirault, Bazaine et Forgeot. Je m'abstiens de faire des citations individuelles, parce qu'elles seraient trop nombreuses; je dois aux officiers de toutes les armes ce tribut d'éloges bien mérités, et si, parmi eux, le chiffre des tués et blessés dans ce rude combat est au-dessus de la proportion ordinaire, c'est que tous ont payé largement de leurs personnes, heureux de donner ainsi à l'Empereur une nouvelle preuve de leur dévouement.

Je suis avec respect,

Sire,

De Votre Majesté,

Le très-humble et très-fidèle sujet,

Le maréchal

BARAGUAY-D'HILLIERS.

XIX

Rapport du maréchal de Mac-Mahon, commandant en chef le 2ᵉ corps.

Au quartier général, à Cavriana, le 26 juin 1859.

Sire,

Conformément aux ordres de Votre Majesté, le 2ᵉ corps a quitté Castiglione le 24 au matin, pour aller occuper Cavriana. Il a débouché de Castiglione vers trois heures, marchant sur une seule colonne, par la route de Mantoue, afin de ne pas gêner le mouvement des 1er et 4ᵉ corps, qui marchaient sur ses flancs en arrière de lui.

Il devait quitter la route de Mantoue à environ 9 kilomètres de Castiglione et se porter sur Cavriana, par le chemin de San-Cassiano.

Vers quatre heures, je fus prévenu par le général Gaudin de Villaine, qui éclairait ma marche, que l'ennemi était devant moi, à peu de distance, sur la route même que je suivais.

A cinq heures, la fusillade s'engageait entre mes tirailleurs et ceux de l'ennemi qui occupaient la ferme de Casa-Morino.

Je me portai de ma personne à Monte-Medolano, qui est près de cette ferme, et, de cette éminence, je pus me convaincre que j'allais avoir affaire à des masses ennemies avec lesquelles il fallait compter.

A cette même heure (cinq heures), j'entendais un vif engagement sur ma gauche, entre Castiglione et Solferino.

C'était le maréchal Baraguay-d'Hilliers qui, dans sa marche sur ce dernier point, se trouvait aux prises avec l'ennemi.

Du côté de Cavriana, j'apercevais un grand mouvement de troupes ennemies venant couronner successivement toutes les hauteurs qui s'étendent entre Solferino et Cavriana.

La situation dans laquelle je me trouvais méritait réflexion. Je sentais la nécessité de me porter aussitôt que possible sur le canon du maréchal Baraguay-d'Hilliers; mais, d'un autre côté, je ne pouvais dégarnir et marcher sur Solferino ou sur Cavriana sans courir le risque de permettre à l'ennemi de couper l'armée en deux, en débouchant dans cette même plaine par la route de Mantoue à Guidizzolo, entre les 3ᵉ et 4ᵉ corps et moi.

J'étais sans nouvelles du général Niel, et je sentais toute l'importance de me maintenir dans la position où je me trouvais, et de savoir, avant de faire un mouvement, s'il était à même de me soutenir en occupant la ligne qui s'étend de Medole à Guidizzolo.

Vers six heures, je ne voyais point encore les colonnes du général Niel du côté de Medole. J'envoyai mon chef d'état-major général dans cette direction, afin de savoir où en était le mouvement du 4ᵉ corps sur Guidizzolo.

Le général Lebrun arriva à Medole au moment même où le 4ᵉ corps attaquait ce village, où l'ennemi s'était établi fortement.

Le général Niel, prévenu de l'intention que j'avais de me porter vers le 1ᵉʳ corps, me fit connaître que, dès qu'il aurait enlevé Medole, il se rapprocherait aussi vite que possible de ma droite, afin de me permettre d'exécuter mon mouvement sur Cavriana. Il me prévenait en même temps qu'il ne pourrait me rejoindre avant que le 3ᵉ corps n'eût fait sa jonction avec lui pour appuyer sa droite.

Vers huit heures et demie, m'apercevant que les forces de l'ennemi augmentaient sur mon front dans la plaine de Guidizzolo, je fis attaquer la ferme de Casa-Morino, pour porter ma tête de colonne à hauteur de cette ferme, d'où je devais mieux juger les mouvements et les forces de l'ennemi.

Je pris alors les dispositions suivantes :

La 2ᵉ division, qui marchait en tête du corps d'armée, fut déployée en avant de la ferme, perpendiculairement à la route de Mantoue, sa droite à cette route. A sa hauteur et prolongeant la ligne de bataille, je fis placer la 1ʳᵉ brigade de la 1ʳᵉ division, sa gauche à la même route, sa droite se dirigeant vers Medole, par où devait venir le corps du général Niel. La 2ᵉ brigade de la 1ʳᵉ division, formant la réserve du corps d'armée, fut établie en arrière de Casa-Morino, vers la ferme Barcaocia, pour tenir tête aux colonnes de cavalerie qui, de San-Cassiano, menaçaient de faire une trouée entre le 1ᵉʳ et le 2ᵉ corps. La cavalerie de réserve (7ᵉ régiment de chasseurs) couvrit de ce même côté la gauche de ma 2ᵉ division.

A peine ces dispositions étaient-elles prises, qu'une forte colonne autrichienne, venant de Guidizzolo par la route de Mantoue, s'avança sur Casa-Morino. Elle était précédée d'une nombreuse artillerie qui vint se mettre en batterie à 1,000 ou 1,200 mètres en avant de mon front.

Les quatre batteries d'artillerie des 1ʳᵉ et 2ᵉ divisions (12ᵉ du 7ᵉ, 11ᵉ du 11ᵉ, 2ᵉ du 9ᵉ et 13ᵉ du 13ᵉ) se portèrent immédiatement sur la ligne des tirailleurs et ouvrirent un feu très-vif, qui força bientôt l'artillerie ennemie à se reporter en arrière, après avoir vu sauter deux de ses caissons. C'est au commencement de ce combat d'artillerie contre artillerie que le général Auger eut le bras gauche emporté par un boulet.

Sur ces entrefaites, on me signalait les divisions de cavalerie Partouneaux et Desveaux, arrivant en arrière de la droite de ma ligne de bataille. Je les fis prévenir de se porter rapidement à hauteur de ma droite, de manière à occuper l'espace laissé libre jusque-là entre Medole et Monte-Medelano.

Les batteries à cheval de ces deux divisions se déployèrent en avant de leur front, et prirent d'écharpe l'artillerie ennemie, déjà battue de front par le canon de mes divisions. Les généraux Partouneaux et Desveaux exécutèrent plusieurs charges heureuses. Dans l'une d'elles, 600 hommes d'infanterie furent rejetés sur nos tirailleurs, qui les firent prisonniers.

Pendant que ceci se passait sur ma droite, une colonne, composée de deux régiments de cavalerie, cherchait à tourner ma gauche, qui était soutenue par deux escadrons du 4ᵉ chasseurs et quatre escadrons du 7ᵉ chasseurs, commandés par le colonel Savaresse. Notre cavalerie repoussa vigoureusement trois charges de l'ennemi, et le rejeta, dans le plus grand désordre, sur les bataillons de gauche de la 2ᵉ division (11ᵉ bataillon de chasseurs, 72ᵉ de ligne), qui s'étaient formés en carrés. L'ennemi laissa sur le terrain un grand nombre de chevaux tués ou blessés. Nos chasseurs ramenèrent plusieurs prisonniers, parmi lesquels un officier supérieur et une trentaine de chevaux tout harnachés.

Grâce à ces charges heureuses, grâce au feu de mon artillerie, je pus maintenir partout l'ennemi à bonne distance, et attendre, non sans une certaine impatience, l'entrée en ligne du 4ᵉ corps.

Vers onze heures seulement, je reçus du général Niel l'avis qu'il était en mesure de marcher directement sur Cavriana. J'ordonnai au général de la Motterouge de se porter, avec sa division disposée sur deux lignes, vers Solferino, où il devait faire jonction avec l'infanterie de la garde impériale qui marchait sur ce point. Le général Decaen devait suivre son mouvement.

En ce moment (deux heures et demie), la division de cavalerie de la garde impériale était mise à ma disposition par ordre de Votre Majesté.

J'ordonnai au général Morris de se porter dans l'intervalle qui séparait ma droite des divisions Partouneaux et Desveaux, et de se former en arrière en échelons dès que le 2ᵉ corps se reporterait en avant. De cette manière, il devait me relier avec le quatrième corps.

Ces dispositions prises, et dès que la division la Motterouge eut fait sa jonction avec les voltigeurs de la garde, tout le 2ᵉ corps fit, dans chaque bataillon, tête de colonne à droite pour se porter sur San-Cassiano et sur les autres positions que l'ennemi occupait dans la plaine.

Le village de San-Cassiano fut tourné à droite et à gauche, et enlevé en un instant, avec un élan irrésistible, par les tirailleurs indigènes et par le 45ᵉ de ligne.

Les tirailleurs algériens appuyèrent ensuite à gauche pour se porter sur le contre-fort principal qui relie Cavriana à San-Cassiano.

Ce contre-fort était fortement défendu par l'ennemi, qui avait réuni sur ce point des forces considérables. Le premier mamelon, sur lequel se trouvait une espèce de redoute, fut enlevé par les tirailleurs. Mais en ce moment, je m'aperçus que l'ennemi faisait un nouvel effort pour se jeter entre ma droite et le général Niel, et que, d'un autre côté, la colonne qui était à ma gauche n'arrivait pas encore à ma hauteur.

Je dus donc faire arrêter un moment le mouvement général en avant.

L'ennemi réunit alors de grandes forces entre Cavriana et la redoute occupée par les tirailleurs, puis il fit tout à coup un vigoureux retour offensif, qui les obligea à quitter cette position. Un bataillon du 45ᵉ et une partie du 72ᵉ, commandée par le colonel Castex, vinrent alors en aide aux tirailleurs, qui reprirent la redoute, où ils durent également s'arrêter d'après l'ordre donné.

Le 45e et le 72e de ligne prirent position plus en arrière.

Bientôt l'ennemi fit un nouvel effort sur les tirailleurs et les força une seconde fois à quitter la position.

J'ordonnai alors au général de la Motterouge de soutenir cette colonne avec sa brigade de réserve (65e et 70e de ligne), et je prescrivis à tout le corps d'armée de se porter en avant dès que notre attaque de gauche recommencerait.

Dès que le général de la Motterouge eut rejoint les tirailleurs et le 35e, toute la colonne se porta en avant.

Elle fut soutenue dans ce mouvement par un bataillon de grenadiers, et un peu en arrière par le reste de la brigade de la garde, commandée par le général Niel.

Toutes les positions furent successivement enlevées jusqu'à Cavriana, où les tirailleurs indigènes entrèrent en même temps que les voltigeurs de la garde, qui y arrivèrent par le chemin de Solferino.

La division Decaen suivit le mouvement et chassa l'ennemi de plusieurs fermes qui se trouvaient devant elle dans la plaine.

La cavalerie de la garde qui, sous les ordres du général Morris, flanquait mon extrême droite pendant tout le mouvement, était formée en trois échelons.

Le premier, composé des chasseurs et des guides, avait sa gauche appuyée à la droite de la division Decaen; les deux autres, situés un peu plus en arrière, se reliaient avec le général Desveaux.

Vers trois heures, le général Morris fit charger en flanc, par le général Cassaignoles, une colonne de cavalerie autrichienne qui menaçait de tourner sa droite.

Un peu plus tard, un régiment de cavalerie ennemie chercha à repousser un escadron de chasseurs de la garde, qui formait une ligne de tirailleurs conduite d'une manière remarquable par le commandant de Lavigerie. L'ennemi prit sa direction, sans s'en douter, sur le 11e bataillon de chasseurs à pied, qui était formé en carré dans un chemin creux et dans les blés, d'où il ne pouvait être aperçu.

Ce bataillon se leva tout à coup et fit feu de deux de ses faces. La cavalerie ennemie fit aussitôt demi-tour et se retira en désordre, prise alors en flanc par une batterie de la 2e division et par une batterie de la garde.

Vers six heures et demie, l'ennemi était en retraite dans toutes les directions, ayant éprouvé de très-grandes pertes, à en juger par le nombre des cadavres qu'il avait laissés sur le terrain.

La 1re division bivaqua alors sur le contre-fort situé en arrière de Cavriana, et la 2e division resta en bataille dans la plaine, de manière à faciliter la jonction du 4e corps avec le 2e.

Je n'ai pas besoin de dire ici si les troupes du 2e corps ont combattu vaillamment pendant cette longue journée. Votre Majesté a pu juger elle-même de leur élan irrésistible pendant les diverses phases de la bataille. Elle a vu de ses propres yeux comment elles ont su, à la fin de la journée, pour couronner la victoire, enlever les positions si difficiles de Cavriana et battre l'ennemi sur les hauteurs, où il a essayé vainement de tenir devant elles.

Nos pertes ont malheureusement été très-sensibles : il n'en pouvait être autrement.

Au début de la bataille, le général Auger, commandant l'artillerie du 2e corps, a eu le bras gauche emporté par un boulet.

Le colonel Douay, du 70e de ligne, le colonel Laure et le lieutenant-colonel Herment, du régiment de tirailleurs, ont été tués bravement à la tête de leurs troupes.

Parmi les corps qui ont le plus souffert, je citerai : le régiment de tirailleurs, qui a eu 7 officiers tués et 22 officiers blessés, le 72e de ligne, qui a eu 5 officiers tués et 19 officiers blessés ; le 45e de ligne, déjà si éprouvé à Magenta, a eu 20 officiers mis hors de combat dans la journée du 24 juin.

En résumé, dans cette rude journée, le 2e corps a eu : 19 officiers tués, 95 officiers blessés, 192 soldats tués, 1,266 blessés et 300 disparus. (Ce dernier chiffre, qui était de 500 hier, diminue d'heure en heure, par suite de la rentrée à leurs corps d'hommes fatigués qui n'avaient pu suivre.)

Je ne fais pas en ce moment de citations particulières à Votre Majesté : je me réserve d'appeler ultérieurement toute sa bienveillante sollicitude sur ceux qui, braves entre tous, ont mérité d'être proposés pour des récompenses.

J'ai l'honneur d'être avec respect,

Sire,

De Votre Majesté,

Le très-humble et très-obéissant serviteur et sujet,

Le maréchal commandant en chef le 2e corps,

DE MAC-MAHON, DUC DE MAGENTA.

XX

Rapport du maréchal Canrobert, commandant en chef le 3e corps.

Bivac de Robecco, le 25 juin 1859.

Sire,

En rendant compte à Votre Majesté, dès hier soir, des opérations aux-quelles le 3e corps a pris part dans la journée du 24 juin courant, je n'ai pu fournir à l'Empereur que des indications sommaires, en l'absence de renseignements transmis par les généraux commandant les divisions : les rapports que je reçois aujourd'hui me permettent d'entrer dans des détails plus précis.

Parti de Mezzano le 24 juin, à deux heures et demie du matin, en me dirigeant sur Medole, conformément aux ordres de l'empereur, j'ai effectué le passage de la Chiese à Visano, sur un pont jeté pendant la nuit par le génie piémontais. J'avais prescrit, la veille au soir, à la brigade Jannin, de la division Renaud, de se porter sur ce point pour protéger l'opé-ration.

A sept heures, ma tête de colonne arrivait à Castel-Goffredo, et les ren-seignements recueillis par mon avant-garde m'apprenaient que la cavalerie ennemie était encore dans cette petite ville, ancienne place ceinte d'une muraille et munie de portes qui avaient été barricadées. Le général Jan-nin, à la tête d'un bataillon du 56e, reçut l'ordre de tourner la position et de se diriger au sud de la ville pour y pénétrer par la porte de Mantoue. Le général Renaud se plaça à la tête des troupes qui devaient attaquer de front, et la porte du côté d'Acqua-Fredda fut abattue à coups de hache par le génie.

Les hussards du 2e régiment, composant mon escorte, sous la vigoureuse impulsion de leur chef, le capitaine commandant Lecomte, se ruèrent sur un piquet de hussards autrichiens qui se trouvaient dans la ville et le sa-brèrent. Ces cavaliers ont fait preuve d'un grand élan ; ils ont eu plusieurs blessés et ont tué et blessé quelques hommes à l'ennemi.

A neuf heures et un quart, le 3e corps est arrivé à hauteur de Medole. En entrant dans ce village, j'ai appris que le 4e corps était engagé en avant de moi. L'aile droite de ce corps, commandée par le général de Luzy, avait dû soutenir des attaques très-sérieuses, et, menacée d'être tournée, elle demandait instamment à être appuyée.

Le général commandant le 4e corps m'adressait également plusieurs officiers pour me demander d'envoyer des renforts sur son centre qui avait eu beaucoup à souffrir.

A ce moment même, je recevais de l'Empereur communication d'une lettre par laquelle on annonçait qu'un corps de 25,000 à 30,000 hommes était sorti de Mantoue par la porte Pradella, dans la journée d'hier 23, et que ses avant-postes étaient au village d'Acqua-Negra. Ces renseignements étaient, du reste, corroborés par le général de Luzy, qui annonçait avoir vu une colonne considérable passer de sa gauche vers sa droite, par des renseignements émanant des gens du pays, enfin par une indication consistant en une longue traînée de poussière se dirigeant du côté d'Assola vers Acqua-Fredda.

Pour faire face aux exigences de la situation, je m'empressai d'envoyer le général Renaud, avec six bataillons, soutenir le général de Luzy sur la route de Ceresara. Le 44e prit position à 2 kilomètres de Medole, à cheval sur la Seriola-Marchionale. Le 56e fut placé en retour, faisant face à Castel-Goffredo, de manière à surveiller le mouvement tournant annoncé de la part de l'ennemi. Une section d'artillerie se mit en batterie sur la route à hauteur des tirailleurs, et fit feu sur les colonnes autrichiennes qui se dirigeaient sur notre droite.

Cette disposition permit à la division de Luzy d'appuyer à gauche, vers le centre du général Niel, et, vers une heure de l'après-midi, les attaques sur Rebecco paraissaient plus menaçantes, j'appelai la totalité de la division Renaud, moins deux bataillons du 23e de ligne que je laissai à la garde de Medole. La division fut alors établie sur la droite et la gauche de la Seriola, se reliant fortement à la droite du 4e corps, qu'elle suivit dans un mouvement prononcé que ce dernier dut faire vers la gauche.

Une partie de la division Renaud se trouva donc, par suite de ce mouvement, à hauteur de Rebecco, sur lequel durent se porter un bataillon du 56e, le 90e avec deux compagnies du 8e bataillon de chasseurs à pied et une section d'artillerie. Cette attaque fut dirigée de la manière la plus énergique par le colonel Guilhem du 90e et le commandant Schwartz du 56e. Cette colonne arriva en ligne au moment où le 73e (division de Luzy), débordé sur sa droite, était menacé d'être tourné ; une vigoureuse charge à la baïonnette du 56e, dirigée par le commandant Schwartz, eut un plein succès, et plus tard, vers les cinq heures, cette portion de la division Renaud occupait le village de Rebecco.

Le 3e corps avait, en raison des éventualités qui pouvaient se produire sur sa droite, disposé d'une partie déjà bien importante de ses forces, et cependant de nouvelles demandes lui étaient adressées instamment, afin d'appuyer le centre du 4e corps sur lequel l'ennemi faisait, comme sur la droite, un effort désespéré. Supposant que la division Bourbaki, ainsi que la brigade Collineau de la division Trochu, seraient suffisantes pour repousser le corps ennemi annoncé de Mantoue, j'envoyai le général Trochu avec la brigade Bataille de sa division au général Niel, pour être placé entre les divisions de Failly et Vinoy du 4e corps.

A quatre heures, cette brigade entrait en ligne, les bataillons en colonne serrée par division, dans l'ordre en échiquier, que je leur prescrivis sur le terrain, l'aile gauche refusée et l'artillerie à portée d'agir efficacement. Ce renfort permettait au général Niel de prononcer un mouvement offensif, qui a d'abord repoussé l'ennemi ; mais celui-ci ayant opéré un retour, la brigade Bataille a été lancée de nouveau, et, conduite avec un admirable entrain par le général Trochu, a refoulé définitivement l'ennemi, qui n'a pas reparu.

Dans cette marche rapide fournie jusqu'à la route de Ceresara, le 44e formant l'aile droite a été un instant débordé par l'ennemi ; mais, sur l'ordre du général Bataille, dont je ne saurais trop louer le courage et le sang-froid, les deux derniers bataillons, vigoureusement conduits par le colonel Pierson et le commandant Coudanieu, ont fait face à droite, marché rapidement sur la tuilerie, et serré si près l'ennemi, qu'ils lui ont fait des prisonniers et l'ont forcé à abandonner deux pièces, qui ont été prises.

Le 43e de ligne, dont un bataillon s'est trouvé un instant très-sérieusement engagé, a montré une grande solidité. J'ai le regret d'annoncer à l'Empereur que son chef, le colonel Broutta, a été mortellement blessé.

Le 19e bataillon de chasseurs à pied s'est également distingué par son élan.

Pour soutenir le mouvement de la brigade Bataille, j'avais prescrit au général Courtois d'Hurbal de faire avancer son artillerie de réserve, qui était venue prendre position.

J'avais envoyé le colonel Besson, mon chef d'état-major général, sur la route de Medole à Castel-Goffredo, pour s'assurer si les reconnaissances du général Bourbaki avaient pu faire découvrir quelque chose des projets de l'ennemi au sujet du mouvement tournant annoncé. De forts détachements de uhlans, appuyés par de l'artillerie légère, avaient pu faire croire à la réalisation de cette attaque, à laquelle il était indispensable de parer ; mais, comme il avait été constaté à plusieurs reprises qu'aucun corps d'infanterie ne paraissait derrière la cavalerie, je crus pouvoir laisser la brigade Collineau, de la division Trochu, seule, pour couvrir Medole et faire entrer en ligne la division Bourbaki. A partir de ce moment, notre position était entièrement assurée.

La part prise par le général Trochu au succès de la journée mérite d'être signalée toute spécialement, et fait le plus grand honneur à cet officier général, qui se loue beaucoup de son aide de camp, le capitaine Capitan, lequel a eu un cheval tué sous lui.

Les pertes éprouvées par les troupes du 3e corps, engagées dans la bataille du 24 juin, s'élèvent à 250 tués ou blessés, parmi lesquels 3 officiers tués et 12 blessés.

De Votre Majesté,

Sire,

Le très-fidèle sujet,

Maréchal CANROBERT.

XXI

Rapport du maréchal Niel, commandant en chef le 4e corps.

Au quartier général de Volta, le 27 juin 1859.

Sire,

Les troupes du 4e corps ont pris une large et glorieuse part à la bataille de Solferino. Je vais rendre à Votre Majesté un compte sommaire de cette rude journée.

D'après l'ordre de marche du 24 juin, le quartier impérial devait se porter avec la garde de Montechiaro à Castiglione; le 1er corps, d'Esenta à Solferino; le 2e corps, de Castiglione à Cavriana; le 3e corps, de Mezzano à Medole; enfin, le 4e corps, renforcé des deux divisions de cavalerie Partouneaux et Desveaux, de Carpenedolo à Guidizzolo. Le roi de Sardaigne devait occuper Pozzolengo.

Le 4e corps s'est mis en route à trois heures du matin, les soldats ayant pris le café. Les trois divisions d'infanterie suivaient la route de Carpenedolo à Medole; les batteries et le parc de réserve étaient intercalés entre la division Vinoy et la division de Failly; la division de Luzy marchait en tête, éclairée par deux escadrons du 10e chasseurs, commandés par le général de Rochefort. La route traverse un pays couvert de riches cultures, d'arbres et de vignes; elle est bordée par des fossés profonds et pleins d'eau. Les deux divisions de cavalerie marchaient sur la route de Castiglione à Goito, qui traverse une plaine de 3 ou 4 kilomètres de largeur, où la cavalerie et l'artillerie peuvent facilement manœuvrer. Cette route passe à Guidizzolo.

A environ 2 kilomètres de Medole, les escadrons du général de Rochefort, ayant rencontré des uhlans, les chargèrent avec impétuosité, mais ils furent bientôt arrêtés par des troupes d'infanterie qui occupaient le village en force, soutenues par de l'artillerie. Le général de Luzy prit immédiatement ses dispositions d'attaque; il fit entourer le village des deux côtés de la route par plusieurs bataillons d'infanterie, sous les ordres des généraux Lenoble et Douay, et, dès qu'il fut en vue des premières maisons qu'occupait l'ennemi, il les fit canonner.

Bientôt après, les mouvements de flanc étant bien prononcés, il fit battre la charge et aborda lui-même le village avec une forte colonne d'infanterie. Cette attaque, exécutée avec une grande bravoure, fut couronnée d'un plein succès. A sept heures, Medole était en notre pouvoir, et l'ennemi se retirait, ayant essuyé de grandes pertes et laissant entre nos mains deux canons et beaucoup de prisonniers.

Au sortir de Medole, trois bataillons de la division de Luzy se portèrent sur la route de Ceresara, tandis que la brigade Douay marchait à la poursuite de l'ennemi vers Rebecco, village situé à une lieue de Medole, sur la route de Guiddizzolo. Cette brigade rencontra bientôt des forces supérieures qui arrêtèrent sa marche.

Aussitôt que la division Vinoy vint déboucher du village de Medole, je fis porter en avant, vers la route de la plaine, huit pièces appartenant à la division de Luzy; la division Vinoy alla soutenir cette artillerie, repoussant en même temps l'ennemi qui occupait des petits fourrés dans la direction d'une maison isolée, nommée Casa-Nova, qui se trouve sur la droite de la grande route de Goito, à deux kilomètres de Guidizzolo. Des combats acharnés se sont livrés pendant toute la journée autour de cette maison.

Dès que je pus sortir du pays couvert que traverse le chemin de Medole, j'aperçus dans la plaine de fortes colonnes autrichiennes d'infanterie et de cavalerie qui faisaient face au corps du maréchal de Mac-Mahon, et qui menaçaient de m'envelopper dans le mouvement que je faisais sur leur flanc. La division Vinoy se forma en bataille dans une direction oblique qui me rapprochait du maréchal de Mac-Mahon, et, sous cet appui, je fis déboucher de Medole l'artillerie de réserve, qui se mit en batterie, ayant derrière elle et à sa gauche les divisions de cavalerie.

Pour avoir un appui à sa droite, le général Vinoy enleva à l'ennemi la ferme de Casa-Nova; mais, occupant ainsi un front très-étendu pour mes forces, j'attendais avec impatience la division de Failly, qui, de son côté, doublait de vitesse pour venir prendre part au combat.

L'ennemi tenta de tourner la gauche du général Vinoy da ns l'espace que laissaient entre eux le 2ᵉ et le 4ᵉ corps. Une colonne d'infanterie, soutenue par une nombreuse cavalerie, s'approcha jusqu'à 200 mètres de la division Vinoy, mais elle fut arrêtée par la mitraille et les boulets des 42 pièces d'artillerie des divisions et de la réserve, qui prenaient successivement leur poste de combat, et qui bientôt furent toutes en batterie sous l'habile direction du général Soleille.

L'ennemi déploya à son tour son artillerie.

Dans cette lutte, qui dura une grande partie de la journée, notre artillerie eut toujours un avantage incontestable, et ses terribles effets sont marqués par les débris d'hommes et de chevaux qui jonchent le sol.

A mesure que le corps du maréchal de Mac-Mahon s'avançait, la division Vinoy, pivotant sur la Casa-Nova, suivait le mouvement par l'aile gauche. Mais les forces ennemies, qui reculaient dans la plaine, portaient leurs efforts sur la Casa-Nova et sur les premières maisons de Rebecco, où se livraient des combats acharnés. Dès que la division de Failly put entrer en ligne, je donnai pour direction à sa tête de colonne le hameau de Baite, situé entre Rebecco et la ferme de Casa-Nova.

Le général de Failly s'y porta avec la brigade O'Farrell, et je conservai sous ma main, comme réserve, la brigade Saurin.

A partir de ce moment, mes troupes étaient disposées comme il suit, de la droite à la gauche : au village de Rebecco, la division de Luzy ; à Baite, la première brigade de la division de Failly; à gauche, se refusant dans la direction du maréchal de Mac-Mahon, la division Vinoy déployée, sept batteries d'artillerie et deux divisions de cavalerie.

Le but que je poursuivais, et qui aurait donné de magnifiques résultats si j'avais pu l'atteindre, c'était que, lorsque Cavriana serait au pouvoir du 2ᵉ corps, le maréchal Canrobert, arrivé à Medole, voulût bien envoyer en avant une ou deux de ses divisions pour occuper Rebecco. Alors, avec les deux divisions de Luzy et de Failly, j'allais m'emparer de Guidizzolo, et, maître de l'embranchement des routes, je coupais la retraite, soit sur Goito, soit sur Volta, aux masses ennemies qui occupaient la plaine. Malheureusement, le maréchal Canrobert, menacé sur sa droite, ne jugea prudent de me prêter son appui que vers la fin de la journée.

L'ennemi, qui sentait tout le danger que lui faisait courir ma marche sur Guidizzolo, réunit tous ses efforts pour l'arrêter.

Une lutte des plus vives se prolongea pendant plus de six heures autour de la ferme de Casa-Nova, au hameau de Baite et au village de Rebecco.

Quand le combat avait lieu par des feux d'infanterie, l'ennemi ayant l'avantage du nombre, je perdais du terrain. Alors je formais une colonne d'attaque avec un bataillon de ma réserve, et la baïonnette nous donnait plus que la fusillade ne nous avait fait perdre.

Dans ces combats incessants, j'ai eu le regret de voir tomber de braves soldats et des chefs bien dignes de les commander :

Le colonel Lacroix, du 30° de ligne ; le colonel Capin, du 53°; le colonel Broutta , du 43° (division Trochu); les lieutenants-colonels de Neuchèze, du 8° de ligne ; de Campagnon, du 2° de ligne ; Des Ondes, du 3° hussards ; les chefs de bataillon Nicolas, Tiersonnier et Hébert, se sont fait tuer à la tête de leurs troupes.

Le général Douay, qui s'est particulièrement distingué dans cette journée, et un grand nombre d'officiers supérieurs, ont reçu des blessures qui priveront momentanément l'Empereur de leurs services.

A toutes ces pertes, j'en dois ajouter une qui m'est particulièrement sensible, celle du colonel du génie Jourjon, officier accompli, aussi remarquable par sa science que par ses qualités militaires.

La cavalerie nous a été d'un puissant secours pour éloigner de la Casa-Nova l'infanterie ennemie, qui renouvelait sans cesse ses efforts pour nous enlever ce point d'appui important.

Les deux divisions de Partouneaux et Desveaux ont, à plusieurs reprises, chargé l'infanterie autrichienne avec une grande bravoure.

Vers trois heures, M. le maréchal Canrobert, étant venu sur le champ de bataille pour juger par lui-même ma position, envoya l'ordre à la division Renaud, du 3° corps, qui observait la route de Medole à Ceresara, d'appuyer sur Rebecco, et il ordonna en même temps au général Trochu d'amener sa première brigade sur le lieu même où se trouvait ma réserve, entre Casa-Nova et Baite, car c'était toujours là que se portaient les plus grands efforts de l'ennemi.

Voyant que j'allais être soutenu par des troupes fraîches, je formai immédiatement quatre bataillons de la division de Luzy en colonnes d'attaque ; j'y joignis deux bataillons de la division de Failly, qui formaient en ce moment mon unique réserve, et le général de Luzy conduisit les troupes dans la direction de Guidizzolo.

La tête de colonne, formée par un bataillon du 30° de ligne, arriva jusqu'aux premières maisons du village ; mais trouvant devant elle des forces supérieures, elle dut se retirer.

Nos soldats étaient, d'ailleurs, accablés par la fatigue ; ils marchaient et combattaient depuis douze heures sur un terrain complétement dépourvu d'eau, et, pendant cette lutte incessante, ils n'avaient pas eu le temps de manger.

Cependant, M. le maréchal Canrobert ayant bien voulu me promettre l'arrivée, avant la nuit, de la division Bourbaki, je voulus tenter un dernier effort sur Guidizzolo avec la brigade Bataille de la division Trochu, qui avait pris la place de ma réserve. Le général Trochu, ayant formé ses bataillons en colonnes serrées, les conduisit à l'ennemi en échiquier, l'aile droite en avant, avec autant d'ordre et de sang-froid que sur un champ de manœuvres. Il enleva à l'ennemi une compagnie d'infanterie et deux pièces de canon, et arriva jusqu'à demi-distance de la Casa-Nova à Güidizzolo.

Un violent orage, précédé de tourbillons de poussière, qui nous plongea dans l'obscurité, vint mettre fin à cette terrible lutte, et le 4e corps prit ses bivacs sur un champ de bataille qu'il avait glorieusement conquis. Il a pris à l'ennemi un drapeau, enlevé par des soldats du 76e de ligne, et 7 pièces de canon. Il a fait environ 2,000 prisonniers ; et, sur un champ de bataille qui a près de deux lieues de long, la marche du 4e corps est jonchée des cadavres de l'ennemi. La lutte a été longue et opiniâtre, et il n'est pas un bataillon du corps d'armée qui n'y ait pris part.

Je ne puis citer à Votre Majesté les nombreux actes de bravoure dont j'ai été témoin ou qui m'ont été rapportés, mais je dois lui dire que chacun a fait noblement son devoir, et, qu'en voulant donner des témoignages de satisfaction, je suis tout naturellement conduit à parler à Votre Majesté de la belle conduite des généraux de division ; après eux, des généraux de brigade, et ensuite des chefs de corps, qui ont été en si grand nombre tués ou blessés.

Voici l'état des pertes éprouvées par les troupes du 4e corps et des deux divisions de cavalerie :

4e CORPS.	TUÉS.		BLESSÉS.		DISPARUS.	
	Officiers.	Troupes.	Officiers.	Troupes.	Officiers.	Troupes.
1re division d'infanterie (de Luzy) . .	15	276	84	1,752	»	»
2e — — (Vinoy) . . .	4	150	39	896	»	126
3e — — (de Failly) . .	18	89	58	723	3	372
Division de cavalerie (Partouneaux) . .	1	12	7	44	»	4
— — (Desveaux) . . .	7	51	15	137	4	38
Artillerie.	»	8	4	65	»	1
État-major	1	»	»	5	»	»
Totaux.	46	586	207	3,417	7	541
	632		3,624		548	
			4,804			

Le maréchal commandant le 4e corps,
NIEL.

XXII

Note insérée au Moniteur universel, *relativement au différend qui s'est élevé entre les maréchaux Canrobert et Niel au sujet de la bataille de Solferino.*

7 août 1859.

Le maréchal commandant le 3ᵉ corps de l'armée d'Italie a réclamé contre un passage du rapport sur la bataille de Solferino, adressé à l'Empereur par le commandant du 4ᵉ corps. Sa Majesté a ordonné l'insertion de la note suivante :

Il est dit, dans ce passage, que le 3ᵉ corps n'a donné son appui au 4ᵉ que sur la fin de la journée. Cependant, dès son arrivée au village de Medole, le maréchal Canrobert envoya les premières troupes de la division Renaud sur la route de Ceresara, avec la mission de couvrir la droite du 4ᵉ corps. La présence de ces troupes a donc eu pour résultat, dès dix heures du matin, d'enlever au général Niel toute appréhension sur les attaques qu'il pouvait avoir à craindre sur son flanc droit, qui n'était gardé que par trois de ses bataillons. Il est donc juste de reconnaître que le maréchal Canrobert avait déjà donné un appui utile au 4ᵉ corps avant l'heure où la division Renaud vint occuper le village de Rebecco pour permettre au général Niel d'en retirer une partie de la division de Luzy, en même temps que la première brigade de la division Trochu venait combattre au milieu des troupes du 4ᵉ corps.

D'ailleurs, le général Niel ne pouvait avoir l'intention, dans son rapport à l'Empereur, d'incriminer en aucune manière la conduite du maréchal Canrobert, dont le caractère chevaleresque est bien connu.

XXIII

Lettre du maréchal Canrobert adressée au maréchal Niel, après la bataille de Solferino.

Valleggio, le 8 juillet 1859.

Je lis à l'instant, dans le *Moniteur* du 4 juillet, votre rapport à l'empereur, sur la part prise par le 4e corps à la bataille de Solferino, et ce n'est pas sans un pénible étonnement que j'y remarque le passage suivant venant après le développement d'un de vos plans de bataille : « Malheureusement, le maréchal Canrobert, menacé sur sa droite, ne jugea prudent de me prêter son appui que vers la fin de la journée. » — Vous regretterez, monsieur le maréchal, d'avoir écrit ces lignes lorsque vous saurez que, dès mon arrivée à Medole avec l'avant-garde de mon corps d'armée, à neuf heures et quart du matin seulement, j'ai appris que vous étiez aux prises avec l'ennemi. *Sans perdre une minute*, j'ai pris mes dispositions pour obtempérer aux demandes pressantes de secours que m'adressait le général de Luzy, qui tenait votre droite à trois quarts de lieue de Medole.

A cette heure, neuf heures et un quart, je n'avais sous la main qu'une petite avant-garde de la division Renaud, et j'ai de suite donné l'ordre à cet officier général de réunir le plus tôt possible de 4 à 5 bataillons, et de les porter sans sacs au secours du général de Luzy. Cet ordre était exécuté à dix heures et demie du matin, et il ne pouvait matériellement l'être plus tôt. Ces cinq bataillons étaient suivis, aussi promptement que leur arrivée successive le permettait, des autres, moins deux de la division Renaud.

La gauche de cette division n'était pas encore rendue à Medole, que je recevais de l'empereur l'invitation pressante de me tenir en garde contre un corps tournant de 25,000 à 30,000 hommes, sorti de Mantoue la veille, et qui a, en effet, été paralysé par une de mes divisions ; en même temps, vous m'envoyiez plusieurs de vos aides de camp pour me demander d'appuyer votre centre sérieusement menacé. Quelles que fussent, dans cette circonstance, mes préoccupations pour mon flanc droit et mes derrières sur lesquels on m'annonçait que se portaient de gros détachements de cavalerie, avec du canon, je pris sur moi d'envoyer au général Trochu, encore en arrière, l'ordre de prendre sa première brigade et de vous l'amener sans sacs aussi promptement que possible. Je mettais donc ainsi, monsieur le maréchal, à votre disposition, par fractions successives et aussitôt après leur arrivée, la moitié de mon corps d'armée, et, permettez-moi de vous le rappeler, n'écoutant que mon désir d'aider de mon mieux un compagnon d'armes dans l'embarras, je précédai de ma personne près de vous les soldats que je vous prêtais, afin de stimuler, par la présence sous le feu de leur maréchal, leur ardeur pour les utiles services que vous en attendiez et qu'ils ont été heureux de vous rendre au nom de l'empereur.

Je ne puis m'empêcher non plus, Monsieur le maréchal, de vous faire remarquer, à propos du passage de votre rapport où vous parlez du succès que vous auriez obtenu si le 3e corps eût été entier près de vous, que, si ce corps avec les généraux de division Renaud, Bourbaki et Trochu, dirigés par leur chef, eût pu prendre en entier part à l'action, il aurait été assez heureusement inspiré pour ne pas vous laisser réaliser *seul* le succès que vous méditiez.

Ainsi, je termine, monsieur le maréchal, en vous faisant observer que votre assertion sur le retard à l'aide que j'ai été assez heureux pour vous prêter est contraire à l'exactitude des faits, accomplis, il est vrai, loin de vos yeux, mais sous les miens et sous ceux de plusieurs de vos officiers, ainsi que de tous ceux de mon état-major ; qu'elle porte une fâcheuse atteinte à ce principe de simple morale, qui veut que l'obligé ne méconnaisse pas le service généreusement rendu, et qu'elle pourrait, dans une circonstance analogue, faire hésiter un chef de corps d'armée à se dépouiller lui-même d'une grande partie de ses troupes en faveur d'un frère d'armes compromis.

Je donne connaissance à l'Empereur de cette lettre que j'ai été dans la pénible nécessité de vous écrire.

Veuillez, etc.

XXIV

Réplique du maréchal Niel à la lettre du maréchal Canrobert.

Oliosi, le 11 juillet 1859.

Monsieur le maréchal,

Je réponds à la lettre que vous m'avez fait l'honneur de m'écrire le 8 de ce mois et que j'ai lue avec un vif sentiment de regret. Je ne puis admettre les reproches d'inexactitude que vous adressez à mon rapport. Voici, résumés en peu de mots, les faits tels que je les ai vus :

Vers neuf heures du matin, le 24 juin, le troisième corps entrait à Medole à peu près en même temps que la division de Failly. La majeure partie de la division de Luzy occupait Rebecco, et trois bataillons de cette division gardaient la route de Medole à Ceresara.

L'ennemi attaquant en force Rebecco, j'y envoyai d'abord le 73e, de la division Vinoy, et, dès que la division de Failly parut, je dirigeai sa première brigade un peu plus à gauche sur le hameau de Baite, conservant sa seconde brigade sous ma main comme réserve. Que se passat-il depuis dix heures du matin jusqu'à trois heures de l'après-midi, pendant cinq heures ?

L'ennemi, refoulé de la plaine par le 2e corps et par l'aile gauche du 4e, se reportait sur Baite et Rebecco. En même temps, le général de Luzy voyait d'autres colonnes d'Autrichiens, allant de droite à gauche, traverser la route de Ceresara pour se porter sur les mêmes points ; la Casa-Nova, où cinq compagnies s'étaient barricadées, a été à plusieurs reprises complétement enveloppée par les Autrichiens ; le général de Failly demandait des secours avec instances : il était attaqué par des forces toujours croissantes. Il en était de même au village de Rebecco, dont les premières maisons nous ont été plusieurs fois reprises. Pendant ce temps, je vous ai successivement envoyé sept officiers pour vous prier instamment de faire appuyer sur Rebecco la division Renaud, qui avait pris position sur la route de Ceresara, en vous faisant connaître que j'éprouvais de très-grandes pertes, que mes troupes étaient harassées et que j'épuisais mes réserves, mais que je tenais partout, et que, si vous pouviez joindre vos efforts aux miens, la victoire était assurée. Ces officiers me rapportaient toujours cette même réponse : « Qu'un corps de 25,000 à 30,000 hommes menaçait de » tourner la droite de l'armée, et que je ne pouvais compter sur un » autre appui que celui qui résultait de la position prise par la division » Renaud. »

En même temps, le chef d'état-major et l'aide de camp du général Renaud déclaraient à mes officiers que la division était prête, mais qu'elle n'avait pas l'ordre de s'engager. Toute l'armée connaît la bravoure de la division Renaud et de son digne chef. Elle était à dix heures et demie du matin à côté de la division de Luzy. Celle-ci a eu 99 officiers et 1,828 soldats tués ou blessés, et on m'a assuré que la division Renaud n'avait pas eu dix hommes hors de combat. Jugez donc vous-même, monsieur le maréchal, si j'ai reçu de cette division l'appui que je demandais ! Vers trois heures environ, on m'a annoncé votre arrivée : alors la division Renaud remplaçait en grande partie la division de Luzy, en appuyant sur Rebecco, en avant duquel se trouvait alors le 73e de ligne, et vous aviez bien voulu faire venir la 1ʳᵉ brigade de la division Trochu pour remplacer mes réserves. Dès l'arrivée de cette brigade, j'ai formé, sous vos yeux, des colonnes d'attaque avec quatre bataillons épuisés de la division de Luzy et les deux seuls bataillons de réserve qui me restaient. Il était quatre heures du soir, et le combat s'était engagé à six heures du matin. Voilà pourquoi j'ai dit que, par les motifs qu'il ne m'appartenait pas d'apprécier et que vous exposez vous-même dans votre rapport, vous n'aviez cru pouvoir me prêter votre appui *que vers la fin de la journée.* Quand les secours sont arrivés, ils ont été des plus efficaces, ainsi que mon rapport le fait ressortir, et je vous en ai témoigné toute ma reconnaissance.

Enfin, monsieur le maréchal, je ferai une réflexion qui répondra à un des derniers passages de votre lettre. Lorsqu'un général de division prie un maréchal de France de lui venir en aide pour exécuter un mouvement en commun, c'est évidemment avec la pensée d'agir sous ses ordres. Si des préoccupations d'amour-propre ou d'intérêt personnel avaient eu de l'influence sur mes résolutions (ce qui, grâce au ciel, n'a jamais eu lieu), elles ne m'auraient donc pas poussé à demander votre appui pour marcher sur Guidizzolo.

En résumé, monsieur le maréchal, si vous n'aviez pas été menacé sur votre droite, votre corps d'armée n'aurait-il pas marché, dès le matin, sur l'ennemi qui défendait Guidizzolo avec tant d'acharnement? Si ce village avait été enlevé par les efforts réunis des 5ᵉ et 4ᵉ corps, la retraite d'une partie de l'armée ennemie n'était-elle pas fortement compromise? Pourquoi cette réflexion, qui se présente si naturellement à l'esprit lorsqu'on examine la lutte qu'a soutenue le 4ᵉ corps, n'aurait-elle pas dû figurer dans mon rapport à l'Empereur? Si elle est présentée sous une forme qui vous a déplu, je le regrette sincèrement, et je conserve l'espoir que, reportant vos souvenirs sur tout ce qui a précédé votre arrivée au milieu des troupes du 4ᵉ corps, vous reviendrez à des sentiments plus justes et plus bienveillants que ceux qui ont inspiré votre lettre.

Veuillez recevoir, monsieur le maréchal, l'expression de ma haute considération.

Le maréchal de France commandant le 4ᵉ corps,

NIEL.

XXV

Rapport de S. M. le roi de Sardaigne.

Le 24 juin, tandis que les troupes françaises, sous les ordres de M. le maréchal Baraguay-d'Hilliers, marchaient sur Solferino, trois divisions de l'armée piémontaise s'avançaient dans la direction de Peschiera, Pozzolengo et Madona della Scoperta. Elles étaient précédées par des détachements chargés d'éclairer leur marche et de reconnaître le terrain.

La 3e division (général Mollard) devait battre la plaine comprise entre le chemin de fer et le lac, et la 5e (général Cucchiari) marcher sur Pozzolengo, où devait aussi se rabattre la 1re division (général Durando), en passant par Castel - Venzago et Madona della Scoperta. Le détachement envoyé en reconnaissance par la 5e division, composé d'un bataillon d'infanterie, d'un bataillon de bersaglieri, d'un escadron de chevau-légers et de deux pièces d'artillerie, sous les ordres du colonel Cadorna, laissa sur sa droite les hauteurs de San-Martino, qui n'étaient point encore occupées par l'ennemi, et continua à s'avancer par la route de Lugano vers Pozzolengo.

Les avant-postes autrichiens, vigoureusement attaqués et refoulés vers sept heures du matin, furent bientôt soutenus par des forces imposantes devant lesquelles il fallut se replier.

Le général Mollard, entendant la fusillade et le bruit du canon, conduisit la petite colonne qui éclairait la marche de sa division au secours du colonel Cadorna, et envoya deux compagnies de bersaglieri à la cascine Succale pour opérer une diversion.

La 3e et la 5e division reçurent l'ordre de hâter leur marche.

La colonne du colonel Cadorna se replia lentement et en bon ordre, soutenue par quatre pièces d'artillerie et par un bataillon d'infanterie placés à San-Martino. Mais, sur la droite, l'ennemi gardait déjà avec de fortes colonnes les hauteurs par Stefano et San-Donino, et s'avançait rapidement sur Cascina-Contracania, menaçant de couper la ligne de retraite.

Il fallut abandonner San-Martino. Il était alors neuf heures du matin. La tête de la colonne de la 3e division commençait à déboucher par la chaussée du chemin de fer. Dans l'espoir de ne pas laisser à l'ennemi le temps de s'établir solidement sur les hauteurs, le général Mollard fit immédiatement marcher à l'assaut le premier régiment qu'il eut sous la main (7e d'infanterie), et le fit bientôt après soutenir par le 8e, avec ordre d'attaquer à la baïonnette sans faire un coup de feu. Soutenus par une batterie et par quelques charges des chevau-légers de Montferrat, deux fois ces braves régiments atteignirent avec un élan admirable le sommet des hauteurs en s'emparant de plusieurs pièces de canon, mais deux fois aussi ils durent céder au nombre et abandonner leur conquête. Le colonel Beretta et le major Solaro avaient été tués; le général Ansaldi, les majors Borda et Logoni, blessés; les pertes en officiers subalternes étaient également nombreuses.

L'ennemi gagnait du terrain; il s'avançait par la Cascina-Selvetta vers le chemin de fer pour nous couper cette importante ligne de communication. Une charge brillante, exécutée par un escadron de cavalerie, donna le temps de réunir quelques troupes sur le point menacé.

Ce fut alors, vers dix heures du matin, que la division Cucchiari arriva sur le champ de bataille par la route de Rivoltella. Trois bataillons du 12e régiment furent mis immédiatement à la disposition du général Mollard, afin de l'aider à reprendre les cascines Canova, Arnia, Selvetta et Monata, et dégager ainsi les approches du chemin de fer. Sur la gauche, le 4e bataillon du 12e et le 11e régiment d'infanterie furent formés en colonnes d'attaque, à cheval sur la route de Lugano. On s'élança à l'assaut sous un feu meurtrier. L'église de San-Martino, le Rocolo, ainsi que toutes les cascines sur la droite, y compris la Contracania, furent emportés avec une bravoure remarquable. On s'empara de trois pièces d'artillerie, mais l'ennemi parvint encore une fois à les dégager. Dans cette attaque, un major avait été tué; deux autres majors, ainsi qu'un colonel, blessés: telles étaient les pertes en officiers supérieurs.

Pendant ce temps, la deuxième brigade de la cinquième division (17e et 18e de ligne), avec son bataillon de bersaglieri, se formait en colonne d'attaque sur la gauche de la route de Lugano, laissant le 18e en réserve; deux bataillons du 17e et deux compagnies de bersaglieri marchèrent sur l'église de San-Martino et la cascine Contracania qui étaient retombées au pouvoir de l'ennemi, et les deux autres bataillons avec quelques bersaglieri, pliant à gauche, se dirigèrent sur Cascina-Corbii di Sotto e Vestone. Le 18e s'avança pour soutenir le 11e engagé sur son front. On regagna pourtant le terrain perdu, on atteignit le point culminant des hauteurs, et les positions furent emportées encore une fois.

Sur ces entrefaites, la brigade de Pignerol (division Mollard) arrivait de Desenzano et Rivoltella. Formée sur deux lignes et dirigée avec son artillerie sur la cascine Contracania, elle avait déjà commencé son feu et allait compléter le succès de la 5e division, lorsque celle-ci, écrasée par la mitraille et placée en face d'un ennemi qui recevait sans cesse de nouveaux renforts, dut opérer sa retraite, qui eut lieu en bon ordre, sur la route de Rivoltella. Le général Mollard crut dès lors devoir suspendre l'attaque commencée par la brigade Pignerol jusqu'à l'arrivée de nouvelles troupes. L'attaque de San-Martino ne pouvait plus effectivement être renouvelée sans que l'on donnât auparavant quelques heures de repos aux soldats qui avaient combattu toute la matinée sous un soleil ardent, et sans qu'on les fît soutenir par des troupes fraîches.

La seconde division (général Fanti) avait été acheminée vers Solferino, afin de concourir, le cas échéant, à l'attaque dirigée sur ce point par le maréchal Baraguay-d'Hilliers. Le Roi, voyant que la position avait été vaillamment emportée par les troupes françaises, et jugeant, d'autre part, combien il était essentiel de renforcer notre gauche, donna l'ordre à la seconde brigade de cette division de se porter immédiatement sur San-Martino, et à la première de marcher vers Pozzolengo pour soutenir la division Durando, engagée depuis plusieurs heures dans un combat où elle avait déjà essuyé beaucoup de pertes. Lorsque Sa Majesté fut informée que la brigade Aoste (de la seconde division) approchait de San-Martino, elle envoya l'ordre d'attaquer de nouveau cette position et de s'en emparer avant la nuit. La brigade Aoste arriva sous San-Martino vers quatre heures de l'aprèsmidi, et fut placée sous les ordres du général Mollard.

Elle prit position sur la gauche de la brigade Pignerol, en face de la cascine Contracania. L'artillerie avait l'ordre de n'ouvrir son feu qu'à trèspetite portée de l'ennemi. On fit déposer les sacs aux soldats, et, vers cinq heures, on commença à marcher en avant.

Un bataillon et deux pièces d'artillerie devaient tâcher de tourner l'ennemi par sa gauche. La 5e division, qui s'était repliée sur la route de Rivoltella, était en marche pour rejoindre le champ de bataille. C'est alors qu'un ouragan terrible s'éleva du côté du lac, suivi d'une pluie torrentielle.

Les colonnes, bravant tous les obstacles, marchèrent résolûment à l'ennemi, qui, délivré de toute attaque sur sa droite, avait porté toute son artillerie sur le sommet des hauteurs, entre les cascines Contracania et Colombare, d'où il balayait avec un feu très-vif les approches de la position. La brigade Pignerol s'élança vers la cascine Contracania ; obligée de conquérir pied à pied le terrain, elle éprouva des pertes sensibles. Parmi les officiers supérieurs, les deux colonels furent tués et un major blessé.

La brigade Aoste marcha sur les cascines Canova, Arnia et Monata, s'en empara successivement; attaqua ensuite la Contracania et l'église de San-Martino et tâcha de se maintenir dans ces différentes positions en combattant avec acharnement. Elle avait déjà son général, 2 colonels, 2 majors blessés et un major tué. Afin de soutenir l'infanterie par un feu imposant d'artillerie, le chef d'état-major fit placer 18 pièces près de la Casa-Monata, pour battre la cascine Contracania.

Tous les efforts se dirigèrent bientôt vers ce point. Attaqué de front par les 3e et 6e d'infanterie qui s'avançaient de Casa-Monata, sur la droite, par la brigade Pignerol, et successivement par les 7e, 12e, 17e et 18e et par les bataillons de bersaglieri, l'ennemi commença à plier. Pour assurer un succès si chèrement acheté, l'ordre fut donné à toute l'artillerie disponible de se porter au galop sur le sommet.

Bientôt après, vingt-quatre pièces couronnaient les hauteurs et ouvraient leur feu. L'ennemi, qui était à peu de distance, menaçait de se jeter sur nos canons. Un escadron de cavalerie, avec deux charges des plus brillantes, mit le désordre dans ses rangs, déjà éclaircis par la mitraille, et, poursuivi par l'infanterie, l'ennemi laissa entre nos mains les formidables positions défendues une journée entière avec tant d'acharnement.

Tandis que le combat s'engageait dès le matin sur l'extrême gauche, du côté opposé, sur les collines de Solferino, le 1er corps d'armée française était aux prises avec l'ennemi et soutenait un combat très-vif.

Une reconnaissance composée de troupes de la 1re division (Durando), (3e bataillon de bersaglieri, un bataillon de grenadiers et une section d'artillerie de la 10e batterie), sous la conduite du chef d'état-major, colonel de Casa-Nova, partie de Lonato à l'aube, arriva vers cinq heures et demie à la hauteur de la position Madona della Scoperta, qu'elle trouva occupée par l'ennemi.

Celui-ci fut aussitôt attaqué par les troupes de la reconnaissance, suivies de près par la brigade des grenadiers. Ces corps soutinrent à eux seuls, jusque vers midi, les efforts de l'ennemi supérieur en nombre, puis furent obligés de se replier jusqu'à l'intersection des routes de Cascina-Rondotto. Là, renforcées par quatre bataillons de la brigade de Savoie, commandés par le colonel de Rolland, elles reprirent vivement l'offensive et chargèrent l'ennemi à la baïonnette. Deux bataillons de grenadiers, envoyés dès le matin par Castelloro et Cadignolo, entraient à leur tour en ligne, tandis que la 11e batterie, se mettant en position, ouvrait son feu. Ces efforts combinés décidaient l'ennemi à abandonner les positions conquises dans la matinée.

Le général de la Marmora avait été chargé par le roi de prendre le commandement de la 1re et de la 2e division. L'ennemi une fois repoussé à Madona della Scoperta, le général, suivant les ordres de S. M., dirigea une partie des troupes contre San-Martino, où la 3e et la 5e division continuaient à combattre. La 1re division (Durando) passa par San-Rocca, Cascina-Taverna et Monte-Fami; elle donna, chemin faisant, contre une colonne ennemie composée du régiment de Prohaska et d'autres troupes qui avaient combattu à San-Martino et cherchaient vraisemblablement à tourner les forces qui attaquaient cette position. Cette colonne, repoussée, se replia à la hâte, mais il en résulta un retard dans le mouvement de la 1re division. L'heure était d'ailleurs avancée, et ces troupes avaient combattu toute la journée contre trois brigades ennemies. Les pertes de cette division furent : en officiers, 6 morts et 25 blessés; en troupes, 97 morts et 580 blessés.

La brigade de Piémont de la 2e division (Fanti) avait coopéré également à l'attaque des positions de Madona della Scoperta. L'ennemi repoussé, cette brigade fut dirigée par le général de la Marmora contre Pozzolengo. Arrivée à la hauteur de Cascina-Rondotto, elle rencontra un corps ennemi, fortement établi dans les cascines Torricelli, San-Giovanni et Preda, et sur les hauteurs de Serino.

L'ennemi, vivement attaqué dans ces positions par le 9e bataillon de bersaglieri (major Angelini), le 4e régiment de Piémont et une section de la 4e batterie, sous le commandement du général Camerana, céda le terrain et fut poursuivi jusque au delà du bourg de Pozzolengo.

Cette même brigade de la 2e division (Fanti) ayant occupé San-Giovanni, une batterie de 4 obusiers y prit position et ouvrit un feu très-vif qui prenait à revers les défenses de San-Martino. Cette attaque contribua puissamment à obliger l'ennemi à céder cette position disputée avec acharnement depuis le matin.

La 2e division, outre les graves pertes subies par la brigade Aoste, qui avait été postée sur la gauche, compta encore dans cette journée 1 officier tué, 5 blessés, 16 hommes tués et 56 blessés. Les quatre divisions, composant ce jour-là l'armée sarde en ligne, furent toutes engagées, et leurs pertes totales s'élevèrent à 49 officiers tués, 167 blessés, 642 sous-officiers et soldats tués, 3,405 blessés, 1,258 hommes dispersés; total : 5,525 manquant à l'appel. Plusieurs corps ont eu le quart de leur effectif hors de combat, et un bataillon de bersaglieri, sur 13 officiers, en a eu 7 tués ou blessés; trois colonels de la même division ont succombé glorieusement.

L'ennemi, à la fin de la journée, avait été chassé de toutes ses positions, et celle de Pozzolengo avait été occupée par nos troupes; 5 pièces de canon étaient restées dans nos mains comme trophée de cette sanglante victoire, où nos troupes avaient eu à lutter contre des forces bien supérieures.

Celles-ci peuvent être portées, selon toute vraisemblance, à 12 brigades, car il a été fait des prisonniers appartenant à ces divers corps.

L'armée autrichienne avait déployé toutes ses forces, s'élevant à près de 200,000 hommes. Reprenant l'offensive, elle avait repassé le Mincio et occupé les positions de Pozzolengo, Solferino, étendant sa gauche dans la plaine de Guidizzolo ; mais le soir, sur tous les points de ce vaste champ de bataille, elle avait dû se replier et mettre entre elle et l'armée alliée victorieuse la barrière du Mincio et de ses forteresses.

Le chef de l'état-major,

L.-G. DELLA ROCCA.

XXVI

Rapport de la 1   division sarde (Durando) (1).

Ponti, 2 juillet 1859.

En suite de l'ordre du quartier général de l'armée, n° 23, prescrivant que les chefs d'état-major des trois divisions, 1re (Durando), 3e (Mollard) et 5e (Cucchiari), exploreraient avec une forte reconnaissance les positions de Pozzolengo et les occuperaient si elles étaient libres, pour, de là, avertir les divisions de marcher sur Pozzolengo même, je pris les dispositions suivantes :

La 1re brigade (grenadiers) partira de Lonato à quatre heures du matin pour Castel-Venzago, d'où elle détachera, d'après l'itinéraire prescrit par le colonel chef d'état-major de la division, une reconnaissance composée de : un bataillon de grenadiers, un escadron de cavalerie, une section d'artillerie. La 2e brigade (Savoie) partira de Lonato vers les sept heures du matin.

La 1re brigade partit, en effet, à quatre heures, et de Venzago et des

---

(1) Cette division était composée comme suit :
  1re brigade, grenadiers de Sardaigne ; 2 régiments, soit 8 bataillons.
  2e brigade (Savoie) ; 1er et 2e régiments.
  3e et 4e bataillon de bersagliers.
  10e, 11e et 12e batteries de bataille.

environs de Madona della Scoperta, le chef d'état-major me donna les avis suivants :

« Ils étaient arrivés à cinq heures et demie à Venzago ; on y entendait le canon grondant à une assez grande distance, à l'ouest de Solferino ; ils s'acheminaient sur Madona della Scoperta, en prenant des informations ; le hameau de Barche di Solferino était occupé et disputé. A six heures et demie, le combat se continuait vers Barche di Castiglione ; on voyait une colonne française sur les hauteurs paraissant se diriger vers le Grole. L'action était essentiellement entre l'artillerie ; les Autrichiens se repliaient, à notre vue, vers Astore et Fenile-Brusa, couverts par des flanqueurs et faisant face vers l'ouest. A sept heures et demie, l'attaque des Autrichiens s'avançait vers Castiglione, quoique leurs flanqueurs, menacés d'être tournés par les Français venant d'Esenta, se fussent retirés un peu en arrière. Je crois, ajoutait-il, impossible le mouvement de la division sur Pozzolengo, car, en tournant à l'est par Rondotto, etc., nous aurions les Autrichiens à revers et sur notre droite ; j'attends des ordres pour continuer la marche ; il paraît que l'attaque des Autrichiens est combinée avec des mouvements dans la plaine. »

Je reçus ces avis sur le mont Tiracollo, où je m'étais porté pour mieux observer le développement du combat, et donner les ordres nécessaires aux troupes restées en arrière, mais prêtes à marcher.

L'importance des engagements qui avaient lieu simultanément à San-Martino et entre Solferino et Castiglione étant évidente, je donnai l'ordre à la brigade de Savoie de s'acheminer sur Venzago, tandis que je l'y précéderais. Là, je reçus avis d'un officier d'ordonnance de Sa Majesté que l'empereur des Français insistait pour que nos troupes marchassent à son canon. Je fis aussitôt avancer le reste de la brigade des grenadiers vers Madona della Scoperta, où je supposais l'avant-garde compromise et où se livrait déjà un vif combat d'artillerie et d'infanterie. Arrivé au delà de la ferme Casellin-Nuovo, je trouvai engagés tout le 1er régiment, le 3e bataillon de bersaglieri, l'escadron de chevau-légers Alexandrie (capitaine Incisa) et deux sections d'artillerie de la 10e batterie, commandées par le sous-lieutenant Dupont et par le capitaine Quaglia. Le feu avait été ouvert par un peloton de la compagnie de bersaglieri, capitaine Ratti, contre les chasseurs dans la vallée de Quadri ; et, après avoir reconnu occupées les maisons de Madona della Scoperta, le reste de la même compagnie et la 10e s'étaient lancés sur le versant opposé, vers Fenile-Vecchio, à l'attaque desdites maisons. Une partie des grenadiers du bataillon Santa-Rosa et la section d'artillerie furent opposés aux nombreux tirailleurs ennemis qui, remontant la vallée de Quadri, s'étendaient parallèlement à la route parcourue par la troupe. L'escadron Incisa protégeait les bersaglieri sur le plateau à 500 mètres en avant de Madona.

Le bataillon Santa-Rosa, assisté des deux premières compagnies de bersaglieri, avait déjà attaqué une première fois Madona della Scoperta et repoussé l'ennemi à la baïonnette. Mais, assailli par des forces supérieures, il avait dû se replier. Le 3e bataillon, major Diana, l'ayant rejoint avec les compagnies 11 et 12 de bersaglieri, Madona della Scoperta fut attaqué de nouveau et réoccupé par nos troupes.

Les grenadiers s'étant laissé entraîner à poursuivre l'ennemi avec trop d'ardeur, ils furent repoussés par des colonnes serrées qui arrivèrent sur ces entrefaites, et le village retomba au pouvoir des Autrichiens. Pour neutraliser l'attaque de front de ces colonnes, ainsi que celle que les Autrichiens tentaient par la vallée de Quadri sur notre droite et parallèlement à la direction de notre marche, les bataillons 2 et 4 (Scaletta et Fozzani) furent dirigés par Fenile-Vecchio vers le mont Gnea. Ces deux majors, guidés par leurs indications et avisés, en outre, par un colonel d'état-major français qu'il importait de se relier avec les troupes impériales, s'avancèrent successivement du mont Gnea sur les crêtes qui tendent vers la cascine Piopa ; de là, couverts par une chaîne de tirailleurs, ils reconnaissaient les moyens d'attaquer de flanc la position de Madona della Scoperta, quand ils se virent eux-mêmes assaillis par de profondes colonnes ennemies protégées de cavalerie, et contraints de se retirer successivement jusqu'au mont Gnea, en retenant la marche de l'ennemi par des attaques répétées à la baïonnette.

Arrivé à ce point, l'ennemi occupa non-seulement le front s'étendant de Madona à la cascine Piopa, mais s'avança avec une batterie jusqu'à Ca-Sojeta, d'où la route, encaissée et formant un retranchement, lui fournissait les moyens de tirer à couvert et de battre de flanc nos colonnes qui tenteraient de s'avancer de front contre Madona, ainsi que notre artillerie destinée à les protéger.

Pendant ce temps, le major Cugia avait fort à propos appelé au feu la 3e section de la 10e batterie (lieutenant Giovanetti); la moitié de la 10e batterie vint aussi prendre position sur la crête où se trouvait dès le commencement la section du sous-lieutenant Dupont. La moitié de la 12e batterie y arriva aussi au trot et s'y mit en batterie, sans se laisser déconcerter par la mort de quelques chevaux tués par l'ennemi. L'autre moitié de la 12e batterie fut portée sur la crête dominant la vallée au sud-est de Fenile-Vecchio, ainsi que, pour un certain temps, la 11e batterie, capitaine Civalieri.

Mais les colonnes d'attaque de l'ennemi augmentaient; le feu de leur artillerie devenait de plus fort en plus fort; aussi, pour soutenir les grenadiers engagés, il devint nécessaire de faire avancer le 2e bataillon du 2e régiment de grenadiers (major Verani), régiment formé en colonne à droite de la route. Ce bataillon prit position à gauche de la batterie.

Les autres bataillons dudit régiment, formés en colonnes de bataillons, furent échelonnés à droite de la route, à la hauteur de Casellin-Nuovo; mais, vu l'insistance de l'ennemi, on dut bientôt faire avancer le 4e bataillon (major Udorni), qui se plaça à droite de la batterie, le 1er bataillon (major Cavalchini), qui occupa à gauche les fermes de San-Carlo-Vecchio et Porte-Rosse, et le 3e bataillon (major Blanchetti), qui fut placé en soutien du 1er et à la gauche de la batterie.

Pendant ce temps, la brigade de Savoie, avec le 4e bataillon de bersaglieri, que j'avais fait avancer du camp de Lonato aussitôt que j'avais eu connaissance des forces que nous avions en présence, arrivait par la route de Venzago sur le lieu du combat. Le 2e régiment fut placé au-dessus des hauteurs de Mont-Polperi et à couvert du tir ennemi autant que possible; le 1er bataillon du 1er régiment en deuxième ligne derrière le 2e régiment; les 2e et 3e bataillons à droite de la route et à hauteur de la crête dominant la vallée de Fenile-Vecchio, sur laquelle était la demi-batterie no 12; le 4e bataillon fut placé à droite de la même batterie.

L'escadron de cavalerie (capitaine S. Agabio) se retira à gauche de la route, derrière le mamelon sur lequel était le 2e régiment Savoie.

Mais, vers midi, le général-major commandant la brigade de grenadiers m'avait fait savoir que ses troupes, déjà bien fatiguées, étaient attaquées par des forces supérieures. J'envoyai à son soutien le 4e bataillon de bersaglieri (major Buzzoli) et le 1er bataillon du 2e régiment Savoie (major Gabet). Les grenadiers, nonobstant des attaques répétées à la baïonnette, n'avaient pas pu déloger l'ennemi de ses positions premières, et étaient même obligés de rétrograder vers Casellin-Nuovo.

La 10e batterie et la demi-batterie no 12, suivies de l'escadron Incisa, étaient aussi obligées de se retirer, vu qu'elles n'étaient plus soutenues et que l'ennemi s'avançait à la poursuite des grenadiers.

L'attaque impétueuse du 4e bataillon de bersaglieri et du 1er bataillon du 2e régiment Savoie, le feu de la deuxième moitié de la 12e batterie (lieutenant Ricciolio), depuis la crête dominant la vallée de Fenile-Vecchio, non-seulement arrêtèrent la marche en avant de l'ennemi, mais le rechassèrent au delà des positions déjà coupées par nos batteries.

Le nombre croissant des forces ennemies obligeait cependant aussi ces troupes à la retraite, quand arrivèrent à leur secours le 2e et le 3e bataillon du 2e régiment Savoie, conduits par le colonel Rolland et leurs majors respectifs, et la 11e batterie (capitaine Civalieri), que j'avais expédiée à la position déjà occupée par la 10ᵉ, ainsi que l'escadron Incisa. Alors ces troupes purent reconquérir les positions. Le 4ᵉ bataillon du 2ᵉ régiment fut laissé en réserve sur la hauteur où il se trouvait. La partie de la brigade grenadiers qui avait été à ces positions, se trouvant ainsi remplacée, put être réorganisée hors de portée du tir ennemi.

Tandis que les troupes de Savoie se maintenaient dans ces positions, l'ennemi avait tenté de tourner notre droite; mais un changement de front en arrière heureusement exécuté par ordre du colonel Rolland et appuyé par le 1ᵉʳ bataillon du 1ᵉʳ régiment Savoie (capitaine Cocatrix), l'attaque à la baïonnette de toute cette troupe, le feu de la batterie qui s'était avancée, une charge de l'escadron Incisa mirent en fuite les ennemis qui avaient tenté cette manœuvre.

Alors commença la retraite de l'ennemi sur Madona della Scoperta, d'où il se dirigea par deux directions différentes, à savoir, de grosses colonnes d'infanterie vers Pozzolengo et Rondotto, et des colonnes d'infanterie et de cavalerie vers Castellaro.

Madona della Scoperta étant évacuée, on procéda aussitôt au relèvement des blessés, qui furent conduits aux ambulances placées en arrière de Casellin-Nuovo. A ce moment arriva une brigade de la 2ᵉ division conduite par le général Fanti et venant des hauteurs de la Gnea par la route de Casellin-Nuovo.

Un peu après survint un orage terrible, qui rendit impossible tout mouvement. L'orage étant passé, le général la Marmora arriva et m'annonça qu'il était envoyé par Sa Majesté pour prendre la direction des troupes des 1ʳᵉ et 2ᵉ divisions et pour converger vers Pozzolengo et San-Martino, où les 3ᵉ et 5ᵉ divisions étaient fortement engagées. En suite de cet ordre, la 1ʳᵉ division se mit en marche, d'après l'itinéraire du général la Marmora et avec l'escorte d'un guide remis par le même général, vers San-Gerolamo, par San-Rocco et Taverna. Quand, avec la tête de la colonne, composée du 3ᵉ bataillon bersaglieri et de la 11ᵉ batterie (Civalieri), j'arrivai au mont Fami, je me trouvai en face d'une colonne que je dus préalablement reconnaître. L'ayant reconnue comme ennemie, et tandis qu'une autre colonne de ligne était placée sur le mont Mamo et qu'une de chasseurs s'avançait dans la vallée boisée qui sépare ces deux monts, je fis mettre en batterie les deux obusiers de la batterie Civalieri. Quelques obus habilement pointés et qui éclatèrent dans la colonne ennemie, décidèrent sa retraite et celles des chasseurs. Nous avons su depuis que cette colonne était composée du régiment Prohaska, dont nous suivîmes les traces couvertes de cadavres et de bagages abandonnés.

Au bout de quelques instants, nous pûmes voir nos troupes en face de

San-Martino donner un nouvel assaut et s'emparer de cette position.

Vers dix heures et demie du soir, les troupes étaient établies aux bivacs et y prenaient un repos dont elles avaient vraiment besoin, couvrant de leurs avant-postes la direction du mont Mamo sur le front et celle de Castellaro sur le flanc droit.

Je dois rendre ici témoignage au zèle, au bon vouloir et à la valeur déployés par toutes les troupes de ma division et par les commandants de brigades, de régiments et de corps, pendant cette longue lutte contre des forces supérieures et dans des localités inconnues.

Le service d'ambulance a été fait avec zèle, activité et courage par tout le corps sanitaire, sous la direction de M. le médecin en chef Testa, à tel point que, malgré la difficulté des lieux, malgré la disette d'eau, l'orage subit, malgré l'obscurité de la nuit, le champ de bataille était, dès onze heures du soir, débarrassé de ses blessés, à l'exception d'un petit nombre qui furent relevés dans la nuit et acheminés sur Lonato.

Je crois aussi de mon devoir de signaler au commandement supérieur de l'armée et à la bienveillance du Roi la dame *Devi*, cantinière ambulante, qui, arrivée volontairement à l'ambulance, n'a cessé, pendant le combat, de prodiguer des soins de toute espèce à nos blessés, bravant avec courage les coups qui pouvaient l'atteindre.

Le lieutenant général,

(*Signé*) Durando.

XXVII

Rapport de la 2e division sarde (Fanti) (1).

Villafranca, 1er juillet 1859.

Le 11 au matin, la division reçut l'ordre de lever le camp des positions de Saint-Paul et de Lonato, où je m'étais mis en défense, et de s'avancer

---

(1) Cette division est composée comme suit :
    1re brigade : régiments n°s 3 et 4 (Piémont).
    2e brigade : régiments n°s 5 et 6 (Aoste).
    1er et 9e bersaglieri.
    13e, 14e, 15e batteries.
    Cavalerie : Novare et Aoste. — *Réd.*

par la droite, afin d'appuyer les Français vers Solferino et Cavriana. Mais, au bout d'une heure et demie de marche, il nous fut ordonné de changer de direction à gauche, pour appuyer nos 1re, 3e et 5e divisions, fortement engagées avec l'ennemi, et, en conséquence, la brigade Aoste, avec la 15e batterie d'artillerie, tourna à gauche à l'appui de la 3e et de la 5e division, et moi, avec le reste de la 2e division, je me dirigeai sur Pozzolengo au secours de la 1re division.

La brigade Aoste, s'avançant vers San-Martino, commença à rencontrer l'ennemi à la cascine Azimondi, vers les cinq heures du matin, et le général Cerale, étant arrivé avec la brigade Aoste à la hauteur de la 3e division, il prit, de concert avec le commandant de cette division, les mesures pour l'attaque sur la gauche de San-Martino, se liant, à cet effet, par la droite à la brigade Pignerol. La brigade Aoste se forma sur deux lignes flanquées à gauche par le 1er bataillon de bersaglieri (major Radicati) et à la hauteur de la cascine Monata ; plus en arrière suivait l'artillerie retardée dans sa marche par les difficultés du terrain.

L'ennemi ayant été chassé des cascines Canova, Arnia et Monata, il fut procédé à l'attaque de Contracania et de Chiesuola de San-Martino, l'aile droite en avant. Mais, trouvant là l'ennemi fortement établi avec de l'artillerie, tandis que nos troupes en étaient dépourvues, nous dûmes nous replier jusqu'à un endroit favorable, et, pendant ce temps, la batterie du capitaine Bottiglio et une autre de la 3e division, envoyée à son appui, purent se mettre en position. A ce moment, la brigade fut vivement attaquée sur son flanc gauche, mais cette attaque fut tout aussi vivement repoussée à la baïonnette par le 6e régiment.

Le général Cerale, à la tête de sa brigade, s'avança de nouveau à l'attaque de la position, protégée par le feu des deux batteries.

A un signal donné par lui, le feu de l'artillerie dans la direction de l'attaque cessa, tandis que continuait celui du flanc gauche ; puis le général Cerale s'avança hardiment avec le 5e régiment dirigé par son colonel M. Vialardi, attaquant de front et à la baïonnette, pendant que le 6e régiment, conduit par son colonel M. Placchici, appuyait à droite pour tourner la position, l'enlevait courageusement aux cris de : *Viva il re !* refoulait l'ennemi en le forçant à abandonner un de ses canons.

Après qu'elle eût été renforcée d'une batterie d'artillerie, qui arriva au trot et ouvrit promptement son feu, la brigade attaqua de nouveau les autres positions et cascines, que l'ennemi défendit successivement avec ténacité : mais celui-ci fut chassé des hauteurs de Val del Sole et de la Cassette, où on lui prit une autre pièce d'artillerie avec une voiture de guerre. Une brillante charge d'un escadron de chevau-légers Montferrat, commandée par le vaillant capitaine Avogadro, obligea définitivement l'ennemi à la retraite sur Pozzolengo.

Avec le reste de la division, je me dirigeai, pendant ce temps, sur Madona della Scoperta, où l'ennemi disputait fortement le terrain à la 1re division; mais, quand nous arrivâmes à Monte-Finazza, et que nous lui eûmes de là envoyé quelques obus, nous le vîmes se mettre en retraite, car il était aussi battu vivement de front par la 1re division.

Ce fut alors que je proposai au général Durando de marcher ensemble, sur deux colonnes, vers Pozzolengo, lui par la route qui y conduisait directement depuis l'endroit où il était, tandis que moi je flanquerais par les hauteurs de droite, forçant la position de Madona della Scoperta, qu'il m'assurait être encore fortement occupée.

Comme je me mettais en mouvement dans cette direction et comme j'arrivais à cette localité, abandonnée depuis peu par l'ennemi qui s'était mis en retraite par la crête du mont que j'avais à parcourir en face de moi, le ministre la Marmora me rejoignit pour me dire que le roi l'avait chargé du commandement des 1re et 2e divisions, et qu'en conséquence je devais me placer sur la route même que devait parcourir le général Durando, celui-ci ayant reçu d'autres ordres.

Ce fut ainsi qu'en arrivant à la route de Rondotto, je trouvai l'ennemi fortement établi dans les masures des monts Turicella, San-Giovanni et Predu, et en position au delà du Redone sur le mont Serino. Mais il fut repoussé de toutes ces positions et poursuivi jusqu'à Pozzolengo, que l'ennemi finit aussi par évacuer. Ces attaques furent exécutées particulièrement par le 9e bataillon de bersaglieri (major Angelino), par le 4e régiment (colonel Morand; majors Montagnini, Mazé et Parocchia), et par une section de la 14e batterie de bataille, le tout sous le commandement immédiat du général Camerana.

Tandis que je faisais ainsi procéder à l'attaque de Pozzolengo, le ministre la Marmora, qui nous avait suivis, ordonna fort à propos de placer 4 obusiers en arrière et sur notre gauche, au delà du mont San-Giovanni, près le Radon, lesquels ouvrirent leur feu pour inquiéter les revers de l'ennemi qui tenait obstinément à San-Martino contre l'autre brigade de ma division, et qui dirigeait sur la route de Pozzolengo un convoi d'artillerie en retraite. En suite de cette heureuse et glorieuse combinaison, les deux brigades, momentanément séparées par nécessité, coopérèrent ensemble au succès commun. Tous rivalisèrent d'ardeur, et je me réserve de signaler plus tard à Votre Majesté ceux qui ont eu le plus d'occasions de se distinguer; mais je dois confesser, en tout cas, que la journée nous a coûté beaucoup de sang, portant en somme nos pertes à 48 officiers et 960 soldats et sous-officiers.

Le lieutenant général,
(Signé) M. Fanti.

A M. le lieutenant général, chef de l'état-major de l'armée,
à Pozzolengo.

XXVIII

Rapport de la 3e division sarde (Mollard) (1).

Camp sous Peschiera, le 3 juillet 1859.

J'ai l'honneur de transmettre au commandant en chef un rapport succinct sur la participation de ma division au combat du 24 juin. Les rapports qui me sont arrivés jusqu'ici des divers chefs de corps ne modifient, du reste, pas, sinon légèrement, celui qui a été expédié par moi il y a quelques jours.

Suivant les ordres reçus le soir du 23, quatre reconnaissances avaient été expédiées avant cinq heures du matin, vers les positions à occuper derrière le *Laghetto*, par les divers passages qui, des positions de San-Reno, Rivoltella et Monte-Cavaga, se dirigent sur Peschiera. Les deux de gauche appartenaient à la brigade Pignerol, qui les suivait par la route longeant le lac, les deux de droite à la brigade Cuneo, qui se tenait sur la voie ferrée. L'extrême droite, composée d'un bataillon du 7e régiment, de deux compagnies du 10e bataillon, d'un demi-escadron de chevau-légers Montferrat, et dirigée par le capitaine d'état-major de Vecchi, ne devait commencer sa marche que plus tard, et la régler sur celle d'une autre reconnaissance (de deux bataillons, d'une section d'artillerie et d'un esca-

---

(1) Cette division est composée comme suit :
 1re brigade : régiments n°s 7 et 8 (Cuneo).
 2e brigade : régiments n°s 13 et 14 (Pinerolo).
 Bersagliers : bataillons n°s 2 et 10.
 Artillerie : batteries n°s 5, 6 et 7.
 Cavalerie : Montferrat, 1/2 Alexandrie. — *Réd.*

dron de cavalerie) appartenant à la 5ᵉ division, et dirigée par le lieutenant-colonel chevalier Cadorna sur Pozzolengo. Je me tenais personnellement avec la reconnaissance de mon extrême droite. Celle-ci s'avança par la route de Pozzolengo (route de Lugana) à la queue de la colonne du lieutenant-colonel Cadorna ; et sa tête tourna vers la cascine Corbù-dessous, où elle attendit l'arrivée de l'autre vers Pozzolengo.

Bientôt (à sept heures et demie du matin), le lieutenant-colonel Cadorna se trouva engagé avec l'ennemi, qui occupait les hauteurs à cheval sur la route de Pozzolengo. Le lieutenant-colonel Cadorna demandant à être soutenu, cela fut fait avec deux compagnies de bersagliers, qui se portèrent sur les hauteurs de gauche vers la cascine Succale, et, avec le bataillon du 7ᵉ, à droite de la route ; de plus, j'appelai à l'intersection de la route de Lugana avec la voie ferrée les cinq compagnies (un bataillon du 8ᵉ et une compagnie du 10ᵉ bersagliers) qui composaient la seconde de mes reconnaissances, laquelle, pendant ce temps, s'était avancée vers le Feniletto. Mais l'ennemi, déployant des forces considérables, repoussa, malgré mon appui, la colonne du lieutenant-colonel Cadorna, et je fus contraint à faire retirer en arrière le bataillon par la route, et les deux compagnies de bersagliers latéralement par la cascine Ceresa et Corbù-dessous. La retraite s'opéra dans le meilleur ordre.

La section de la 7ᵉ batterie, le bataillon du 8ᵉ régiment du major Corte, avec le 8ᵉ bataillon bersagliers (major Volpelandi), occupèrent pendant quelques moment les hauteurs de Casette et l'église de San-Martino, pour retarder les progrès de l'ennemi et donner le temps aux autres troupes de défiler par la route débouchant de Pozzolengo, et finalement, elles prirent position sur la voie ferrée perpendiculairement à la route de Lugana. L'ennemi ne tarda pas à couvrir de masses nombreuses les hauteurs de San-Martino, ainsi que les maisons et les vergers des environs, et ce fut contre cette occupation que furent dirigés tous les efforts de la journée, lesquels ne purent arriver à bon terme qu'à la nuit tombée.

Pendant ce temps, la brigade Cuneo s'était avancée sur la voie ferrée, et j'avais appelé, par précaution, sur le lieu du combat, la brigade Pinerolo en marche vers Rivoltella. Il était neuf heures environ. Pour parer à toute éventualité de retraite, et par précaution contre la place (1), un bataillon et 4 pièces furent laissés à Rivoltella, un autre à San-Zeno. Je fis placer la brigade Cuneo à droite de la route de Lugana, dans les champs, entre

---

(1) La forteresse de Peschiera. — *Réd.*

la Cascine-Neuve et la route même. Le 7e était en première ligne, en colonne d'attaque; le 8e en deuxième ligne, et ainsi j'ordonnai l'assaut de San-Martino. Au début, le 7e s'empara de quelques maisons et de la moitié des versants; puis, réuni au 8e, une nouvelle attaque à la baïonnette les porta sur les hauteurs de San-Martino, qu'ils occupèrent momentanément, et où ils entourèrent quelques canons ennemis qu'ils tentèrent d'enclouer. L'action de notre artillerie et quelques charges des chevau-légers Montferrat secondèrent le mouvement. Mais ce premier succès ne fut que passager. L'ennemi opéra un retour offensif avec des forces prépondérantes. La brigade Cuneo dut rétrograder de nouveau sur la voie ferrée, le long de laquelle elle se réorganisa. C'est dans cette affaire que le général Cornaldi fut blessé et le colonel Beretta, du 7e, tué. L'ennemi, ayant encore renforcé sa position, descendit avec ses chasseurs jusqu'à mi-côte, et commença à tirailler sur la voie ferrée, qui fut cependant maintenue moyennant une charge des chevau-légers Saluces attachés à la 5e division, et l'occupation de quelques maisons avancées par des détachements du 7e régiment.

Vers la fin de cette première période de l'action (environ dix heures du matin), arriva la 5e division, conduite par le général Cucchiari. Celle-ci se disposa en colonne d'attaque, partie à droite, partie à gauche de la route de Lugana, et donna de nouveau l'assaut à San-Martino. Le 10e bataillon de bersagliers, attaché à la 5e division, participa à l'action. Celle-ci aussi réussit, mais elle ne put se maintenir. La division dut se retirer après un très-vif combat, et se rallia derrière la voie ferrée, pour, de là, entreprendre sa retraite vers Rivoltella. Le général Cucchiari conduisait avec lui le 10e bataillon de bersagliers, qu'il plaça, pour protéger sa retraite, à la cascine Tesi, tandis qu'il occupait le village avec la brigade Acqui. Il en résulta que je perdis la disposition de ce bataillon pour toute la journée. Cependant, je profitai de cette occupation de Rivoltella, dont je fus informé plus tard, pour rappeler les quatre pièces de la 6e batterie qui s'y trouvaient.

Pendant cette action de la 5e division, la brigade Pinerolo était arrivée des positions qu'elle occupait en avant de Rivoltella. Je lui avais fait traverser la voie ferrée par le passage qui se trouve entre la cascine Nocente et la cascine Pigne, puis je l'avais placée sur deux lignes à la hauteur de la cascine Brugnoli, le 13e en première ligne, le 14e en seconde. Puis, ayant prévenu le général Cucchiari au moment où sa division paraissait victorieuse, celui-ci me recommanda d'entrer promptement en action. Je le fis. Le 13e régiment, en colonne d'attaque, soutenu par l'artillerie et précédé par les chasseurs, s'élança contre les hauteurs; mais, comme les pertes qu'il éprouvait par le feu prépondérant de l'artillerie ennemie étaient très-graves, et puisque d'ailleurs la retraite de la 5e division était complète, cela me détermina à rappeler ce régiment, trop compromis, hors de la portée de canon. Il se rallia en seconde ligne à l'ouest de la brigade Bugnoli et à la hauteur du Bettinello. Mon intention était de tenir la voie ferrée et d'attendre dans cette position les ordres qui me seraient envoyés par le roi, quand il serait informé de l'importance de l'action engagée, et de la différence qu'il y avait entre la situation du moment et celle pour laquelle on avait pris les dispositions du matin. Ce fut alors de notre part, comme de celle de l'ennemi, une longue pause d'expectative et d'observation réciproques.

Vers les trois heures de l'après-midi arriva l'ordre de S. M., portant de tenir ferme, que la brigade Aoste allait arriver à notre secours, et que la 5e division serait rappelée en ligne. Je pensai alors à une attaque combinée des brigades Pinerolo et Aoste vers la droite. Cette action ne pouvait manquer de procurer un bon résultat, surtout dans la prévision (1) que la 5e division l'appuierait par un mouvement tournant encore plus à gauche sur la route de Pozzolengo. La brigade Aoste arrivait vers quatre heures après-midi par la voie ferrée, accompagnée de la 15e batterie, et descendit dans les champs au-dessous de San-Martino. Là elle se forma en une belle courbe à la hauteur de la brigade Pinerolo, et son général, chevalier Cerale, reçut de moi les instructions pour participer à ce nouvel assaut. Elles portaient que Aoste s'avancerait de la gauche à la droite pour converger sur San-Martino, à la rencontre de Pinerolo qui se mouvrait de droite à gauche. Le 14e et le 5e étaient en première ligne, le 13e et le 6e en seconde. Je disposai en même temps d'un bataillon du 14e, d'une compagnie de bersagliers (2e bataillon) et d'une section d'artillerie pour un mouvement de flanc, faisant un contour à droite par Saint-Michel, San-Gerolamo, le Monte-Mamo, San-Donino et le val del Sole pour inquiéter la gauche de l'ennemi. Ce détachement fut accompagné par le lieutenant nob. Mazzoleni, attaché à mon état-major, tandis que j'envoyai avec la brigade Aoste le capitaine de Vecchi. La manifestation des désirs du roi avait rempli tous les cœurs d'une nouvelle ardeur, et chacun souhaitait de terminer par un succès une journée aussi rude de fatigues et de pertes.

L'artillerie prépara l'attaque, et les colonnes se mettaient en marche lorsqu'un furieux ouragan rendit difficile la direction des divers bataillons

---

(1) Il semble que le général Mollard n'aurait pas dû se contenter d'une simple *prévision*, mais que son mouvement eût dû être *concerté* avec la 5e division.

(*Réd.*)

et l'unité de l'action. Cette fois, l'ennemi laissa arriver de très-près nos colonnes avant d'ouvrir son feu, qui fut, comme d'habitude, très-vif et meurtrier, vu la supériorité de ses positions couvertes et les difficultés du terrain que les nôtres avaient à surmonter. L'attaque ne réussit pas complétement ; cependant nos troupes arrivèrent à prendre possession de diverses maisons à mi-côte ; là, elles s'établirent fortement, ainsi que derrière les rangées d'arbres et les fossés qui coupent les prés dont ce terrain est formé. Les 6e, 15e et 5e batteries, qui y furent aussitôt conduites et mises en batterie, ouvrirent un feu terrible sur les maisons et les jardins de San-Martino, à environ 400 mètres de distance, éteignirent complétement le feu des batteries ennemies, et affaiblirent sensiblement le corps d'occupation. Ce fut dans cette attaque que le général Cerale fut blessé, le colonel Cammi-nati, du 15e, tué, et le colonel Balegno, du 14e, blessé. Celui-ci mourut quelques heures plus tard.

Au début de ce mouvement, la brigade Cuneo, restée jusqu'alors sur la voie ferrée, avait opéré avec le 8e un changement de front perpendiculaire, après lequel ce régiment se trouva la droite à la voie ferrée même et la gauche vers le lac. Le 7e, au contraire, s'avança en suivant le mouvement de la brigade Aoste.

Pendant ce temps, la 5e division était revenue en ligne. Elle s'était de-rechef placée à cheval sur la route de Pozzolengo, et avait renouvelé l'as-saut, non de San-Martino proprement dit, mais des hauteurs voisines do-minant la route à droite et à gauche ; et, par ce moyen, elle parvint à tourner la droite ennemie et à menacer sa retraite sur Pozzolengo. Le 7e régiment la précédait. Il est certain que cette manœuvre, et peut-être aussi l'issue générale de la journée, contribuèrent, de concert avec notre vigoureuse attaque directe, à la retraite de l'ennemi des hauteurs de San-Martino ; vers le coucher du soleil, ces hauteurs furent conquises par la brigade Aoste et par le 14e régiment, qui y arrivèrent avec les troupes de la 5e division. On y prit cinq pièces de canon abandonnées par l'ennemi.

Restait, comme dernier obstacle, à triompher de la résistance qu'oppo-sait l'arrière-garde ennemie, placée sur une ligne de hauteurs parallèle à celle de San-Martino et se reliant à celles-ci par une pente douce. Les trois batteries susnommées (15e, 6e, 5e) furent rapidement mises en position sur les hauteurs conquises et leur action eut bientôt déroulé cette résistance, ainsi que celle tentée par quelques forces ennemies qui apparurent sur la crête qui limitait les hauteurs à droite. Une charge brillante d'un escadron de Montferrat termina le combat ; à la nuit, tout le plateau était à nous et l'ennemi était en pleine retraite sur Pozzolengo. Les 3e et 5e divisions et la brigade Aoste prirent position en partie sur le plateau, en partie dans les alentours, sur les rampes et au pied. Dans les divers assauts, nous avons fait quelques dizaines de prisonniers, dont plusieurs officiers.

J'ai déjà transmis l'état numérique des pertes de la troupe et l'état nominatif de celles des officiers morts et blessés. Ces pertes sont malheureusement graves, mais cependant pas proportionnées aux résultats obtenus contre des positions aussi fortes, occupées par un ennemi aussi nombreux et défendues avec autant d'acharnement. Ce qui a contribué à les accroître est la circonstance que les troupes furent engagées non en grandes masses simultanément, mais par petites fractions successivement. Toutefois, cela tient à des circonstances indépendantes de ma volonté (1). Il faut dire, du reste, que les dispositions ordonnées le matin avaient un but bien différent que celui auquel, vu la tournure des choses, elles durent être adaptées : au lieu d'occuper des positions faiblement défendues, nos troupes furent contraintes subitement à repousser des attaques considérables, parties intégrantes d'un vaste plan offensif de l'ennemi sur toute la ligne, qui heureusement fut déjoué.

Le lieutenant général commandant la 3e division au commandant en chef de l'armée, à Monzabano,

Signé : Mollard.

XXIX

Rapport de la 5e division sarde (Cucchiari) (2).

Salionze, 5 juillet 1859.

Selon les dispositions émanées, le 23 au soir, du quartier général prin-

---

(1) L'observation du général Mollard est marquée au coin de la justesse autant que de la franchise, car elle porte un peu haut. Il est certain qu'il y a eu manque d'unité dans les opérations de l'armée sarde et l'on aura pu regretter, à ce moment, de ne l'avoir pas répartie en corps d'armée de 2 à 3 divisions comme l'armée française. — *Réd.*

(2) Cette division est composée comme suit :

  1re brigade : régiments nos 11, 12 (Casale).
  2e brigade : régiments nos 17, 18 (Acqui).
  Bersagliers : bataillons nos 5, 8.
  Artillerie : batteries nos 8, 9.
  Cavalerie : Saluces, 1/2 Alexandrie. — *Réd.*

cipal, notre division, campée, entre Lonato et Desenzano, lança, le 24 au matin une reconnaissance sur Pozzolengo, par la route de Desenzano à Rivoltella.

En même temps, la 3e division lança de Desenzano une reconnaissance vers Peschiera, battant le terrain entre le lac Garda et la voie ferrée de Venise, tandis que la 1re division en dirigeait une autre de Lonato sur Pozzolengo, par Castel-Venzago et Madona della Scoperta.

La reconnaissance de notre division, commandée par le lieutenant-colonel chevalier Cadorna, mon chef d'état-major, se composait du 8e bataillon de bersagliers (major Volpelandi), du 2e bataillon du 11e régiment (major Scano), du 1er escadron de chevau-légers de Saluces (capitaine Spinola), et d'une section de la 7e batterie de bataille (lieutenant Accusani).

Dans la marche, l'escadron de cavalerie était suivi du bataillon de bersagliers, derrière lequel venaient la section d'artillerie, puis le bataillon du 11e; les ambulances avec leurs escortes fermaient la colonne.

Arrivée à Desenzano, la reconnaissance poursuivit sa marche par la voie ferrée; mais, à la hauteur de Rivoltella, le canon se faisant entendre vers la Madona della Scoperta, le commandant, tout en s'approchant de Pozzolengo par la route de Lugana, ordonna à la 29e compagnie (capitaine Radicati) de flanquer la colonne à droite par Brugnoli, Rifinella, Armia, Perentonella, San-Martino et Ortaglia, rejoignant à ce dernier endroit la route de Lugana.

Le flanc gauche était jugé suffisamment protégé par la reconnaissance de la 3e division.

Sur la voie, parcourue par le gros de la reconnaissance, les maisons et les fourrés furent fouillés; mais les patrouilles expédiées à telle fin, ainsi que la 29e compagnie arrivée au point de jonction fixé, rapportèrent qu'elles n'avaient vu aucune trace de l'ennemi.

La reconnaissance s'avança vers Pozzolengo, et quoique les hauteurs d'Ingrana et de Saint-Jacques qui couronnent et couvrent ce village ne donnassent aucun indice de la présence de l'ennemi, les précautions de marche furent augmentées; la 29e compagnie et la moitié de la 30e furent étendues en chaîne.

A la hauteur de la cascine Ponticelli les bersagliers signalèrent l'ennemi.

Le lieutenant-colonel Cadorna déploya immédiatement le bataillon de bersagliers à droite de la route, celui du 11e à gauche, et plaça sur la route même la section d'artillerie en tête, avec l'escadron de cavalerie qui suivait derrière à peu de distance, prêts à toute éventualité. En même temps, il donna avis de la présence de l'ennemi au général de la division, éloigné de plusieurs heures, afin qu'il accélérât sa marche.

Les avant-postes autrichiens furent repoussés au delà de la cascine Ponticella, par un feu bien nourri des bersagliers placés en avant, puis par une vigoureuse charge à la baïonnette de tout le bataillon hardiment conduite par le major Volpelandi. Mais, à son tour, l'ennemi déploya des forces imposantes avec une supériorité marquée d'artillerie, ce qui força les troupes de la reconnaissance à se replier. Elles le firent lentement, par échelons des deux bataillons et défendant le terrain pas à pas, tandis que la section d'artillerie secondait le mouvement par des feux en retraite par pièces tirés depuis des positions bien choisies.

Pendant ce temps, deux bataillons tyroliens, profitant d'un ravin, s'étaient glissés par une marche de flanc sur notre flanc gauche. Nos petites forces risquaient d'être coupées de ce côté. Ordre fut donné au 11e d'infanterie de se replier plus rapidement, pendant que la section d'artillerie, avec une promptitude exemplaire, dirigeait son tir sur cette direction. L'efficacité de ce tir aurait été plus grande si l'escadron de cavalerie avait pu aussitôt après charger le flanc droit des Tyroliens, comme le lieutenant-colonel Cadorna en avait donné l'ordre; mais le terrain était trop accidenté et trop entrecoupé de fossés et de cultures pour que cette charge ait pu avoir lieu.

Dans ces entrefaites, le général Mollard (3e division), averti par le canon que le lieutenant-colonel Cadorna était aux prises avec l'ennemi, dirigeait aussitôt vers celui-ci le peu de forces qu'il avait sous la main, en partie celles qu'il avait envoyées en reconnaissance vers Peschiera. Deux compagnies du 2e bataillon de bersagliers, sous les ordres du capitaine d'état-major de Vecchi, furent dirigées sur la cascine Succale, et en prenant ainsi l'ennemi en flanc elles retardèrent son attaque.

Mais aussi sur notre flanc droit, l'ennemi déployait rapidement ses troupes, et une forte colonne cherchait à gagner les hauteurs sur notre droite, par San-Stefano et San-Donino. Le 8e bersagliers fut alors placé par le lieutenant-colonel Cadorna à l'église San-Martino; un bataillon du 8e régiment fut aussi expédié par le général Mollard, qui donna ordre aux forces restantes de la reconnaissance de filer par la route au-dessous.

A neuf heures du matin, arriva sur le champ de bataille la brigade Cuneo, de la division Mollard, qui attaqua aussitôt les hauteurs de San-Martino.

Le rapport de la 3e division donnera les particularités de cette brillante attaque, après laquelle la brigade dut cependant se retirer devant les forces toujours plus considérables de l'ennemi et ses progrès sur notre flanc droit à la cascine Selvetta. Pendant ce temps, le 1er escadron de chevau-légers Saluces, commandé par le capitaine Spinola et qui faisait partie de la reconnaissance de la 5e division, était lancé en fourrageurs contre l'infanterie ennemie pour l'arrêter, tandis que le 8e bersagliers (5e division) et le 4e bataillon du 8e régiment (3e division) étaient envoyés sur le point menacé.

Il était dix heures du matin quand j'arrivai sur le champ de bataille par la route de Rivoltella, amenant au pas de charge la 5e division, moins ce qui avait été détaché pour la reconnaissance. Notre ordre de marche était le suivant :

Deux escadrons de chevau-légers Saluces ;

La compagnie du génie ;

Trois bataillons restant du 11e de ligne ;

Quatre pièces de 8 livres restant de la 7e batterie ;

Les quatre bataillons du 12e de ligne ;

Le 5e bataillon de bersagliers ;

La 8e batterie de 8 livres ;

Le 17e régiment de ligne (4 bataillons);

Trois bataillons du 18e ;

La 9e batterie de 16 livres ;

Deux compagnies du 18e de ligne ;

L'escadron restant de Saluces, suivi des ambulances.

Cette troupe était partie à six heures et demie de Lonato. Une heure plus tard se mirent en route les parcs, les bagages, les vivres, escortés de deux compagnies restantes du 18e de ligne.

Chemin faisant, j'appris que, outre la reconnaissance, une partie de la 3e division était aux prises avec l'ennemi sur une formidable position où l'artillerie pouvait décider de l'issue de la journée, et en conséquence j'ordonnai aux deux sections de la 7e batterie que j'avais avec moi (capitaine Balegno) et à la 8e batterie (capitaine Saint-Quintino) de devancer la colonne et de se porter promptement à l'appui de la 3e division.

La 7e batterie ayant rejoint la section qui, dans la reconnaissance du matin, s'était si bien conduite, et s'étant ralliée à la 3e division, fut placée par le chef d'état-major de ce corps, lieutenant-colonel Ricotti, dans une position favorable pour contre-battre efficacement les hauteurs de San-Martino occupées par l'ennemi, et, une demi-heure après, une section s'avança sur la route de Pozzolengo jusqu'à un point où elle put ouvrir un feu de mitraille à la portée de 150 mètres.

A la gauche de la 7e batterie vint se placer la 8e, qui arriva au galop sur le champ de bataille. Trois de ses pièces furent dirigées sur le centre et trois sur notre gauche, où se dirigeaient déjà les mouvements offensifs de l'ennemi, qui avait reconnu la faiblesse de notre nombre de ce côté-là.

Ces deux batteries arrivèrent en temps très-opportum pour soutenir la retraite de la brigade Cuneo, tout comme la 9e batterie (capitaine Vassali) arriva à temps, un peu plus tard, pour soutenir l'attaque successive de la brigade Casale (général Pettinengo).

A l'arrivée de la division au point de jonction de la route de Rivoltella à Pozzolengo avec la voie ferrée, les 1er, 3e et 4e bataillons du 11e de ligne (colonel Leotardi) qui se trouvaient en tête de la division, furent disposés en colonne d'attaque à gauche de la route de Pozzolengo.

Le colonel Avenati avait l'ordre de déployer le 12e régiment à gauche du 11e et de se disposer à attaquer sur ce point où l'ennemi développait des forces de plus en plus imposantes. Mais cette prépondérance se manifestant partout, le général commandant la 3e division dut retenir et employer à la droite les 2e, 3e et 4e bataillons du 12e pour les diriger contre les cascines Canova, Armia, Selvetto et Monata où l'ennemi s'était fortement établi, de sorte qu'on ne put placer à la gauche des trois du 11e que le 1er bataillon du 12e.

Ces quatre bataillons s'élancèrent vigoureusement à l'attaque de l'église de San-Martino et de Rocolo, sans se laisser arrêter par le feu violent de la mitraille et de la mousqueterie autrichiennes. Les positions étaient enlevées quand, à droite, les trois autres bataillons du 12e avec le 10e bataillon de bersagliers s'emparaient des cascines susnommées et de la Contracania, malgré une opiniâtre défense.

Tandis qu'avait lieu cette attaque, la brigade Acqui arrivait sur le lieu du combat d'après son ordre de marche. Le 5e bersagliers marcha immédiatement à l'attaque pour protéger la formation successive des bataillons de la brigade, s'empara des hauteurs de l'église de San-Martino et de celles environnantes, et s'y maintint malgré un feu très-vif de l'ennemi.

Le 17e régiment, commandé par le major Ferrero, se forma en colonne de bataillons à gauche de la route de Lugana, parallèlement à la voie ferrée et en avant, et dans cet ordre il marcha à l'attaque, dirigeant les deux bataillons de droite appuyés par deux compagnies du 5e bersagliers, sur San-Martino et la Contracania, et les deux bataillons de gauche se pliant à gauche vers Corbù-dessous, où se rendirent aussi les deux autres compagnies du 5e bersagliers. Dans l'intervalle de ces deux colonnes combattait avec autant de vigueur que de succès le 11e régiment qui avait précédé l'attaque ; à l'extrême gauche, vers les cascines Ceresa et Vestonc, le colonel Avenati, privé de trois de ses bataillons, combattait seul dans cette position, où le général Pettinengo, rassemblant le peu de forces qu'il avait autour de lui, renouvelait une attaque qu'il dirigeait en personne, encourageant les troupes de son exemple.

Il était midi, et sur toute la ligne nos progrès étaient sensibles. Non-seulement San-Martino, le Rocolo, la Contracania étaient reprises pour la cinquième fois, mais on gagnait du terrain vers les fortes positions au delà de la Contracania.

Ce succès, cependant, ne fut que passager. La gauche, affaiblie des trois bataillons retenus sur la droite, était trop faible pour résister aux forces considérables de l'ennemi qui déjà la débordaient et l'accablaient de mitraille à 200 pas de distance. Elle dut commencer un mouvement de retraite, et les autres troupes, qui se voyaient peu à peu découvertes sur leur gauche, durent aussi se retirer.

La 9e batterie de 16 livres, avec 8 pièces, s'était avancée sur la route de Lugana et mon intention était de la diriger sur ces hauteurs tant disputées pour contre-balancer l'artillerie ennemie qui n'y avait pas moins de 30 pièces en position. Mais, quoiqu'elle ait employé continuellement et efficacement son feu, surtout pour soutenir les troupes en retraite pendant les changements incessants de positions prises et reprises, il ne fut pas possible à ce moment de la bataille de l'établir sur le sommet des hauteurs et de lui faire ouvrir son feu simultanément : la route était bordée de longs fossés et encombrée par les ambulances et les blessés. Lorsqu'enfin une section de cette batterie fut parvenue à trouver une issue de la route et était près d'arriver sur le sommet des hauteurs, le mouvement de retraite était déjà très-prononcé ; elle dut le suivre.

Le 18e de ligne, qui était placé en colonne d'attaque dans les positions du 17e, ne réussit également pas à se maintenir sur les positions obtenues, et fut contraint à suivre le mouvement de retraite. Pour réorganiser nos forces, qui avaient déjà subi de grandes pertes et qui étaient harassées par ces longs et opiniâtres combats, j'ordonnai la retraite jusqu'à Rivoltella, non sans faire un premier arrêt à la voie ferrée, puis un autre à moitié chemin entre la voie ferrée et Rivoltella, où l'on prit position.

A cet effet, la gauche de la brigade Casale fut appuyée au côté sud de ce village, et je prolongeai sa droite jusqu'à la voie ferrée vers San-Zeno. Là, je plaçai derrière le village la brigade Acqui en ordre concentré comme réserve, moins un bataillon et quelques détachements recueillis dans la retraite et étrangers à la division, qui furent disposés en avant du village avec quelques pièces d'artillerie.

Le 5e bersagliers fut placé dans des positions convenables pour protéger la retraite, et se consacra aussi avec beaucoup de dévouement au pieux devoir du transport des blessés.

Laissant de côté ce qui a trait à la 3e division et me restreignant à la relation de ce qui concerne la 5e, je me bornerai à ajouter comment nous reprîmes la marche offensive vers les quatre heures et demie après-midi, c'est-à-dire aussitôt que j'en eus reçu l'ordre :

Les troupes s'étaient réorganisées et un peu reposées. L'ordre de reprendre les positions si vivement disputées toute la journée me parvenait à peine lorsqu'un ouragan terrible, accompagné de grêle et de violente pluie, éclata sur nous. Malgré cela, la marche se commença en deux colonnes. Celle de droite, brigade Casale, fut dirigée par moi sur la voie ferrée, et j'ordonnai à la brigade Acqui, guidée par mon chef d'état-major lieutenant-colonel Cadorna, de prendre la route de Lugana et de se réunir à nous à l'intersection de nos deux routes. En cheminant sur la voie ferrée, je vis la 3e division déjà sérieusement engagée avec l'ennemi à droite de la position. Aussi j'ordonnai au 5e bataillon de bersagliers, qui était en tête de ma colonne, de tourner à droite vers la Contracania, et celui-ci se rencontrant en chemin avec la 5e batterie (3e division) qui avait besoin d'appui, il se plaça sur le flanc de l'escorte de cette artillerie.

La brigade Casale étant arrivée à la croisée des deux routes Lugana et ferrée, je procédai aussitôt à l'attaque dans l'ordre suivant :

Du 11e régiment un bataillon attaquerait directement l'église de San-Martino, les 2e, 5e et 4e bataillons soutiendraient ce mouvement par la gauche.

Du 12e régiment deux bataillons, dans le but de couvrir la gauche, furent d'abord masqués près de la voie ferrée et parallèlement à sa direction; vers la fin de l'action ils furent expédiés pour occuper et fouiller le terrain à gauche de la route qui conduit à Pozzolengo. Les 3e et 4e bataillons restèrent en réserve près du général Mollard (3e division) le long de la voie ferrée.

Les 2e, 3e et 4e bataillons du 11e, en soutien du 1er, furent employés comme suit :

Le 1er bataillon attaqua avec résolution la gauche de la position et s'en empara.

Du 2e, deux compagnies furent envoyées au soutien du 1er, et les deux autres marchèrent à l'attaque des cascines à gauche, de concert avec les 5e et 4e bataillons.

Le 3e bataillon marcha à l'attaque de la cascine Chiodino et s'en empara. Le 4e bataillon à l'attaque du mamelon des pins. Quand arriva la brigade Acqui, le 17e régiment avec le 5e bersagliers furent placés en bataille sur la voie ferrée. Celle-ci étant en relief, les troupes se montraient à l'ennemi comme réserves prêtes à combattre; en outre, une sortie de Peschiera était possible, et il n'était pas prudent de laisser ce côté dégarni; de même, dans ce but, un escadron de chevau-légers Saluces (capitaine Coli) fut lancé en avant sur la voie ferrée.

Le 18e, pendant ce temps, se disposait à l'attaque de la gauche de la position avec les bataillons 1, 3 et 4 (deux compagnies du 2e bataillon avaient été commandées le matin comme escorte des bagages, et deux autres comme soutiens d'artillerie).

Les trois bataillons susnommés, commandés par le général Gozani, montèrent à l'assaut avec une ardeur et une vigueur incomparables, et s'emparèrent, pour ne les plus lâcher, de l'église de San-Martino, de l'Ortaglia et de l'arrière-plan qui y succède, tandis qu'à la droite la 3e division et la brigade Aoste donnaient l'assaut avec un égal succès. Là, le 8e bataillon de bersagliers, détaché à la droite, comme nous l'avons dit ci-dessus, voyant s'avancer une colonne de la brigade Pinerolo vers la Contracania, position formidablement défendue, la précéda courageusement et mit l'ennemi en fuite.

Pour appuyer l'attaque du 18e régiment, il lui fut expédié quatre compagnies du 17e, puis deux autres sur la gauche ; et à huit heures et demie les dix compagnies restant du 17e, avec le 5e bersagliers, rejoignirent cette position déjà solidement occupée. L'artillerie disponible de toutes les brigades présentes fut aussitôt envoyée sur les hauteurs pour en assurer la la possession, et la 9e batterie (capitaine Vassali) foudroya avec succès les masses ennemies déjà en retraite.

La nuit arrivait, et si l'ennemi délogeait encore une fois les nôtres, si fatigués de tant de luttes, des positions prises, nous ne pouvions plus espérer les reconquérir. L'instant était suprême.

Quoique nous parussions désormais solidement établis, surtout sur notre gauche, l'ennemi fit encore un dernier et désespéré effort. Les généraux de la 3e et de la 5e division, avec leurs chefs d'état-major respectifs, le général-major Gozani, le lieutenant-colonel Govone et autres officiers, s'élancèrent contre la Contracania en rassemblant autour d'eux par la voix, par les trompettes et les tambours, tous les soldats qu'ils purent ; ceux-ci, quoique à bout de leurs forces, eurent encore assez d'élan pour se masser sur le même point, et assurer enfin un triomphe qui avait déjà coûté bien cher.

L'ennemi, complétement délogé, se mit en pleine retraite, salué par notre nombreuse artillerie qui, dominant désormais le terrain, pouvait mitrailler les masses fugitives.

Les troupes campèrent sur l'emplacement même de ce combat sanglant et mémorable.

Nos pertes de la journée, dans ces nombreux assauts contre de formidables positions, furent graves ; mais celles de l'ennemi, pendant sa retraite, furent très-grandes, car, à notre tour, nos projectiles avaient tout l'avantage contre ces masses en déroute.

La division prit 5 canons et un caisson, avec une centaine de prisonniers.

Les actes de valeur furent nombreux et remarquables, comme l'indiquera le rapport circonstancié que j'aurai l'honneur d'adresser.

Les actes d'abnégation, ceux, par exemple, des blessés qui persistèrent à demeurer à leur poste, l'ardeur que tous ont montrée, sont cependant des choses difficiles à énumérer.

J'ai été parfaitement secondé par tous les officiers de mon état-major, et particulièrement par son chef, que je dois signaler comme un officier des plus distingués par l'intelligence, le courage et le sang-froid, qui conduisit bien la reconnaissance du matin, tout comme il se trouva jusqu'à la fin partout où sa présence était la plus nécessaire.

Les services de l'intendance militaire et des ambulances, les secours religieux des chapelains, furent rendus avec beaucoup de soin, d'empressement et de prévoyance.

Ces services furent d'autant plus pénibles, que, le lendemain, la division, campant seule dans ces localités, dut procéder à l'enterrement des morts et au transport des blessés pour les deux divisions et demie, et de ceux que l'ennemi avait laissés sur le terrain. Malgré les ambulances et les réquisitions faites, les ressources à cet égard furent des plus mesquines. J'ordonnai une fouille générale des nombreuses maisons des alentours, qui, abandonnées par les habitants, étaient peuplées de blessés amis et ennemis, afin de ne pas courir le risque d'ignorer le sort de ceux qui gisaient dans les environs du champ de bataille, attendant des secours.

Je terminerai par un des épisodes de cette glorieuse journée :

L'escadron de chevau-légers Saluces, placé sur la voie ferrée près Peschiera, vit venir de loin un convoi dirigé sur Rivoltella, et se mit en devoir de l'arrêter par des obstacles. Le machiniste s'avisa à temps et fit halte ; quelques individus descendirent des wagons, mais se voyant poursuivis par nos chevau-légers, ils remontèrent dans le convoi qui rebroussa chemin. Toutefois, un de ces individus ne put pas remonter ; c'était un officier d'état-major, lequel, en voulant se défendre contre nos cavaliers, fut blessé et resta prisonnier. Cet officier portait l'ordre d'une distribution extraordinaire de vin aux troupes victorieuses impériales et royales !

Le lieutenant-général,
Signé : D. Cucchiari.

XXX

Bataille de Solferino.

Bulletin autrichien.

L'armée impériale avait occupé, le 21 juin, les positions qui lui avaient été assignées derrière le Mincio; le 8e corps d'armée se tenait à l'extrémité de l'aile droite entre Peschiera et Ca Nuova : le 5e corps d'armée s'étendait de Brentina à Salionze; le 1er et le 7e corps étaient en réserve à Quaderni et à San-Zenore di Mozzo; la cavalerie et l'artillerie de réserve à Rosegaferro près de Villafranca, où le quartier général de l'empereur avait été transporté depuis le 20 juin (1).

De la 1re armée le 3e corps se trouvait tout près de Pozzolo, le 9e à Goïto et aux environs, le 11e corps d'armée arrivé entretemps était à Roverbella, la division de cavalerie du lieutenant feld-maréchal comte Zedwitz à Mozzecane.

L'armée autrichienne se trouvait ainsi réunie aux renforts disponibles

---

(1) Voici l'indication des seize corps composant le total de l'armée autrichienne :

1er corps.	— Commandant :		Clam-Gallas.
2e	»	»	Édouard Liechtenstein.
3e	»	»	Schwarzenberg.
4e	»	»	Archiduc Charles-Ferdinand.
5e	»	»	Stadion.
6e	»	»	(Vacat.)
7e	»	»	Zobel.
8e	»	»	Benedeck.
9e	»	»	Schaffgotsche.
10e	»	»	Wernhardt.
11e	»	»	de Weigl.
12e	»	»	Fréd. Liechtenstein.
13e	»	»	Reischach.
14e	»	»	Horwarth-Toldy.
15e	»	»	Thun-Hohenstein.
16e	»	»	Würtemberg.

Deux corps de cavalerie de réserve.

qu'elle avait reçus, et mise de la sorte en mesure de pouvoir prendre contre l'ennemi, bien qu'encore supérieur en nombre, une vigoureuse offensive avec quelque chance de succès.

De plus, les dernières nouvelles que nous avions reçues sur les mouvements et les intentions probables de l'ennemi nous firent croire que nous devions précipiter l'attaque le plus possible. En conséquence, le 23 juin fut désigné pour le passage du Mincio.

L'ennemi s'était provisoirement borné à occuper fortement la ligne de la Chiese sans suivre l'armée impériale dans sa retraite au delà du Mincio. Une patrouille, composée d'un escadron de hussards empereur, d'un escadron de uhlans de Sicile et de deux pièces d'artillerie à cheval, sous le commandement du major Appell, du régiment de uhlans que nous venons de nommer, avait été chargée de reconnaître le pays coupé de collines qui se trouve entre les deux fleuves; elle n'avait nulle part rencontré de colonnes importantes, mais seulement quelques détachements isolés.

A Chiodino et à Castel-Venzago, il y eut des escarmouches, qui se terminèrent par la retraite de l'ennemi, et dans lesquelles nous perdîmes 2 officiers, 5 hommes et 9 chevaux.

La 1re armée avait également envoyé vers la Chiese des reconnaissances qui ne rencontrèrent nulle part l'ennemi.

Le 23 juin, au matin, l'armée autrichienne commença son mouvement en avant. L'extrémité de l'aile droite était formée par la brigade Reichlin, du 6e corps d'armée, qui, arrivée de Roveredo, se porta à travers le camp retranché de Peschiera vers Ponti, pour s'y joindre au 8e corps d'armée, qui passa le Mincio près de Solionze et atteignit Pozzolengo sans avoir éprouvé de la part de l'ennemi la moindre résistance.

Le 5e corps d'armée passa le fleuve à Valeggio et se dirigea sur Solferino; le 1er corps d'armée suivit le 5e et remonta vers Cavriana.

Le 7e corps d'armée et la division de cavalerie de réserve du lieutenant feld-maréchal comte Mensdorff passèrent le Mincio sur un pont de chevalets près de Ferri entre Massimbona et Pozzolo et se rendirent le premier à Foresto, la seconde au delà de cette localité jusqu'aux Tezze près de Cavriana.

Toutes les parties de la seconde armée placée sous les ordres du général de cavalerie comte Schlick atteignirent, dans le courant de l'après-midi, les points qui leur avaient été désignés, sans rencontrer l'ennemi, et le soir, les avant-postes furent avancés de Casa-Zapaglia jusqu'à le Grole, en passant par Contrada-Mascolara et Madona della Scoperta.

La 1re armée, sous le commandement du feldzeugmestre comte Wimpffen, formait l'aile gauche de l'avant-garde et passa également le Mincio à

Ferri avec le 5e corps d'armée ; le 9e et le 11e corps, ainsi que la division de cavalerie du lieutenant feld-maréchal comte Zedwitz, effectuèrent leur passage à Goïto. Cette dernière division, appuyée par le 9e corps d'armée, s'avança jusqu'à Medole ; le 3e et le 9e corps d'armée campèrent à Guidizzolo, et le 11e, comme réserve, à Castel-Grimaldo.

Du 2e corps d'armée la division du lieutenant feld-maréchal comte Jellachich reçut l'ordre de se rendre de Mantoue à Marcaria pour prendre part aux opérations de l'armée principale et pouvoir agir sur le flanc de l'ennemi au-delà de Goffredo.

Le commandant de corps lieutenant feld-maréchal prince Édouard Liechtenstein prit en personne le commandement de cette division. Le 6e corps d'armée avait pour mission d'appuyer, dans la mesure des circonstances, la marche en avant de l'armée par des détachements envoyés du sud du Tyrol.

Pendant que le gros de l'armée autrichienne avait ainsi pris position, dans la soirée du 23, de Pozzolengo à Guidizzolo, pour agir ensuite concentriquement dans la direction de la Chiese et attaquer l'armée ennemie dans ses positions principales de Carpenedole et de Montechiaro, l'ennemi, soit qu'il eût été entre-temps informé de nos projets, soit qu'il exécutât un plan arrêté d'avance, fit également un mouvement en avant, et, le 23, il avait, avec toute l'armée piémontaise et quelques détachements français forts de 60 à 70,000 hommes, atteint les points d'Esenta, Desenzano et Rivoltella, ainsi que les positions avancées de Castel-Venzago et de San-Martino, pendant que le gros de l'armée française occupait fortement Castiglione delle Stiviere, Carpenedole et Montechiaro et envoyait des détachements jusque vers Solferino et Medole.

Les deux armées se rencontrèrent. Dès le 24 de grand matin, l'ennemi entreprit avec des forces considérables une attaque générale contre la ligne de marche de l'armée autrichienne.

A l'aile droite, les troupes du 8e corps d'armée, sous la conduite du lieutenant feld-maréchal Benedeck, réussirent non-seulement à soutenir et à repousser le choc violent de l'armée piémontaise, mais encore elles poussèrent jusqu'à San-Martino, s'emparèrent de cette position favorable et parvinrent à y maintenir la lutte.

Les troupes piémontaises furent repoussées avec des pertes considérables jusqu'à Rivoltella et Desenzano.

Au centre des positions autrichiennes, dont les hauteurs qui dominent Solferino formaient la clef, la brigade Biels, avant-garde du 5e corps d'armée, fut également attaquée avec violence de très-grand matin dans sa position avancée et se trouva engagée dans une lutte ardente. L'attaque ennemie se développa bientôt avec des forces de beaucoup supérieures sur toute la ligne du 5e corps d'armée.

Au premier rang, les brigades Biels et Puchner (infanterie Kinsky et Culoz, 1er bataillon Ogulins et 4e bataillon chasseurs de l'Empereur) firent preuve d'une bravoure et d'une énergie admirables ; elles repoussèrent à la baïonnette, jusqu'à onze heures du matin, toutes les attaques d'un ennemi trois fois plus nombreux, qui cependant avançait sans cesse de nouvelles troupes, mettait de nouveaux canons en batterie, et, à une distance de près de 3,000 pas, inondait avec succès Solferino de grenades.

Cependant, lorsque l'ennemi, avec une forte division, pénétra aussi dans la vallée au nord de Solferino et dans le val de Quadri, menaçant ainsi de déborder la position des brigades ci-dessus nommées, il fut impossible, même avec la résistance opposée par les brigades Koller et Gaal, du 5e corps d'armée, qui étaient arrivées entre-temps, de rétablir dans de bonnes conditions le combat, qui, dès midi, commença à prendre une tournure défavorable.

N'étant pas appuyées avec une énergie suffisante par le 1er corps d'armée, les troupes du 5e corps, qui, après avoir été repoussées à plusieurs reprises, s'étaient de nouveau lancées en avant avec les réserves et avaient reconquis leurs premières positions, se virent enfin obligées d'abandonner les premières hauteurs qui commandent le champ de bataille et de se retirer sur les cimes du Monte-Mezzana ; puis, lorsque de fortes colonnes ennemies s'avancèrent sur la route qui de Castiglione conduit par le Grole à Solferino, elles durent évacuer cette dernière localité et se borner à occuper le château, le cimetière et la Rocca, et enfin, après une héroïque résistance, il leur fallut aussi céder ces dernières positions.

Ce n'est qu'après la lutte la plus sanglante et au prix de sacrifices énormes que l'ennemi parvint à arracher ces points dominants au brave régiment Reischach, qui, avec un admirable dévouement, protégea et couvrit le départ des troupes de son propre corps et de celles du 1er, non sans faire les pertes les plus considérables. Les troupes du 5e corps se retirèrent à Mescolaro et Pozzolengo, celles du 1er se replièrent sur Cavriana, et de là sur Volta et Valeggio.

Le 7e corps d'armée, qui de Foresto s'était avancé pendant ce temps-là en partie vers Solferino en passant dans la plaine par San-Cassiano, en partie vers Cavriana en passant par les hauteurs situées au sud de cette dernière localité, n'arriva malheureusement plus à temps pour retarder la perte de Solferino et donner sur ce point une tournure favorable à la lutte. Par contre, il réussit, en occupant Cavriana et les collines environnantes, à protéger la retraite du centre jusqu'à ce que l'ennemi, s'avançant des hauteurs de Solferino qui dominent cette dernière position et la foudroyant de son artillerie, elle ne fut plus tenable.

La division de cavalerie Mensdorff, composée de trois brigades, s'était dès le matin avancée dans la plaine au delà du Val de Termine, pour s'emparer du terrain ouvert et favorable aux mouvements de la cavalerie qui se trouve entre Casa-Morino et San-Cassiano ; elle attaqua les batteries ennemies établies à cheval sur la route et les détachements de cavalerie ; mais elle eut à essuyer un violent feu croisé de quatre à cinq batteries et dut se retirer. Pendant que le 7e corps se portait en avant, cette division de cavalerie chercha à appuyer par son artillerie les mouvements de ce corps, mais elle ne put résister au feu de l'ennemi, qui disposait d'un beaucoup plus grand nombre de canons.

Sur l'aile gauche, les détachements de la 1re armée, envoyés dès le 23 au soir en avant à Medole (2 bataillons du régiment d'infanterie Archiduc François-Charles), furent violemment attaqués au point du jour, et, après une lutte acharnée, rejetés vers Guidizzolo.

L'ennemi, en les poursuivant, s'empara du village de Rebecco, situé entre Guidizzolo et Medole, et s'y établit avec des forces imposantes.

Le 9e et le 3e corps d'armée arrivaient cependant de Guidizzolo ; le dernier s'avança sur la grand'route jusqu'à la Quagliara, mais ne put aller au delà, car le 9e corps ne parvint pas, malgré tous ses efforts, à déloger l'ennemi de Rebecco.

Pendant plusieurs heures le combat se livra pour la possession de cette localité, où l'ennemi envoyait constamment de Medole des réserves fraîches, tandis que, de notre côté, nous détachions de suite du 11e corps, arrivé entre-temps de Castel-Grimaldo, la division Blomberg (brigades Dobrensky et Host) pour appuyer le 9e corps d'armée, et la brigade Baltin pour couvrir le 3e corps. La localité de Rebecco fut plusieurs fois prise et reperdue ; la lutte s'arrêta plusieurs fois, et chaque fois l'armée autrichienne reprit l'offensive.

Mais, bien qu'appuyées par une attaque énergique contre Medole, les troupes du 9e et du 11e corps, malgré de vigoureux efforts et des pertes considérables, ne purent obtenir aucun avantage durable. Le 3e corps se trouva par là arrêté dans sa marche en avant, et il résista avec une admirable persévérance aux violentes attaques de l'ennemi, qui se renforçait sans cesse.

La division de cavalerie Zedwitz, dont l'appui était indispensable et continuellement attendu pour dégager l'aile gauche, ne vint pas, attendu que, par suite du combat livré le matin de bonne heure à Medole, elle avait dû se retirer jusqu'à Ceresara et Goïto.

Le mouvement de flanc que deux brigades du 2e corps d'armée avaient reçu l'ordre d'exécuter, et qui pouvait avoir un effet décisif sur le flanc et les derrières de l'ennemi, ne fut pas non plus exécuté, car la nouvelle de l'approche d'un gros corps ennemi venant de Piadene et Crémone (où se trouvait, en effet, la division d'Autemarre) retint cette division à Marcaria dès qu'elle eut passé l'Oglio.

L'aile gauche, sur l'ordre de l'Empereur, essaya encore une fois, vers trois heures de l'après-midi, de reprendre l'offensive.

Après que la brigade Greschke, du 11e corps d'armée, se fut avancée jusqu'à Guidizzolo pour rallier les détachements déjà ébranlés de son propre corps et du 9e, les deux dernières batteries de réserve furent amenées; sous la protection de deux bataillons et de deux divisions de cavalerie, pour canonner l'artillerie ennemie, pendant que, espérant toujours dans l'appui de la cavalerie de réserve, les troupes faisaient encore une attaque générale. Mais ce fut en vain; fortement et sans cesse pressées sur le flanc gauche, ces troupes ne purent cette fois encore obtenir un bon résultat.

Vers le même temps, Cavriana, après une vaillante résistance, était aussi tombé au pouvoir de l'ennemi; deux brigades du 7e corps d'armée, enflammées par la présence de S. M. l'Empereur, avaient défendu longtemps avec des chances diverses cette localité et les hauteurs environnantes; l'aile gauche de ce corps, appuyée par la division de cavalerie Mensdorff, qui revenait à la charge pour la troisième fois, fit encore une dernière et inutile tentative pour repousser l'ennemi, qui s'avançait en forces supérieures de San-Cassiano à Cavriana.

Le centre ayant ainsi cédé à Solferino et à Cavriana, l'aile gauche ne pouvait plus forcer la position de l'ennemi, et à quatre heures de l'après-midi on décida la retraite générale.

A l'aile gauche, elle fut couverte avec beaucoup de prudence par les deux derniers bataillons intacts du régiment d'infanterie Archiduc Joseph et le brave 10e bataillon de chasseurs, sous la direction personnelle du lieutenant feld-maréchal Wiegl, commandant le corps d'armée; Guidizzolo ne fut abandonné qu'à dix heures du soir, après que toutes les troupes eurent évacué la place, emmené les blessés et mis les batteries en sûreté.

Au centre, la retraite fut couverte par les troupes du 7e corps d'armée, qui firent preuve de fermeté et de dévouement, et l'on se retira en bon ordre et en combattant par Bosco-Scuro derrière Cavriana.

Un violent orage ayant interrompu de part et d'autre le combat pendant une demi-heure, l'ennemi cessa complétement de s'avancer dans le Bosco-Scuro. Les brigades Brandenstein et Wüssin (les braves régiments d'infanterie archiduc Léopold et Empereur, le 19e bataillon de chasseurs et le

1er bataillon de Liccans), se retirèrent en bon ordre à Volta, sous la conduite du lieutenant feld-maréchal prince de Hesse; elles y arrivèrent à huit heures du soir et l'occupèrent convenablement pour couvrir la retraite du train de l'armée à travers le défilé difficile de Borghetto et Valeggio.

La brigade Gablentz, de la même division, occupa jusqu'à dix heures du soir les hauteurs situées immédiatement en face de Cavriana avec deux bataillons d'infanterie Grucher et trois bataillons de chasseurs Empereur, et, après avoir reçu tous les petits détachements qui se retiraient, elle se replia tard, dans la nuit, sur Volta, et dès le point du jour elle passa le Mincio sur le pont de Ferri.

A l'aile droite, le 8e corps d'armée s'était maintenu dans les conditions de lutte les plus favorables. Dès que le 5e corps d'armée eut commencé sa retraite vers Pozzolengo, le lieutenant feld-maréchal Benedeck se retira aussi sur Salionze, après avoir repoussé deux attaques de l'ennemi en forces supérieures et lui avoir fait 400 prisonniers.

Pozzolengo resta occupé jusqu'à dix heures du soir par les troupes du 8e corps d'armée, ce qui rendit possible la retraite ordonnée des troupes du 5e et du 1er corps.

Dans ces combats, comme dans les autres, les troupes impériales se sont battues avec une admirable bravoure.

Les troupes des 5e et 8e corps d'armée, qui ont été conduites avec beaucoup de prudence et d'activité, se sont comportées d'une manière admirable et ont fait preuve d'un dévouement au-dessus de tout éloge.

Du 1er corps d'armée, le régiment italien Wernhardt-infanterie, qui s'est très-bravement battu, est cité d'une manière tout à fait honorable dans le rapport détaillé du commandant d'armée. Dans la cavalerie, le régiment de hussards Roi de Prusse mérite la mention la plus glorieuse; ce régiment, sous le feu le plus violent des batteries ennemies, a exécuté une charge contre le régiment français des chasseurs d'Afrique, auquel il a fait subir des pertes considérables; de plus, il a fait à l'ennemi de nombreux prisonniers.

Nos pertes, surtout en officiers, sont très-considérables; dans quelques corps de troupes, elles s'élèvent au quart de l'effectif total. Les rapports détaillés et nominatifs des pertes ont déjà été donnés par la *Gazette de Vienne*. Mais l'ennemi a éprouvé aussi des pertes énormes, notamment à l'assaut de Cavriana et de Solferino.

Sur aucun point il n'a osé contrarier le moins du monde la retraite de nos troupes.

Au centre, il n'a pas poussé plus loin que Cavriana; sur les deux ailes, l'ennemi n'avait pu gagner un pouce de terrain sur nos troupes.

De notre côté, les 1er, 3e, 5e, 7e, 8e, 9e et 11e corps d'armée, et une brigade du 6e, avaient pris part au combat; du côté de l'ennemi, il y avait, au dire des prisonniers, 5 régiments de cavalerie, les corps d'armée de Niel et de Mac-Mahon à l'aile droite, en face de l'aile gauche autrichienne; au centre, les corps d'armée de Canrobert (1) et de Baraguay-d'Hilliers, puis la garde, et enfin toute l'armée piémontaise à l'aile gauche, de sorte que toute l'armée ennemie était engagée.

L'armée autrichienne n'est pas ébranlée, et elle se tient prête à combattre dans les positions qui lui ont été désignées par l'Empereur. Si les forces supérieures de l'ennemi et un concours de circonstances contraires lui ont cette fois encore dérobé la palme de la victoire, elle se sent cependant encouragée et relevée par la conscience qu'elle a d'avoir non-seulement donné à l'arrogant agresseur des preuves réitérées de sa vaillance et de sa fermeté, mais encore, dans cette nouvelle rencontre, de lui avoir causé aussi de grandes pertes, d'avoir essentiellement ébranlé ses forces et contribué par là, au moins en partie, a amener le succès final.

(Gazette de Vienne.)

XXXI

Rapport de S. A. I. le prince Napoléon, commandant le 5e corps de l'armée d'Italie, à l'Empereur.

Quartier général de Goils, 4 juillet 1859.

Sire,

Jusqu'à ce jour, la mission du 5e corps, dont Votre Majesté a daigné me confier le commandement, a été politique et militaire.

Seule la division d'Autemarre, retenue à l'armée de Votre Majesté, a été assez heureuse pour qu'un de ses régiments, le 5e de zouaves, engagé avec l'ennemi, se couvrît de gloire à Palestro. Un autre, le 93e, a eu aussi le bonheur de combattre à Montebello.

---

(1) On voit que le rapport autrichien fait ici une erreur. Canrobert était à l'extrême droite de l'armée alliée. — *Réd.*

Le 5e corps, en se réunissant en Toscane, avait pour mission politique :

1° De maintenir ce duché dans la ligne de conduite tracée par Votre Majesté, c'est-à-dire de ne pas laisser dégénérer l'expression du sentiment patriotique, et surtout d'organiser militairement toutes les ressources que l'on pouvait tirer de ce pays, ainsi que des duchés de Parme et de Modène ;

2° De contraindre, par la présence du drapeau français sur les frontières de la Romagne, le gouvernement autrichien à observer strictement la neutralité dans les États du Pape ;

3° De garantir les habitants contre un retour offensif de l'Autriche, et de leur permettre de faire éclater sans entrave l'expression de leur sympathie pour la cause de l'indépendance italienne, et de leur reconnaissance pour les bienveillantes intentions du gouvernement de Votre Majesté.

La mission militaire du 5e corps était :

1° D'empêcher un corps autrichien de faire une pointe sur la Toscane et de priver l'ennemi des précieuses ressources de l'Italie centrale ;

2° De menacer le flanc gauche de l'armée autrichienne en compromettant ses lignes de retraite, et de hâter son abandon des duchés de Parme et de Modène dès après la première victoire de l'armée alliée.

Ces divers buts ont été atteints heureusement, et sans coup férir, par la présence seule à Livourne, à Florence, aux débouchés des Apennins, des troupes du 5e corps.

1° Au point de vue politique :

La Toscane a joui de la plus grande tranquillité sans que sa liberté fût troublée. Sous la protection du drapeau français, l'armée toscane, désorganisée après le 27 avril, a pu se réorganiser assez vite pour qu'aujourd'hui elle donne au 5e corps un appui de 8,000 à 10,000 soldats armés, équipés et prêts à se mesurer avec l'ennemi ; pour qu'une division de volontaires, aux ordres du général Mezzacapo, s'organise également à Florence, sans que le pays soit privé du régiment des gendarmes toscans, fort de 2,000 hommes et suffisant pour maintenir la tranquillité ; en outre, la neutralité n'a pas été violée par l'ennemi dans les États pontificaux.

Enfin, l'enthousiasme qui s'est produit dans tous les lieux parcourus par le 5e corps, depuis le jour de son débarquement à Livourne jusqu'à celui de sa jonction avec l'armée de Votre Majesté ; les ovations qu'il a reçues, lui et son chef, à Livourne, à Florence, à Lucques, à Massa, à Parme et dans toutes les localités petites ou grandes où il a dû s'arrêter, sont un témoignage authentique et qui ne saurait manquer de produire un effet moral considérable.

2° Au point de vue militaire :

La présence du 5ᵉ corps en Toscane, ou plutôt d'une division d'infanterie, d'une brigade de cavalerie et de neuf batteries, a retenu les corps autrichiens qui, des bords du Mincio, semblaient prêts à se jeter sur les riches plaines qui avoisinent la rive droite du Pô ; la présence de ce corps, prêt à déboucher sur l'armée autrichienne, a imprimé à cette armée une crainte assez vive pour qu'elle se soit hâtée, dès après la bataille de Magenta, d'abandonner Ancône, Bologne, et successivement toutes les positions sur la rive du Pô, faisant sauter des ouvrages qui avaient coûté beaucoup de temps et d'argent.

Tels sont, Sire, les résultats qui ont été la conséquence de l'envoi, par Votre Majesté, du 5ᵉ corps en Toscane et dans les duchés.

Il me reste à faire connaître en peu de mots à Votre Majesté les opérations, malheureusement jusqu'à ce jour toutes pacifiques, de la partie de ce corps réunie en Toscane.

Le 12 mai dernier, la presque totalité de la 1ʳᵉ division du 5ᵉ corps (division d'Autemarre) débarquait à Gênes.

Je me trouvais moi-même dans cette ville avec une partie de mon état-major.

Le 14, le 3ᵉ de zouaves, de la division d'Autemarre, est envoyé à Bobbio.

Le 17, le 5ᵉ corps, moins la division d'Autemarre, reçoit de Votre Majesté l'ordre de se rendre à Livourne, où doivent être transportées directement de France les troupes de la 2ᵉ division (Uhrich) arrivant de Paris. La brigade de cavalerie légère du général de Lapérouse reçoit également l'ordre de s'embarquer pour Livourne, tandis que la division d'Autemarre est détachée provisoirement du 5ᵉ corps au 1ᵉʳ corps à Voghera.

Le 23 mai, je débarquai à Livourne, où ne tardaient pas à se concentrer la 2ᵉ division, la brigade de cavalerie, l'artillerie divisionnaire, l'artillerie de réserve et le parc arrivant de France.

Le 31 mai, je transportais mon quartier général à Florence ; la 1ʳᵉ brigade de la 2ᵉ division, la cavalerie, l'artillerie et tous les services administratifs se concentraient dans cette ville, tandis que la 2ᵉ brigade se portait de Lucques à Pistoja, occupant, par des postes avancés, tous les débouchés des Apennins et le nœud des routes. Le général Ulloa portait, sur mon ordre, la brigade organisée de sa division également aux débouchés principaux de la Romagne.

Le 12 juin, le but politique que Votre Majesté voulait d'abord, et avant tout, atteindre par la présence du 5ᵉ corps étant accompli, il me fut permis de commencer mon mouvement pour rallier la division d'Autemarre et me joindre à l'armée de Votre Majesté.

Tandis que je dirigeais la division toscane sur Parme, par le duché de Modène et par la route du col de l'Abetone, je fis marcher les troupes françaises qui se trouvaient de Lucques à San-Marcello et à Florence, par Lucques, Massa, Pontremoli et Parme.

Cette marche de seize jours, effectuée dans des conditions atmosphériques souvent peu favorables, m'a permis de constater la vigueur et l'excellente discipline des troupes de Votre Majesté.

La division du général Uhrich (14e bataillon de chasseurs, 18e, 26e, 80 et 82e de ligne), les 6e et 8e de hussards de la brigade Lapérouse, l'escadron des guides toscans que j'ai joint à notre cavalerie, les neuf batteries divisionnaires ou de la réserve, les deux batteries du parc du 5e corps, ont dû marcher sous une température très-élevée, et plusieurs fois ces troupes ont eu à supporter de violents orages qui ont grossi les torrents et présenté certaines difficultés.

L'état sanitaire s'est maintenu dans les conditions les plus favorables, et je n'ai eu qu'à me louer de la discipline parfaite maintenue dans tous les corps par les chefs et par les officiers.

Le contact avec les populations n'a donné lieu à aucune plainte.

Le passage du Pô à Casal-Maggiore, à 12 kilomètres de Mantoue, ainsi que la construction du pont de bateaux, ont été des opérations faites avec intelligence, activité et zèle.

Les troupes que j'amène à Votre Majesté et qui opèrent aujourd'hui avec l'armée principale, à Goïto, seront dignes, je n'en doute pas, de celles qui, plus heureuses, ont déjà battu l'ennemi.

Le prince, commandant le 5e corps de l'armée d'Italie,

Napoléon (Jérôme).

XXXII

Rapport du vice-amiral Romain Desfossés, commandant en chef l'escadre de la Méditerranée, à S. Exc. le ministre de la marine.

Vaisseau *la Bretagne,* Lossini Piccolo,
le 23 juillet 1859.

Monsieur l'amiral,

Honoré par la confiance de l'Empereur du commandement en chef des forces navales de la Méditerranée, je dois compte à Votre Excellence de la répartition et de l'emploi que j'en ai dû faire, d'après les termes de vos instructions, au moment où elles ont eu pour mission spéciale de seconder, dans la mer Adriatique, les grandes opérations de l'armée de Sa Majesté.

Ces forces navales comprenaient dix vaisseaux de ligne et quatre frégates à hélice; deux de ces vaisseaux et deux frégates se trouvaient déjà détachés sous le commandement particulier du contre-amiral Jurien de la Gravière, pour assurer le blocus effectif de Venise.

Votre Excellence m'avait prescrit de laisser quatre vaisseaux et deux frégates en réserve à Toulon, sous les ordres du contre-amiral Jehenne : c'était donc avec quatre vaisseaux, y compris *la Bretagne*, qui porte mon pavillon, que je devais me rendre dans le golfe de Venise, et y réunir les éléments divers de la flotte expéditionnaire.

Le plus important de ces éléments, si l'on considère la nature des eaux où nous devions opérer, était une nouvelle escadre récemment constituée par les ordres de Sa Majesté, et qui, sous le nom de *flotte de siége*, venait, avec cinq avisos et six transports à hélice, compléter l'ensemble des forces navales placées sous mon commandement supérieur.

La flotte de siége fut confiée à l'habile direction du contre-amiral comte Bouët-Willaumez, qui arriva à Toulon le 1er juin pour activer l'appropriation spéciale et l'armement des bâtiments destinés à en faire partie.

Elle se composait de quatre frégates à roues et de vingt-cinq batteries flottantes et canonnières, pour la plupart d'un faible tirant d'eau, bardées de fer par le travers ou par l'avant, c'est-à-dire admirablement propres à démanteler des fortifications.

Les frégates à roues et les batteries flottantes furent armées si rapidement, que, dès le 12, le contre-amiral Bouët-Willaumez put partir pour l'Adriatique avec cette première et lourde division de la flotte de siége.

Après une relâche forcée de trois jours à Messine, pour renouveler son approvisionnement de charbon, il atteignit, le onzième jour, la baie d'Antivari, que Votre Excellence m'avait désignée comme point de rendez-vous général de la flotte expéditionnaire. Afin d'avancer autant que possible le moment de cette réunion, je m'étais décidé à faire remorquer chaque groupe de canonnières, au fur et à mesure qu'elles seraient prêtes, par un de mes quatre vaisseaux.

L'Arcole partait le 15 avec six de ces petits bâtiments.

Le 18, au point du jour, le vaisseau *l'Alexandre* suivait, avec six autres canonnières à la remorque, et, le soir du même jour, je quittais Toulon avec *la Bretagne* et deux vaisseaux traînant après nous nos dix dernières canonnières, et laissant à Toulon le vaisseau *le Redoutable*, qui devait, trois jours après, conduire le dernier groupe de la flotte, composé de deux transports chargés de munitions de guerre et de deux canonnières toscanes.

Le 30 juin, toutes ces forces, après des difficultés de navigation que les marins devinent, et qu'il est inutile par conséquent d'énumérer à Votre Excellence, étaient réunies à Antivari, où elles se ravitaillaient en charbon au moyen des nombreux transports du commerce que vous aviez d'avance dirigés sous escorte vers ce port neutre. J'y avais été rallié la veille par une division navale sarde, composée de deux frégates à hélice et de trois corvettes et avisos à roues. Cette division, commandée par le capitaine de vaisseau Tholozano, s'était immédiatement rangée sous mon commandement.

Du 30 au soir au 1er juillet à midi, toute la flotte partit d'Antivari par groupes, comme elle y était venue ; mais le premier de ces groupes, que je conduisais, et que je dirigeais avec toute la rapidité possible vers le fond de l'Adriatique, où j'avais mission de m'emparer de l'île de Lossini, était composé, en vue d'une résistance à vaincre, de la manière suivante :

Les vaisseaux *la Bretagne* et *le Redoutable* ;

Les frégates *le Mogador* (contre-amiral Bouët-Willaumez) et *l'Isly* ;

La frégate sarde *Victor-Emmanuel* ;

Huit canonnières ; une batterie flottante.

L'île de Lossini, située à l'entrée de l'archipel de Quarnero, est un point central entre Venise, Trieste, Pola, Fiume et Zara, qui sont les principaux établissements maritimes de l'Autriche sur le littoral de la Vénétie, de l'Illyrie, de l'Istrie, de la Hongrie et de la Dalmatie.

La possession de cette île était pour nous d'une importance extrême, et devait nous assurer une excellente base d'opérations. L'ennemi ne pouvait manquer de le comprendre, et nous devions dès lors penser qu'il chercherait à nous opposer une résistance que nous étions, d'ailleurs, en mesure de briser.

Il n'en fut rien, et, soit crainte de nous laisser une garnison prisonnière, soit plutôt impuissance de se garder sur toute l'étendue des côtes menacées par la flotte alliée, les Autrichiens avaient complétement abandonné à elle-même la nombreuse population de Lossini et désarmé les tours Maximiliennes qui dominent la ville et le port Augusto.

Après avoir substitué, sur la ville et sur les tours de Lossini-Piccolo, les couleurs françaises et piémontaises à celles de l'Autriche, je fis savoir aux habitants que je les traiterais comme des compatriotes, si, de leur côté, ils nous assistaient de toutes leurs ressources. Je fus compris de cette population essentiellement pacifique et commerçante ; aussi je jugeai à propos de ne pas user du droit que j'avais de confisquer 14 ou 15 navires du commerce mouillés dans le port, après m'être assuré qu'ils étaient bien la propriété d'habitants de l'île.

Alors commencèrent les préparatifs de l'attaque des côtes de la Vénétie. Les batteries flottantes reçurent le complément de leur artillerie et se démâtèrent, afin d'être moins vulnérables aux coups de l'ennemi ; les canonnières en firent autant. Les unes et les autres, dirigées par le contre-amiral Bouët-Willaumez et le capitaine de vaisseau de La Roncière le Noury, se rendirent dans une baie voisine pour y exécuter des tirs d'exercice que ces bâtiments, armés en toute hâte, et pourvus d'ailleurs d'excellents matelots canonniers brevetés, n'avaient encore pu faire convenablement.

Le commandant Bourgeois, du *Mogador*, faisait en même temps, et avec succès, des essais répétés de puissants pétards sous-marins pour faire sauter des estacades imitées de celles qui barraient trois ports de Venise : Chioggia, Malamocco et Lido.

Trois jours à peine avaient suffi pour nous établir fortement à Lossini, dont je confiai la garde à 400 marins et 400 soldats d'infanterie de la marine, sous le commandement supérieur du capitaine de frégate Duvauroux, officier énergique, instruit et vigilant. Des magasins, loués en ville, se remplissaient de nos approvisionnements en vivres, en charbon ; des appareils distillatoires se montaient sur la plage, pour nous fournir de l'eau par la distillation de l'eau de mer ; enfin, un hôpital de 120 lits, placé à terre avec nos ressources, recevait les malades des bâtiments de flottille, tandis que nous disposions un des transports mixtes de la flotte pour recevoir les blessés le jour du combat.

Pendant qu'une partie de nos infatigables matelots accomplissaient ces travaux de première urgence, sous l'énergique et active direction du contre-amiral Chopart, mon chef d'état-major, les autres complétaient le charbon des bâtiments, dégréaient et démâtaient les batteries blindées, ainsi que les petites canonnières, travaillaient à établir sur des trabacoli capturés des mortiers de 32 centimètres, que Votre Excellence m'avait accordés avant le départ de Toulon.

Le 6 juillet, deux grands transports mixtes arrivaient à Lossini, m'apportant, dans le moment le plus opportun, les 3,000 hommes d'infanterie faisant partie des troupes que l'Empereur avait ordonné d'adjoindre à l'expédition. Je les fis immédiatement répartir sur les vaisseaux : j'appris en même temps que le général de division Wimpffen venait, par ordre de Sa Majesté, pour prendre le commandement des troupes de débarquement.

Le 7, un aviso que j'avais envoyé à Rimini porter une dépêche télégraphique par laquelle je rendais compte à Votre Excellence de la prise de possession de Lossini et lui demandais les ordres de l'Empereur, ainsi que la recommandation m'en avait été faite avant de quitter Toulon, rentra au port Augusto, porteur d'une dépêche qui y attendait l'arrivée de l'escadre, et par laquelle l'Empereur m'ordonnait d'attaquer les défenses extérieures de Venise.

La flotte était prête; je fixai le départ au lendemain matin, 8 juillet, laissant seulement deux canonnières toscanes à la disposition du commandant supérieur pour concourir à la sécurité de notre établissement.

L'attaque combinée de la flotte et du corps expéditionnaire devait avoir lieu le 10 juillet, et j'en avais avisé Votre Excellence dès le 7, par le télégraphe de Rimini. Personne ne doutait de son succès.

Le 8 juillet, au point du jour, la flotte était sous vapeur et sortait de Lossini, lorsque parut le vaisseau *l'Eylau*, expédié la veille au soir par le contre-amiral Jurien, pour m'apporter une lettre du gouverneur général de la Vénétie et une dépêche de Vérone, par laquelle le général Fleury, aide de camp de l'Empereur, en m'annonçant qu'une suspension d'armes venait d'être signée, m'ordonnait, de la part de Sa Majesté, de suspendre les hostilités.

Un instant après, un aviso parlementaire, expédié de Zara, me ralliait, et son capitaine me remettait une note par laquelle le gouverneur général de Dalmatie me donnait également avis de la suspension d'armes.

Cet événement imprévu ne devait pas modifier nos dispositions de départ, et je pensais même que la présence d'une flotte nombreuse devant Venise emprunterait à la suspension des hostilités une nouvelle et grande importance.

Toutes les remorques prises, nous nous dirigeâmes donc vers les plages vénitiennes, et le lendemain, au lever du soleil, la flotte entière, forte de 45 bâtiments de guerre de tous rangs, mouillait sur cinq lignes parallèles à la côte, en vue des dômes de Saint-Marc et d'une population agitée, à ce moment solennel, de sentiments bien divers.

J'expédiai immédiatement un officier parlementaire à Malamocco, porteur d'une lettre par laquelle j'avertissais le feld-maréchal que je suspendais toute hostilité. Je lui demandais en même temps qu'un sauf-conduit me fût accordé pour un officier que je désirais envoyer au quartier général de l'Empereur, par le chemin de fer Venise à Vérone. Il me fut répondu que l'on allait en référer à Sa Majesté Apostolique elle-même.

Le 10 au matin, un aviso portant le pavillon parlementaire vint, le long de *la Bretagne*, se mettre à ma disposition pour porter l'officier que j'avais demandé à envoyer près de l'Empereur. Mon premier aide de camp, le capitaine de frégate Foullioy, s'y embarqua, porteur d'un rapport dans lequel je rendais compte sommairement à Sa Majesté de la situation de la flotte, de ce qu'elle avait fait jusqu'à ce jour et de ce qu'elle était prête à entreprendre au premier signal qui lui en serait donné.

Mon aide de camp était de retour le 12 au matin; il avait été accompagné, pendant son voyage au travers de l'armée ennemie, par des officiers autrichiens et traité avec une extrême courtoisie. Arrivé au quartier général français, à Valeggio, il eut l'honneur d'être reçu, le 11 au matin, par l'Empereur, qui voulut bien le questionner longuement sur la flotte et sur ses moyens d'action.

Sa Majesté eut la bonté de lui remettre pour moi la lettre autographe suivante :

« Valeggio, le 11 juillet 1859.

» Mon cher amiral,

» Une suspension d'armes est conclue jusqu'au 15 août : je vous prie donc de renvoyer à Lossini tous les bâtiments qui n'ont pas besoin de tenir la mer.

» Si la paix ne se fait pas, je compte sur l'énergie de la flotte et sur l'habileté de son chef pour concourir, avec l'armée de la terre, au but que je me suis proposé.

» Employez le temps, jusqu'au 15 août, à exercer les équipages, à faire des reconnaissances sur toutes les côtes, et à tâcher d'avoir des renseignements sur les points faibles de l'ennemi.

» Recevez l'assurance de mon amitié.

» NAPOLÉON. »

Je termine ici, monsieur l'amiral; le reste est connu de Votre Excellence; elle sait que l'abnégation est une vertu nécessaire et essentielle de notre profession : les marins de la flotte de l'Adriatique, déçus de l'espoir de voir couronner de grands efforts d'activité par une participation honorable aux glorieux travaux de l'armée, savent encore se réjouir des triomphes auxquels il ne leur a pas été donné de concourir les armes à la main, et s'associer aux joies ainsi qu'à la reconnaissance de la patrie.

Je prie Votre Excellence d'agréer l'hommage de mon profond respect.

Le vice-amiral, sénateur, commandant en chef l'escadre de la Méditerranée,

ROMAIN DESFOSSÉS.

XXXIII

Composition de la flotte de l'Adriatique mouillée devant Venise le 9 juillet 1859.

Escadre des vaisseaux, frégates, corvettes et transports à hélice, sous le commandement direct du vice-amiral Desfossés, commandant en chef les forces de mer et de terre dans l'Adriatique.

La Bretagne, vaisseau de 130 canons. — Portant le pavillon du vice-amiral Desfossés; contre-amiral Chopart, chef d'état-major général ; capitaine du vaisseau Pothuau.

L'Algésiras, vaisseau de 90 canons. — Portant le pavillon du contre-amiral Jurien ; la Gravière de Miquel, capitaine de frégate, chef d'état-major ; capitaine du vaisseau, Dieudonné.

L'Arcole, vaisseau de 90 canons. — Capitaine de vaisseau Rapatel.

L'Eylau, vaisseau de 90 canons. — Capitaine de vaisseau Jaurès.

Le Redoutable, vaisseau de 90 canons. — Capitaine de vaisseau Moulac.

L'Alexandre, vaisseau de 90 canons. — Capitaine de vaisseau Philippe-Kerhallet.

L'Impétueuse, frégate de 56 canons. — Capitaine de vaisseau Excelmans.

L'Isly, frégate de 40 canons. — Capitaine de vaisseau Rose.

Le Monge, corvette de 5 canons. — Capitaine de frégate Bourdais.

Le Colbert, corvette à roues de 4 canons. — Capitaine de frégate Duboisguehenneuc.

L'Isère, transport de 1,200 tonneaux. — Capitaine de frégate Allègre.

L'Ariége, transport de 900 tonneaux. — Capitaine de frégate Allemand.

L'Yonne, transport de 1,200 tonneaux. — Capitaine de frégate Chastenet.

Victor-Emmanuel, frégate sarde de 50 canons. — Portant le guidon du baron *Tholosano*, chef de la division sarde; capitaine de vaisseau, le comte Albini, capitaine de vaisseau commandant la frégate, le marquis d'Aste, capitaine de frégate, chef d'état-major.

Malfatano, corvette à roues de 4 canons.

Carlo-Alberto, frégate sarde de 40 canons. — Capitaine de vaisseau, comte Basano.

Flotte de siége. — Le contre-amiral comte Bouët-Willaumez,
commandant en chef.

Frégates à vapeur.

Le Mogador (650 chevaux), frégate à roues de 20 canons. — Portant le
pavillon du contre-amiral comte Bouët-Willaumez ; — A. Bouët, capitaine de vaisseau, chef d'état-major ; — Bourgois, capitaine de vaisseau,
commandant la frégate.

Le Vauban (540 chevaux), frégate à roues de 20 canons. — Capitaine de
vaisseau Coupvent-Desbois.

Le Descartes (540 chevaux), frégate à roues de 20 canons. — Capitaine de
vaisseau Fisquet.

Le Gomer (450 chevaux), frégate à roues de 16 canons. — Capitaine de
vaisseau, Fabre-Lamaurelle.

Batteries flottantes cuirassées.

La Lave (225 chevaux), batterie flottante de 16 canons cuirassée. — Capitaine de frégate Bonie.

La Tonnante (225 chevaux), batterie flottante de 16 canons cuirassée. —
Capitaine de frégate Lejeune.

La Dévastation (225 chevaux), batterie flottante de 16 canons cuirassée.
— Capitaine de frégate Majastre.

Canonnières de 1re classe.

L'Éclair (110 chevaux), canonnière de 1re classe de 4 canons.—Portant le
guidon du baron La Roncière le Noury, capitaine de vaisseau, chef de la
division des canonnières de 1re et de 2e classe.

La Grenade (110 chevaux), canonnière de 1re classe de 4 canons. — Capitaine Charlemagne ; lieutenant de vaisseau de Jonquières, capitaine de
frégate, aide de camp.

La Fulminante (110 chevaux), canonnière de 1re classe de 4 canons. —
Capitaine Duburquois, lieutenant de vaisseau.

L'Étincelle (110 chevaux), canonnière de 1re classe de 4 canons. — Capitaine Hamon, lieutenant de vaisseau.

La Flamme (110 chevaux), canonnière de 1re classe de 4 canons. — Capitaine Le Peltier, lieutenant de vaisseau.

La Flèche (110 chevaux), canonnière de 1re classe de 4 canons.—Capitaine Grasset, lieutenant de vaisseau.

L'Aigrette (110 chevaux), canonnière de 1re classe de 4 canons. — Capitaine Bouju, lieutenant de vaisseau.

Canonnières de 2e classe.

La Sainte-Barbe (90 chevaux), canonnière de 2e classe de 2 canons (30 rayé). — Capitaine Périer, lieutenant de vaisseau.

La Tempête (90 chevaux), canonnière de 2e classe de 2 canons (30 rayé). — Capitaine Charmois, lieutenant de vaisseau.

L'Arquebuse (90 chevaux), canonnière de 2e classe de 2 canons (30 rayé). — Capitaine Perrier, lieutenant de vaisseau.

La Redoute (90 chevaux), canonnière de 2e classe de 2 canons (30 rayé). — Capitaine Loyer, lieutenant de vaisseau.

La Lance (90 chevaux), canonnière de 2e classe de 2 canons (30 rayé). — Capitaine Butel, lieutenant de vaisseau.

La Poudre (90 chevaux), canonnière de 2e classe de 2 canons (30 rayé). — Capitaine Brosset, lieutenant de vaisseau.

La Salve (90 chevaux), canonnière de 2e classe de 2 canons (30 rayé). — Capitaine Lefèvre-Dubua, lieutenant de vaisseau.

Chaloupes canonnières de 3e classe.

La Tirailleuse (25 chevaux), chaloupe canonnière de 1 canon (50 rayé).— Capitaine Borg, enseigne de vaisseau.

L'Alerte (25 chevaux), chaloupe canonnière de 1 canon (30 rayé). — Capitaine de Marquessac, lieutenant de vaisseau.

La chaloupe canonnière n° 11 (16 chevaux), dite *la Guêpe*, de 1 canon (30 rayé). — Capitaine Ch. Duperré, lieutenant de vaisseau, destinée à arborer le pavillon du contre-amiral Bouët-Willaumez pendant le combat.

La chaloupe canonnière n° 1 (16 chevaux), de 1 canon (30 rayé). — Capitaine Garreau, lieutenant de vaisseau.

La chaloupe canonnière n° 2 (16 chevaux), de 1 canon (30 rayé). — Capitaine de Parseval, lieutenant de vaisseau.

La chaloupe canonnière n° 3, de 1 canon (30 rayé). — Capitaine Gubert, enseigne de vaisseau.

La chaloupe canonnière n° 4, de 1 canon (30 rayé). — Capitaine Michaux, lieutenant de vaisseau.

Total, 43 bâtiments à vapeur, parmi lesquels les 3 batteries flottantes, cuirassées de fer dans tout leur pourtour, et les 21 canonnières de 1re, 2e et 3e classe, cuirassées de fer par l'avant, peuvent hanter les eaux peu profondes et s'approcher presque impunément des forts et batteries de la côte.

XXXIV

Note sur le service télégraphique de l'armée d'Italie.

Dans les premiers jours de mai, S. Exc. le maréchal, ministre de la guerre, fit la demande à son collègue de l'intérieur d'un service télégraphique pour l'armée d'Italie.

La direction de ce service fut confiée à M. Lair (Clément), inspecteur général de 2e classe.

Ce fonctionnaire partit de Paris, le 16 mai, avec :

5 inspecteurs ;

4 directeurs de station ;

12 stationnaires ;

28 surveillants ;

et rejoignit, le 22, le grand quartier général à Alexandrie.

Le temps et l'expérience manquant pour créer un matériel spécial qui pût faciliter les opérations d'une mission sans précédent, M. le directeur de l'administration avait en toute hâte réuni à Lyon, Avignon et Marseille, environ 3,000 poteaux de 6 mètres de longueur, les plus légers qu'il avait pu trouver dans ses dépôts, et les avait remis à l'administration de la guerre avec 5,000 kilogrammes de petit fil de fer, bon nombre d'isolateurs en porcelaine, des outils de construction, des piles électriques et des appareils de transmission (système Morse) disposés de façon à être aussi portatifs que possible.

Tout ce matériel, débarqué à Gênes, fut en quelques jours réuni à Alexandrie par les soins du chef de la mission, avec 2,000 perches légères de 4m,50 de hauteur qu'il s'était empressé de faire confectionner à Gênes, lorsqu'il avait appris que les Sardes et les Autrichiens possédaient un matériel de lignes volantes dont ils attendaient les plus heureux résultats, q i ont été loin de se réaliser. M. l'intendant général mettait alors à la disposition du service télégraphique 14 voitures du train auxiliaire qui, quoique bien insuffisantes, ont été d'un grand secours pendant toute la campagne. La mission a dû pourvoir à l'insuffisance de ces moyens de transport par des réquisitions. C'est ainsi également que, pour la plantation des poteaux, elle s'est procuré, mais toujours avec bien de la peine et après avoir perdu à ce soin un temps bien précieux, des travailleurs qu'elle payait fort cher.

Le personnel fut organisé en trois brigades :

Les deux premières étaient chargées des constructions, la troisième de la consolidation des lignes, de leur surveillance et de leur entretien, ainsi que de l'organisation des convois de matériel destinés à approvisionner les constructeurs.

Les premières étaient commandées chacune par un inspecteur de 1re classe ayant sous ses ordres :

1 inspecteur adjoint ;

6 surveillants ;

2 stationnaires munis de leurs appareils de transmission ;

7 voitures du train auxiliaire chargées de matériel de ligne.

La troisième brigade se composait d'un inspecteur, d'un directeur de station et de quelques surveillants chargés d'escorter les convois de matériel, et enfin de tout le personnel chargé du service des stations ouvertes et de l'entretien des lignes reliant ces stations.

C'est au moyen de ces ressources renouvelées par l'administration centrale que la mission télégraphique s'est mise courageusement à l'œuvre, pour remplir dignement la tâche difficile qui lui était confiée.

De Vercelli à Valeggio, du 31 mai au 6 juillet, jour de la signature de l'armistice, il a été réparé ou construit plus de 400 kilomètres de lignes, et ouvert 55 bureaux, qui ont toujours, sauf quelques courtes interruptions, assuré à l'Empereur et à son quartier général leurs communications avec la France et souvent avec les maréchaux commandant les corps d'armée, et qui ont fait en même temps le service des dépêches du roi de Sardaigne et de son quartier général.

Voici la liste de ces 55 bureaux et les dates de leur ouverture :

Vercelli, 30 mai.	Magenta, 5 juin, soir.
Novare, 2 juin.	Milan, 6 juin, matin.
Galliate, 3 juin.	Melzo, 9 juin, soir.
Turbigo, 4 juin, soir.	Trecello, 10 juin, matin.
Trecate, 4 juin, soir.	Melegnano, 10 juin, soir.
Saint-Martin de Tessin, 5 juin, midi.	Binasco, 11 juin, soir.

Treviglio, 13 juin, matin.
Bergame, 14 juin, soir.
Chiari, 15 juin, soir.
Pavie, 15 juin, soir.
Ospedaletto, 16 juin, soir.
Brescia, 16 juin, soir.
Lodi, 17 juin, soir.
Plaisance, 19 juin, matin.
Crémone, 21 juin, matin.
Ciliverglio, 21 juin, matin.
Lonato, 21 juin, soir.
Piadena, 24 juin, soir.

Bozzolo, 25 juin, soir.
Pozzolengo, 25 juin, soir.
Cavriana, 28 juin, matin.
Volta, 29 juin, midi.
Rodondesco, 30 juin, midi.
Gazzaldo, 1er juillet, soir.
Borghetto, 1er juillet, soir.
Valeggio, 2 juillet, soir.
Goito, 2 juillet, soir.
Castelnuovo, 3 juillet, soir.
Sainte-Lucie.

Plusieurs fois les inspecteurs, poussant leurs lignes au delà même des avant-postes de l'armée, ont pu transmettre, sur les positions et les mouvements de l'ennemi, des renseignements qui étaient communiqués immédiatement à M. le maréchal major-général.

Le jour de l'armistice, les communications du grand quartier général avec Milan étaient assurées par deux grandes lignes, l'une passant par Brescia, l'autre par Crémone, et les mesures étaient prises pour porter, aussi rapidement que possible en avant, nos fils qui enveloppaient déjà Peschiera et s'avançaient sur la route de Villafranca jusqu'à Custozza.

Pendant la campagne, le nombre des stationnaires seul s'est accru. Il était de 28 et allait être porté à 34, quand les hostilités ont cessé.

Il n'est pas besoin de faire ressortir toutes les difficultés que la mission a dû surmonter pour construire ses lignes au milieu d'une armée de plus de 100,000 hommes et sur des routes encombrées de bagages et d'approvisionnements de toutes sortes ; mais c'est ici le cas de signaler les améliorations qu'il serait indispensable d'apporter à l'avenir dans l'organisation d'un semblable service, pour réunir toutes les chances possibles de succès.

Ces améliorations ont été exposées dans un rapport spécial adressé par M. Lair à M. le directeur de l'administration.

En terminant cette note, le chef de la mission est heureux de remercier l'administration de la guerre du concours qu'elle en a reçu, et de déclarer que les rapports entre ses fonctionnaires et tous les chefs des divers services militaires et administratifs, n'ont pas cessé un seul instant d'être parfaits.

Paris, le 20 novembre 1859.

L'inspecteur général chef du service télégraphique de l'armée d'Italie,

C. LAIR.

FIN.

TABLE DES MATIÈRES.

4e LIVRAISON.

(Plan du combat de Marignan.)

5e LIVRAISON.

(Plan de la bataille de Solferino.)

6e LIVRAISON.

PIÈCES JUSTIFICATIVES.

FIN DE LA TABLE.

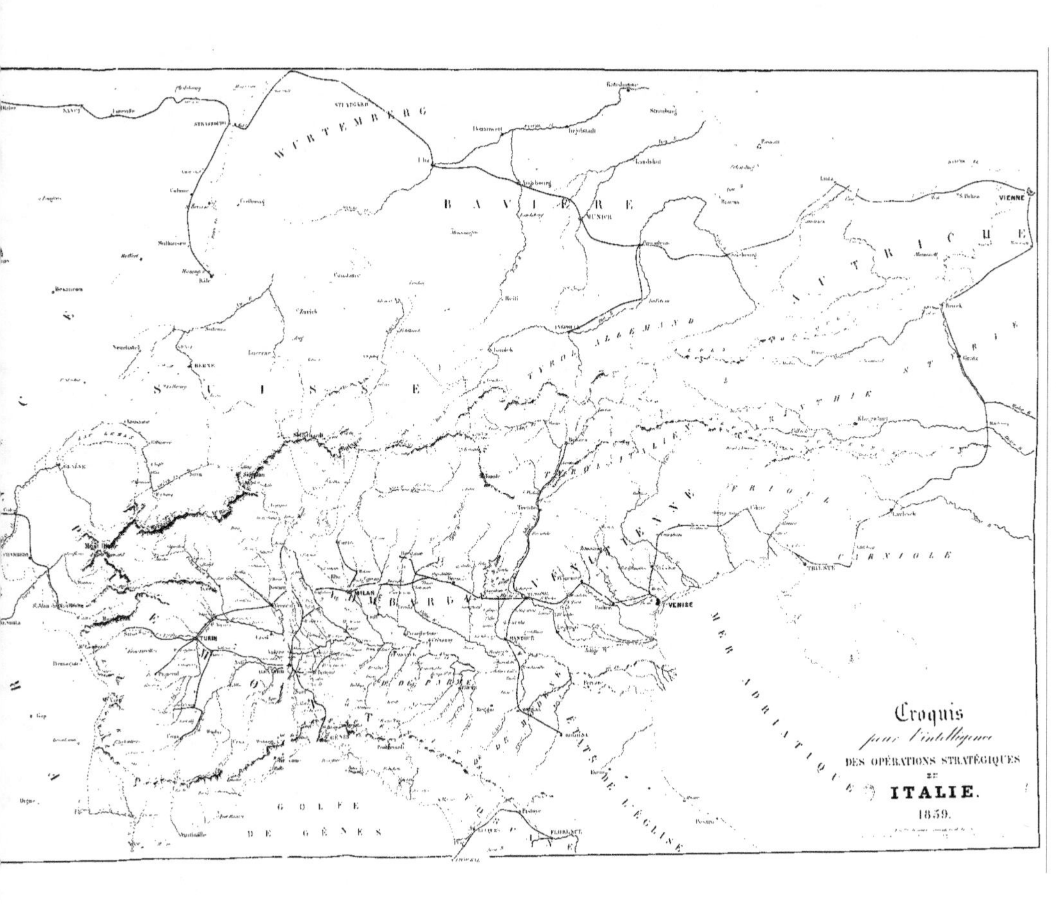

Croquis
pour l'intelligence
DES OPÉRATIONS STRATÉGIQUES
EN
ITALIE.
1859.

2 POSITION DE VERONE. LEGNAGO_MANTOUE_PESCHIERA.
LAC DE GARDA
VERONE
MANTOUE
Marais de Veronese

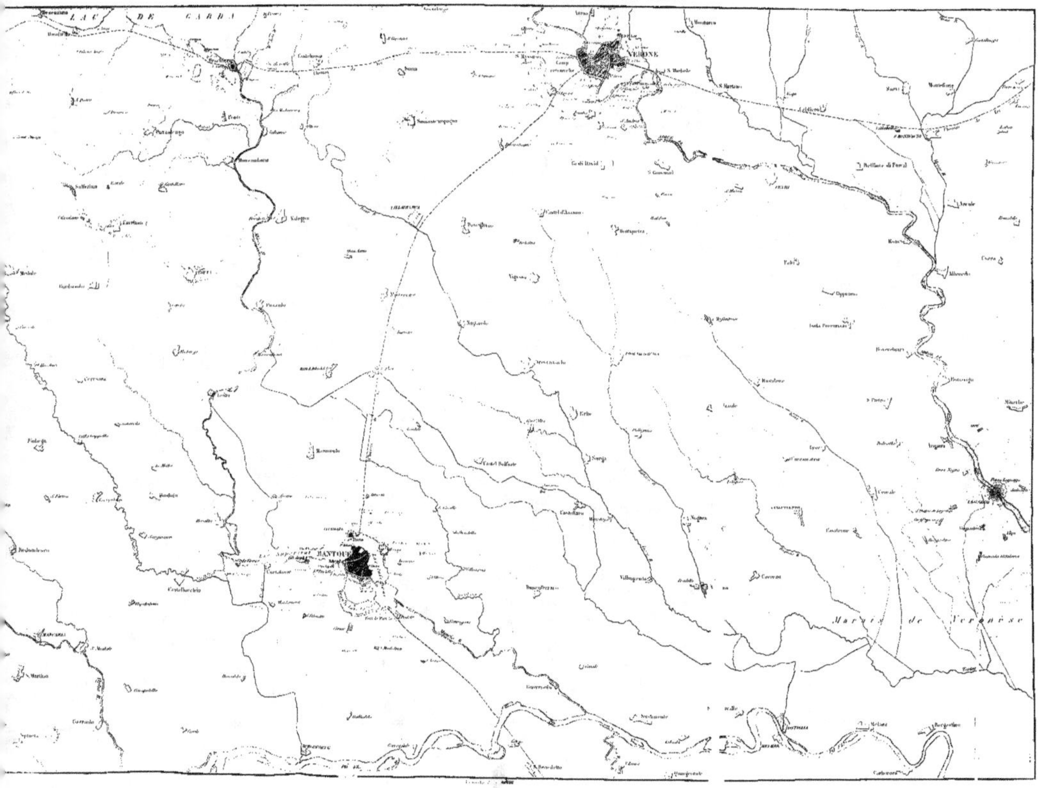

COMBAT DE MONTEBELLO.

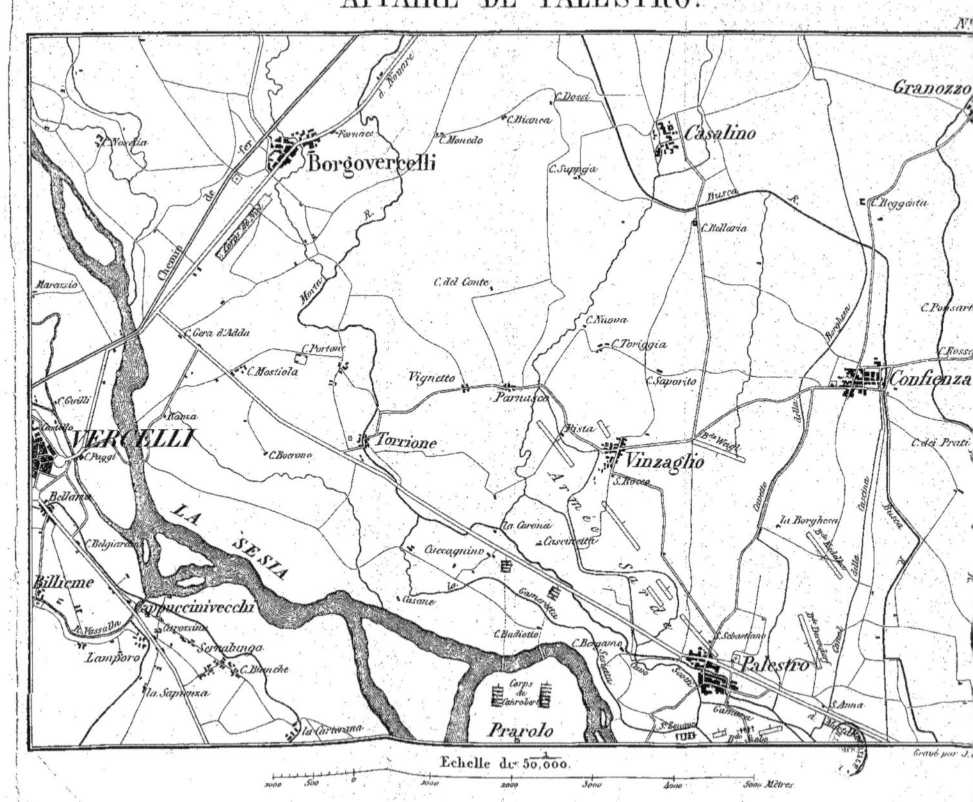

Echelle de $\frac{1}{50,000}$.

BATAILLE DE MAGENTA.

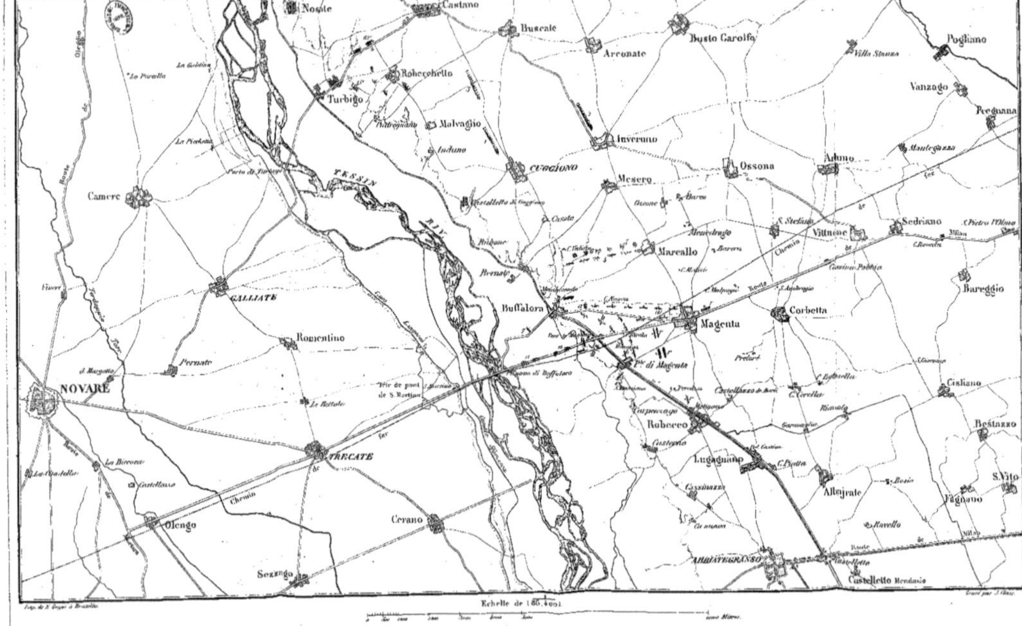

COMBAT DE MELEGNANO.

Pl. VI

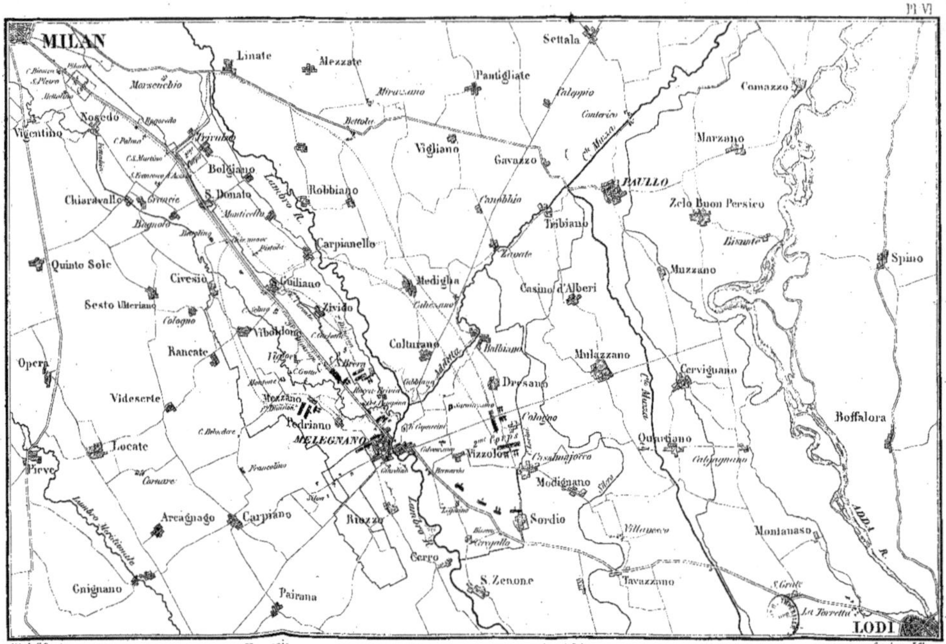

Lith. de K. Guyot — Gravé par J. Claus

Français.
- Emplacement des troupes avant le combat.
- Position de combat.

Autrichiens.
- Brigade Roden en position à Melegnano.
- Brigade Boer couvrant la ligne de retraite sur la route de Lodi.

Echelle de (1/86400)

BATAILLE DE SOLFERINO
24 Juin 1859.

Alliés.
Position du 23
Position de combat.

Autrichiens.
Position du 23
Position du 23 au soir.

PL. VII.

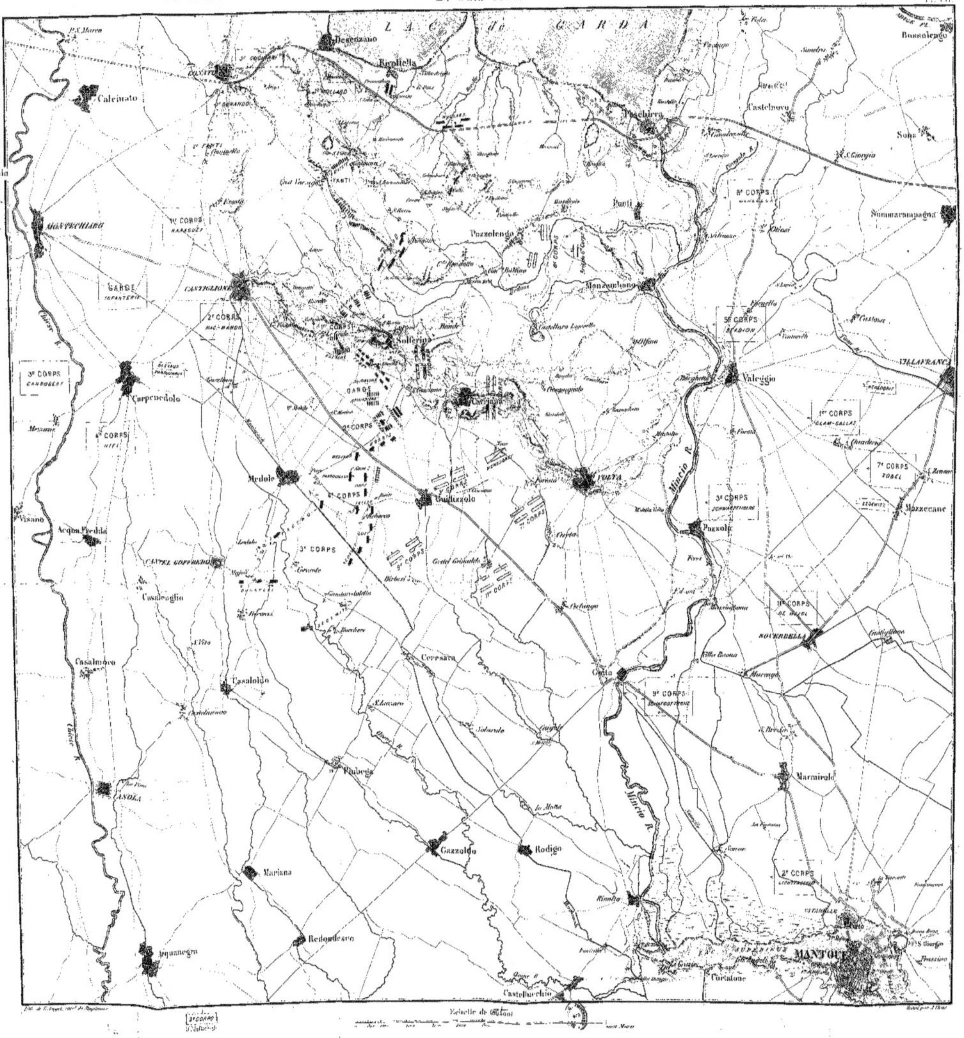
L A C de G A R D A
Desenzano
Rivoltella
Peschiera
Bussolengo
Castelnovo
Sona
Sommacampagna
Calcinato
Castenedolo
GARDE CAVALERIE ET ARTILLERIE
MONTECHIARO
1er CORPS BARAGUEY
GARDE INFANTERIE
CASTIGLIONE
2e CORPS MAC-MAHON
Pozzolengo
Ponti
Monzambano
Solferino
Cavriana
5e CORPS STADION
Valeggio
VILLAFRANCA
3e CORPS CANROBERT
Carpenedolo
4e CORPS NIEL
1er CORPS CLAM-GALLAS
7e CORPS ZOBEL
Medole
Guidizzolo
VOLTA
Mozzecane
3e CORPS SCHWARZENBERG
Visano
Acqua Fredda
CASTEL GOFFREDO
Casaloglio
3e CORPS
11e CORPS
Pozzolo
9e CORPS DE WEIGL
ROVERBELLA
Ceresara
Goito
9e CORPS SCHAFFGOTSCHE
Casalmoro
Casaloldo
Piubega
Marmirolo
CASOLA
Gazzoldo
Rodigo
Mariana
Rivalta
2e CORPS LICHTENSTEIN
Redondesco
Asquamegra
MANTOUE
Curtatone
Castellucchio
Mincio R.

Echelle de 1/86400

Mascarin